T5-BQA-272

ABITZ

BAUGESCHICHTE UND DEKORATION
DES GRABES RAMSES' VI.

ORBIS BIBLICUS ET ORIENTALIS

Im Auftrag des Biblischen Instituts
der Universität Freiburg Schweiz
des Seminars für biblische Zeitgeschichte
der Universität Münster i. W.
und der Schweizerischen Gesellschaft
für orientalische Altertumswissenschaft
herausgegeben von
Othmar Keel
unter Mitarbeit von Erich Zenger und Albert de Pury

Zum Autor:

Friedrich Abitz, geb. 1924 in Hamburg, untersucht seit 1970 die Bauformen und Strukturen des Bildprogramms der königlichen Grabanlagen im Tal der Könige. Seine Arbeiten wurden vom Archäologischen Institut der Universität Hamburg und teilweise von der Deutschen Forschungsgemeinschaft unterstützt. Über die Forschungsergebnisse legte er folgende Publikationen vor: 1974: Die religiöse Bedeutung der sogenannten Grabräuberschächte in den ägyptischen Königsgräbern der 18.–20. Dynastie; 1979: Statuetten in Schreinen als Grabbeigaben in den ägyptischen Königsgräbern der 18. und 19. Dynastie; 1984: König und Gott. Die Götterszenen in den ägyptischen Königsgräbern von Thutmosis IV. bis Ramses III.; 1986: Ramses III. in den Gräbern seiner Söhne (OBO 72).

ORBIS BIBLICUS ET ORIENTALIS 89

FRIEDRICH ABITZ

BAUGESCHICHTE UND DEKORATION DES GRABES RAMSES' VI.

UNIVERSITÄTSVERLAG FREIBURG SCHWEIZ
VANDENHOECK & RUPRECHT GÖTTINGEN
1989

CIP-Titelaufnahme der Deutschen Bibliothek

Abitz, Friedrich:
Baugeschichte und Dekoration des Grabes Ramses' VI. /
Friedrich Abitz. – Freiburg, Schweiz: Univ.-Verl.;
Göttingen: Vandenhoeck u. Ruprecht, 1989
  (Orbis biblicus et orientalis; 89)
  ISBN 3-525-53719-0 (Vandenhoeck & Ruprecht) Gb.
  ISBN 3-7278-0637-0 (Univ.-Verl.) Gb.
NE: GT

DS
73
.B44
A233
1989

Veröffentlicht mit Unterstützung
der Schweizerischen Akademie
der Geisteswissenschaften

Die Druckvorlagen
wurden vom Herausgeber als reprofertige
Dokumente zur Verfügung gestellt

© 1989 by Universitätsverlag Freiburg Schweiz
Vandenhoeck & Ruprecht Göttingen
Paulusdruckerei Freiburg Schweiz

ISBN 3-7278-0637-0 (Universitätsverlag)
ISBN 3-525-53719-0 (Vandenhoeck & Ruprecht)

Inhaltsverzeichnis

I. EINLEITUNG

Das Felsgrab Ramses' VI. (KV 9) ist, gemessen am Volumen des herausge-
hauenen Gesteins, eine der größten Anlagen im Tal der Könige. Es war
nach der pharaonischen Zeit stets zugänglich und gilt seit der Antike
bis heute durch seine wohlerhaltenen und farbigen Dekorationen als ein
unverzichtbares Teil eines Besucherprogramms. Hiervon zeugen fast ein-
tausend Graffiti, zum Teil aus griechischer und römischer Zeit.

Mit einer nachhaltigen wissenschaftlichen Bearbeitung der Königsgräber
wurde erst in neuerer Zeit begonnen. Die erste Publikation mit der
vollständigen fotografischen Wiedergabe aller Wände und Decken eines
Königsgrabes, einschießlich der Übersetzung aller Texte, wurde 1954
von A. Piankoff/N. Rambova[1] für das Grab Ramses' VI. vorgelegt. Die
durch die Größe des Grabes umfangreiche Dokumentation konnte nicht auf
die Fülle der sich aus dem Grab ergebenen Fragen eingehen, insbesondere nicht auf die entwicklungsgeschichtliche Bedeutung oder die offensichtliche Neuorientierung im religiösen Bereich.
In meinen seit 1970 im Tal der Könige durchgeführten Untersuchungen
habe ich mich, unter Vernachlässigung der spätramessidischen Anlagen,
wesentlich auf die Gräber der Zeit von Sethos I. bis Ramses III. konzentriert. In diesem Zeitabschnitt wurden 8 Grabanlagen innerhalb von
etwa 140 Jahren nach einer fast einheitlichen, sich nur langsam ändern-
den Konzeption von Raumart und -folge sowie dem Ablauf des Bildprogramms gebaut. Das Grab Ramses' VI. entspricht in der Architektur,
wenngleich ohne den üblichen, sogenannten Grabräuberschacht, seinen
zeitlichen Vorgängern und ist das letzte Königsgrab, welches noch die
traditionelle Bauform mit dem Ablauf von Korridoren, Räumen und Hal-
len aufweist. Die später gebauten königlichen Grabanlagen scheinen entweder nicht fertiggestellt worden zu sein oder einem veränderten Bau-
konzept zu unterliegen. Die Anlage Ramses' VI. ist jedoch mit den zeitlich vorangegangenen Gräbern (Sethos' I. - Ramses' III.) hinsichtlich
des Bildprogramms nicht vergleichbar. Hier liegt ein fast vollständi-
ger Bruch mit der langen Tradition in der Ausgestaltung der Königsgräber vor, der, gemessen an den bewahrenden ägyptischen Lebensformen,
fast revolutionär genannt werden kann.
Die fast vollständige Änderung des Bildprogramms wirft viele Fragen

1. A. Piankoff und N. Rambova, The Tomb of Ramesses VI.

8

auf, z.B. warum wurde das ganze Höhlenbuch mit seinen 6 Abschnitten sowie
das Buch vom Tage und von der Nacht erstmalig für die Dekoration eines
Königsgrabes verwendet ? Gleiches gilt für das Buch von der Erde, welches
die Wände der Sarkophaghalle bedeckt; es gibt bis heute keine weitere
Vorlage, als die, welche im Grab Ramses' VI. vorgefunden wurde. Auch die
Ausgestaltung aller Decken des Grabes mit den sogenannten astronomischen
Darstellungen, von denen einige offensichtlich in Bild und Text eigens
geschaffen wurden, ist neu. Die Raumdurchgänge wurden nunmehr einheitlich mit auf den König bezogenen Texten versehen, welche weitere Aufschlüsse über die Gründe der Änderung des Bildprogramms geben. Die nachfolgenden Untersuchungen gehen dementsprechend ausführlich auf die Neugestaltung des Bildprogramms ein.

Weitere Fragen ergeben sich aus dem Bauablauf der Grabanlage. Begonnen
wurde die Anlage von Ramses V.; sie wurde von seinem Nachfolger Ramses VI.
übernommen, der später auch in ihr bestattet wurde. Untersucht werden die
Gründe, die es für die Übernahme durch Ramses VI. gegeben haben könnte
und die Auswirkungen der Kollision des Grabes mit dem Grab KV 12.
Die Untersuchungen beginnen mit den beiden Bauherren, um dann auf den
Bau der Grabanlage einzugehen. Es war unvermeidlich bei der Erörterung
des Bildprogramms die Dokumentation von A. Piankoff heranzuziehen, dabei
wird der Bildband mit B (z.B. B 9 = Seite 9) und der Textband mit T (z.B.
T 49 = Seite 49) bezeichnet. Hieroglyphische Texte werden nur dann vorgelegt, wenn es zum Verständnis erforderlich ist. Die aus Kostengründen
von mir angefertigten schematischen Zeichnungen sollen den Text ergänzen
und erheben keinen Anspruch auf eine professionelle Ausführung.

Annähernd zeitgleich mit meiner Bearbeitung des Grabes KV 9 wird E. Hornung "Zwei ramessidische Königsgräber : Ramses IV. und Ramses VII." als
abgeschlossene Dokumentation vorlegen, so daß ein Vergleich der Ent-
wicklungen möglich ist. Ich habe an dieser Stelle E. Hornung für die vielen Anregungen zu danken, die sich aus den Besprechungen der Gräber Ramses' IV. bis VII., u.a. auch vor Ort ergeben haben; sie waren für meine
Arbeit von großem Nutzen. O. Keel danke ich für die Aufnahme meiner Arbeit in die Reihe ORBIS BIBLICUS ET ORIENTALIS.

II. DIE BAUHERREN DES GRABES KV 9

1. Die Mumien Ramses' V. und VI.

Die Fundumstände:

Die Mumien der beiden Könige Ramses' V. und VI. wurden von V. Loret[1] 1898 bei der Entdeckung des Grabes von Amenophis II. (KV 35) im Tal der Könige aufgefunden. Sie lagen im zweiten rechten Seitenraum zur Sarkophaghalle zusammen mit 7 weiteren Mumien: die der Könige Thutmosis' IV., Amenophis' III., Merneptah's, Sethos' II., Siptah's, Ramses' IV. und einer nicht zu identifizierenden weiblichen Mumie. Von den neun Särgen standen in dem kleinen, etwa 3 m im Quadrat messenden Nebenraum 6 auf dem Fußboden und nahmen die Grundfläche gänzlich ein, während 3 auf diese gesetzt wurden und in der zweiten Lage entsprechend Raum übrig blieb. Nur 5 der Sargwannen waren mit Deckeln versehen. Der Eingang zum Nebenraum war fast vollständig mit Steinen vermauert[2] ; auf der Mauer stand in hieratischer Schrift: "En l'an XIII, tel mois, tel jour, ce jour là ..."

Bemerkenswert ist, daß mit dem zweiten rechten Nebenraum zur Sarkophaghalle der Raum gewählt wurde, welcher einerseits im Westen (!) liegt, andererseits unmittelbar an das vertiefte Teil der Sarkophaghalle anstößt. Diese Vertiefung des Standortes für den Sarkophag wurde als besonderes königliches Element von Amenophis II. eingeführt und ist in allen zeitlich folgenden Königsgräbern vorhanden[3]. Ferner ist die grobe, den Nebenraum verschließende Mauer keineswegs eine Sicherheitsmaßnahme, sondern diente offensichtlich als ritueller Verschluß. Wie die Sarkophaghalle in den Königsgräbern stets durch Vermauerung, später in ramessidischer Zeit durch Doppelflügeltüren rituell abgeschlossen wurde, ist die Sargkammer für die genannten königlichen Mumien durch eine Mauer verschlossen worden. In den vermauerten Seitenkammern fand V. Loret mehrere in einen Winkel gestellte Objekte : 1 Statue des Horus aus Alabaster[4],

1) V. Loret, BIE 9, Ser.3 (1899) auch für die folgenden Angaben.
2) A.a.O., Pl. 15. Das Foto zeigt in der oberen rechten Ecke der Mauer einen Durchschlupf. Das Loch ist jedoch nicht groß genug, um die Särge in den Nebenraum zu bringen, so daß die Mauer nach dem Einbringen der Särge aufgerichtet worden sein muß.
3) So auch im Grab von Tutanchamun, welches ursprünglich sicher keine königliche Grabanlage gewesen ist.
4) G. Daressy, Fouilles de la Vallée des Rois, pl. XXIII.

1 Uräusschlange aus bemaltem Holz, menschenköpfig[1], den Kopf einer höl-
zernen Schlange und 2 oder 3 Kränze aus Mimusops schimperi Hochst.[2] , die
in der Nähe der Schlangen lagen.

Die Lage des Raumes, seine Vermauerung sowie die genannten Grabbeigaben
zeigen, daß trotz aller Eile und angesichts des geplünderten Grabes eini-
ges getan wurde, um den 9 Mumien ein noch mögliches Maß an ritueller Ausstattung zu geben. Die königlichen Mumien ruhten in einem eigenen, abgeschlossenen, nach Westen gerichteten Grabraum, der sich an das in der
Sarkophaghalle dekorierte Amduat anschließt, ihnen waren schutzgewährende
Grabbeigaben beigestellt. Das Grab KV 35 war von den Grabräubern so ge-
plündert worden, daß keine materiellen Werte, wie z.B. Edelmetalle, mehr
vorhanden waren. Grabbeigaben aus für Grabräuber wertlosem Material, wie
Holz oder Stein, waren in großer Anzahl verblieben. Amenophis II. lag in
seinem offenen Steinsarkophag in einem neuen, für ihn beschrifteten Holz-
sarg[3]. An seinem Körper sind viele Spuren erkennbar, die auf das gewalt-
same Entfernen der Mumienbinden zurückzuführen sind.

Es ist vielfach die Frage gestellt worden, warum die königlichen Mumien
in den Nebenraum zur Sarkophaghalle von KV 35 gebracht worden sind. E.
Thomas meint: "The choice of caches now appears to have depended rather
upon topography primarily, chance, and perhaps family relationships"[4].
KV 35 war sicher eine gute Wahl, denn offensichtlich ist nach der endgültigen Bestattung der königlichen Mumien, wahrscheinlich zur Zeit des
thebanischen Hohepriesters Pinudjem' II. am Ende der 21. Dynastie[5], das
Grab bis zu seiner Entdeckung durch V. Loret nicht wieder betreten wor-

1) G. Daressy, Fouilles de la Vallée des Rois, pl. XXXV.
2) Für die Verwendung als Mumiengirlanden s. R. Germer, Die Pflanzen des
   Alten Ägyptens, (1986), S. 3 ff und Abb. 3.
3) Außer im 2. re. Nebenraum waren weitere Mumien in KV 35 vorhanden. Die
   unidentifizierte Mumie im Boot kann kaum, wie verschiedentlich disku-
   tiert, die des Königs Sethnacht sein. Sie wäre dann in das gesonderte
   "Königsbegräbnis" im 2. re. Nebenraum aufgenommen worden, zumal dort
   ausreichend Platz vorhanden gewesen wäre. Die unindentifizierte weibl.
   Mumie 61082, die mit den 8 Königen in dem Nebenraum gefunden wurde,
   muß einen außergewöhnlich hohen Rang gehabt haben, sonst wäre sie an
   anderer Stelle des Grabes gefunden worden. Ob es die Königin Tausert
   ist, bleibt unbeweisbar.
4) E. Thomas, Necropoleis, Anm. 139, S. 264.
5) Nach J.v. Beckerath, Königsnamen, S. 256 ist kein Name Pinudjem' II.
   in der Kartusche überliefert.

den[1]. Verwandtschaftliche Gründe bleiben zweifelhaft, denn in KV 35 sind
drei zeitlich unterschiedliche Gruppen vorhanden : aus der 18. Dynastie
(A. II., Th. IV., A. III.), aus der 19. Dynastie (Mer., S. II., Sipt.),
aus der 20. Dynastie (R. IV., R. V., R. VI.), jedoch fehlen in allen drei
Gruppen die großen verwandten Herrscher : Thutmosis III., Ramses II.,
Ramses III., welche in der Cachette DB 320 ihre letzte Ruhe gefunden haben. Auch gibt die Lage der Grabanlagen der in KV 35 bestatteten Könige
keinen Hinweis darauf, warum sie im Grab Amenophis' II. zusammengeführt
wurden : WV 22 (A. III.) liegt im Westtal, KV 2 (R. IV.) liegt fast an der
Grenze des Tals im Nordosten, KV 43 (Th. IV.) tief im Südosten, KV 15
(S. II.) im äußersten Südwesten. Ebenfalls ist die vermutete[2] Überführung
der königlichen Mumien nach Medinet Habu, ihre dort vorgenommene Restaurierung und nachfolgende Rückführung in das Tal für die in KV 35 aufgefundenen Mumien auszuschließen. Die von G.E. Smith[3] festgestellte neue
Einwicklung in Mumienbinden nach der Schändung der Mumien ist so geringfügig und nachlässig, daß von einer Restaurierung kaum gesprochen werden
kann. Ferner wäre anzunehmen, daß in Medinet Habu alle Sargwannen auch
Deckel erhalten hätten; 4 der Särge wurden jedoch in der Seitenkammer ohne
Deckel aufgefunden.[4]
Wahrscheinlicher scheint mir, daß die Zusammenstellung der im Nebenraum
von KV 35 gefundenen Mumien zufällig erfolgte. In der langen Zeit der
wiederholten Einbrüche in die Gräber des Tals der Könige wurden viele Mumien nach der Plünderung ihres Grabes in ein vermeintlich sicheres Grab
überführt, welches bei den authoritätslosen und offensichtlich chaotischen
Zuständen in der Nekropole dann ebenfalls beraubt und aufgegeben werden
mußte. Vermutlich wurden erst in der späten 21. Dynastie die aller Werte
beraubten Mumien gemeinsam in den Nebenraum von KV 35 verbracht, wie dessen letzte Vermauerung aufzeigt.

1) Die Verschonung des Grabes KV 35 (wie auch DB 320) durch weitere Grab-
   räubereien nach diesem Zeitpunkt kann auch darauf beruhen, daß kein ma-
   terieller Anreiz für Grabräuber bestand, in die total geplünderten Gräber weitere Mühen und Risiken zu investieren. Es muß in Ansehung des
   Grabes von Tutanchamun davon ausgegangen werden, daß bei dem 1. Einbruch
   in ein Grab nicht alle Teile fortgeschafft werden konnten. Wiederholte
   Einbrüche, evtl. auch wiederholte Schändungen der Mumien sind wahrscheinlich.
2) Siehe die Diskussion bei E. Thomas, Necropoleis, S. 256 f.
3) G.E. Smith, The Royal Mummies, CG 61051-61100.
4) Die weibliche nicht indentifizierte Mumie lag in einem umgedrehten
   Sargdeckel.

Die Identität der Mumien:

Bei isolierter Betrachtung der antiken Markierungen zu den Mumien von
Ramses V. und VI. können sich Zweifel über die Identität der aufgefunde-
nen Mumien mit den beiden Königen ergeben. Die Identifizierung beruht bei
Ramses V. auf den folgenden Angaben von V. Loret:

> "Sur la poitrine, prénom presque effacé dont la forme et la dis-
> position de quelques signes lisibles permettent de reconnaitre le
> prénom de Ramsès V."[1],

und für Ramses VI.:

> "Cuve et couvercle en bois peint en noir, au nom du premier
> prophète d'Amon, premier prophète de Thoutmès III, Râ. Sur le
> couvercle, gratté et raclé, cartouche prénom de Ramsès VI. La
> momie, dont le buste a été brisé en pièces, ne porte pas de
> nom"[2].

Für Ramses V. beruht die Identifizierung auf den wenigen Zeichen, die V.
Loret noch entziffern konnte, jedoch scheint er keinerlei Zweifel an der
Lesbarkeit des königlichen Namens gehabt zu haben. Für Ramses VI. ist die
Identität nur dann sicher, wenn seine, ohne Markierungen gelassene Mumie
tatsächlich   in dem, mit seinem Namen versehenen Sarg gelegen hat.
Für die richtige Identifizierung beider Könige geben jedoch die Fundumstände so deutliche Hinweise, daß die obigen Zweifel weitgehend ausge-
räumt werden können. Bei den Mumien des vermauerten Nebenraumes von KV 35
handelt es sich, vielleicht mit Ausnahme der weiblichen Mumie, um Könige.
Die Mumifizierung der Körper Ramses' V. und VI. ist nach G.E. Smith[3]
der XX. Dynastie zuzuordnen.

Von entscheidender Bedeutung für die Identifizierung scheinen mir jedoch
die Markierungen aller im Nebenraum von KV 35 gefundenen Mumien und die
sich daraus ergebenden Folgerungen zu sein. Hierzu eine kurze Zusammenstellung:

Mumie	Sarg	Markierung an dem Sarg	Markierung der Mumie
Th. IV.	W+D[4]	Name Th. IV.	Th. IV. a. d. Leichentuch
A. III.	W+D	R. III. a.W., S.II a.D.,	Name A. III.
		a.D.in hieratisch A. III.	
Mer.	W	Sethnacht a.W.	Name Mer.

1) V. Loret, BIE 9, Ser. 3 (1899), S. 111.
2) A.a.O., S. 112.
3) G.E. Smith, The Royal Mummies, CG. 61051-61100, S. 90+92.
4) W = Wanne des Sarges; D = Deckel des Sarges.

Mumie	Sarg	Markierung an dem Sarg	Markierung der Mumie
S. II.	W	keine	a.d. Brust S. II.
Siptah	W+D	Name Vorbesitzer gelöscht. Name Siptah	a.d. Beinen Siptah
R. IV.	W+D	Namen R. IV.	unlesbarer Name an d. Beinen
R. V.	W	keine	a.d. Brust Teil des Namens R. V. lesbar
R. VI.	W+D	Name d. Priesters "Ra", zerkratzt, Name R. VI.	kein Name
weibl. Mumie	D. um-gedreht	Name Sethnacht	kein Name

Aus dieser Aufstellung ergibt sich, daß die 9 Mumien sehr unterschiedlich markiert worden sind. Hieraus kann geschlossen werden, daß die Markierungen nicht bei der Zusammenführung der Mumien erfolgte, denn dann würden einheitliche Merkmale zu erkennen sein. Vielmehr ist zu folgern, daß die Markierungen der geschändeten Mumien anläßlich der Bergung aus den beraubten Gräbern erfolgte. Dieses ergibt sich aus den Umständen. Die Priester, welche die Mumie aus dem geplünderten Grab bergen sollten, fanden die Mumie praktisch nackt, d.h. aller Mumienbinden entkleidet vor.[1] Die Binden waren von den Grabräubern zerschnitten worden, um an die am Körper befindlichen und eingebundenen Goldteile zu gelangen. Entsprechende Merkmale sind auch auf der Haut der Mumien vielfach als Schnitte zu erkennen[2]. Die Särge der geplünderten Königsgräber scheinen, entsprechend V. Loret's Fundbericht, weitgehend zerstört worden zu sein, wahrscheinlich durch das Abreißen des Goldes auf den Särgen durch die Plünderer.

Die mit der Bergung beauftragten Priester haben die 8 königlichen Mumien aus KV 35 neu in Binden gewickelt. Die Qualität der Arbeit ist sehr unterschiedlich , sie entsprach in keinem Fall auch nur annähernd einem königlichen Standard;sie reicht von der Verwendung von 26 Mumienbinden bei Sethos II.[3] bis "enveloped merely in a mass of torn bandages loosely thrown around it without any attempt at bandaging" bei Ramses V.[4]

1) Außer der im Nebenraum von KV 35 gefundenen weiblichen Mumie, die außer einem großen Loch im Leib keine Beschädigungen aufwies. G.E. Smith, The Royal Mummies CG 61051-61100, S. 82.
2) A.a.O., z.B. S. 73, 91.
3) A.a.O., S. 77.
4) A.a.O., S. 90.

14

G.E. Smith entfernte bei seiner Untersuchung der Mumien die behelfsmäßi-
ge Neuwicklung. Sein Bericht zu den 8 königlichen Mumien aus KV 35 gibt
4 deutliche Hinweise, daß die Restaurierung der Mumienbinden durch die
Priester in dem jeweiligen Königsgrab erfolgte :

a) Bei der Neuwicklung wurden große Mengen von Stoffresten und Binden-
   stücken, teilweise Binden von der ursprünglichen Mumifizierung verwendet.[1]

b) "Among the lumps of resin-impregnated linen inside the body-cavity
   were found the leg bone of a fowl and another bird's limb bone, a
   human great toe, and a left ulnar and radius. The bird-bones were ob-
   viously parts of mummified food-offerings such as were found in most
   royal tombs of this period".[2] (Mumie Amenophis' III.).

c) "A large part of the anterior wall of the body was broken away; and
   that this was done before the rewrapping is clearly shown by the fact
   that part of the wall of the chest was found among the superficial
   bandages, as though it had been forgotten and had been put in just
   before the wrapping-process was completed".[3] (Mumie Sethos' II.).

d) "The head and trunk were literally hacked to pieces and when the mummy came to be rewrapped ist was necessary to obtain a board - a rough
   piece of coffin - on which to tie the fragments of the body and give
   them some semblance of the form of a mummy".[4] (Mumie Ramses' VI.).

Die unterschiedliche Qualität der Neuwicklung und die abweichenden Formen
der Markierungen der 8 Mumien hat gezeigt, daß die Durchführung der Restaurierung nicht zusammen erfolgte, sondern daß jede dieser Mumien ein-
zeln behandelt worden ist. Es ist nicht denkbar, daß Priester die nackten,
z.T. zerrissenen Körper nebst einem Wust von Fetzen und zerstückelten
Binden, etwa noch einschließlich der Geflügelknochen an einen anderen Ort
verbrachten, um dort die vorgefundene, hastige Wiederherstellung vorzunehmen. Auch das nachträgliche Einbinden eines Teils des Brustkorbes bei Sethos II. zeigt, daß dieser Körperteil offensichtlich während der Einbindung
der Mumie im Grab gefunden worden ist.

Für die Identität der Mumien ist von Bedeutung, daß die Neuwicklung in dem
jeweiligen Königsgrab erfolgte. Solange die nackte und geschändete Mumie
in ihrem Grab allein verblieb, war ihre Identität gesichert. Durch die

1) Diese Arbeitsweise gilt für alle 8 Mumien.
2) G.E. Smith, The Royal Mummies, CG 61051-61100, S. 49.
3) A.a.O., S. 74.
4) A.a.O., S. 92.

Neuwicklung und Verbringung an einen anderen Ort wurde der Körper anonym,
es sei denn, er wurde mit seinem Namen versehen. Bei dieser Rekonstruktion
des Ablaufes ist zu berücksichtigen, daß der Name und damit die Identität
für das jenseitige Leben des toten Königs von überragender Bedeutung gewesen ist und deshalb die Priester das "Auslöschen des Namens" verhindern
mußten.[1]

So wird die Markierung unmittelbar nach der Neuwicklung im Grab erfolgt
sein. Für die 8 königlichen Mumien und damit auch für die Mumien von Ramses V. und VI. ist nach den Fundumständen kaum ein Zweifel an der Rich-
tigkeit ihrer Namensangaben und damit ihrer Identität möglich.

Der Zustand der Mumien:

Die Vermessung der Mumie Ramses' V.[2] ergab eine Körpergröße von 1.726 m.
Oberlippe, Kinn, die Schamgegend waren mit dunkelbraunem Haar, die Kopfhaut mit gleichfarbigem dichten Haar in einer Länge von 3-4 mm bedeckt.[3]
Seine Gesichtszüge erinnern an die Pharaonen der frühen 19. Dynastie. Ob
die nachfolgenden Erkrankungen die Todesursache gewesen sein können, wird
von G.E. Smith nicht angegeben:

Pocken: am Unterleib und im Gesicht sind deutlich Pusteln zu erkennen,
           die mit großer Wahrscheinlichkeit Pocken sind.

Geschwüre: in der rechten Leiste befindet sich ein tiefes offenes Ge-
           schwulst mit verdickten Rändern, Größe 22 x 18 mm.

Das Loch im Schädel, links seitlich des Scheitels, Größe 34 x 19 mm kann
entsprechend der Behandlung der Kopfhaut, unmittelbar vor oder nach dem
Tod des Königs verursacht worden sein.[4] Gegenüber anderen Mumien haben
die Grabräuber die Ramses' V. nur wenig beschädigt, so finden sich Schnitte, verursacht durch das Zerschneiden der Mumienbinden, an den Fingern,
Knöcheln und dem Jochbein. G.E. Smith nennt Ramses V. einen viel jüngeren
Mann als sein Vorgänger war[5], während W.M. Krogmann und M.J. Baer[6] anhand der Röntgenbilder ein Sterbealter von 25 - 35 Jahren festlegen.

1) Hieraus ergibt sich, daß die Priester sich offensichtlich über die Identität der weiblichen Mumie im Nebenraum von KV 35 nicht sicher waren.
2) Nach G.E. Smith, The Royal Mummies, CG 61051-61100, S. 90 ff.
3) Bemerkenswert ist der Unterschied in der Haarlänge, bei R. V. 3-4 mm,
   bei R. VI. nur 1 mm.
4) Bei Merneptah, S. II., R. IV. und R. VI. sind ähnliche Löcher im Schädel festgestellt worden, jedoch sind sie nach der Mumifizierung eingetreten.
5) G.E. Smith, The Royal Mummies, CG 61051-61100, S. 87 nennt für R. IV.
   ein Alter von mindestens 50 Jahren und wahrscheinlich mehr.
6) W.M. Krogmann und M.J. Baer, An X-ray Atlas, S. 202.

Ramses VI. war nach den Angaben von G.E. Smith[1] 1.714 m groß. Kurzgescho-
rene Haare sind auf der Oberlippe, dem Kinn und teilweise am Kopf festzustellen. Die Zähne waren wenig abgenutzt. Die Zerstörung der Mumie durch
Grabräuber erlaubt keine weiteren detaillierten Angaben. Die Mumie des
Königs wurde von den Plünderern in Stücke gehackt und später von den Priestern sehr nachlässig und unter Verwendung weniger neuer Binden auf ein
Brett fixiert, um den zerrissenen Körper zusammenzuhalten. Als G.E. Smith
die Mumie von diesen Umhüllungen befreite, fand er folgendes vor:
Der Schädel war durch Axthiebe gespalten, der Unterkiefer ohne Verbindung
mit dem Schädel, der Hals vom Körper getrennt, die Gesichtsknochen zerbrochen. Das rechte Schulterblatt und der obere Teil der Schulter waren
zerschmettert (nicht zerhackt). Der rechte Unterarm war am Ellbogen abgehackt, die rechte Hand fehlte. Der linke Oberarm war an der Schulter ab-
gerissen, der Rest des Arms war am Ellbogen abgehackt, die linke Hand,
Finger und Handgelenk zeigen die Spuren von Axthieben. Alle Rippen und der
linke Hüftknochen waren zerbrochen, die vorderen Teile der Rippen fehl-
ten. Die Körperteile waren zum Teil nicht entsprechend ihrer natürlichen
Position neu eingebunden worden. So lagen am Hals der linke Hüftknochen
und der Rest des Beckens; der rechte Ellbogen und ein Teil der Schulter
fanden sich am rechten Schenkel; ein Rippenstück war zu den Fußknöcheln
geraten. Von anderen Mumien waren eine weibliche rechte Hand und von einem männlichen Körper ein verstümmelter Unterarm und die rechte Hand in
die Mumie Ramses' VI. mit eingebunden worden.[2]
G.E. Smith gibt Ramses VI. ein mittleres Lebensalter, wahrscheinlich äl-
ter als Ramses V., aber jünger als Ramses IV. Anhand der Röntgenbilder
stellen W.M. Krogmann und M.J. Baer ein Sterbealter von 30 - 35 Jahren
fest.

2. Ein Beitrag zur Genealogie

Die genealogischen Probleme der Ramessidenzeit nach Ramses III. haben
zu einer langjährigen und umfangreichen Diskussion geführt. Eine der
Fragestellungen war, inwieweit die Könige Ramses IV. bis VIII. Söhne
oder Enkel von Ramses III. gewesen sind und wie sich die vorliegende

1) G.E. Smith, The Royal Mummies, CG 61051-61100, S. 94.
2) Offensichtlich sollten die fremden Mumienteile die fehlenden Teile von
   R. VI. ersetzen, wobei zweifelhaft ist, ob die Priester dieses bei der
   Hast ihrer Arbeit überhaupt wahrgenommen haben. Über die wahrschein-
   liche Herkunft dieser fremden Mumienteile siehe Abschnitt III/6.

Thronfolge ergeben hat. Auf die entsprechenden Untersuchungen wird ver-
wiesen.[1] Die nachfolgenden Ausführungen beschränken sich, nach der The-
menwahl, im wesentlichen auf die Bauherrn des Grabes KV 9, Ramses V. und
Ramses VI.

Lediglich die genealogische Stellung Ramses' IV. ist nunmehr durch die
Arbeiten von K.A. Kitchen[2] geklärt. Er weist nach, daß Ramses IV. ein
Sohn Ramses' III. gewesen und mit dem in der Prinzenliste von Medinet Habu bezeichneten Prinzen Ramses identisch ist. Die Stellung des Prinzen
Ramses als Thronfolger ist für das 27. Regierungsjahr Ramses' III. durch
die Beischriften im Grab Theben Nr. 148 belegt, er ist demnach der legi-
time Nachfolger seines Vaters auf dem Thron Ägyptens.

Für die Ramses IV. folgenden Könige liegen bisher keine vergleichbaren
eindeutigen Belege vor. Durch die neuen Ergebnisse zum erreichten Lebensalter der Mumien von Ramses V. und VI. sind m.E. keine neuen Gesichts-
punkte einer veränderten zeitlichen Einordnung gegeben. Dieser Beitrag
bezieht sich nur auf diesen Teilaspekt. Die nachfolgende Zeitgrafik (Abb.
Nr. 1) stellt die von G.E. Smith, E.F. Wente und die durch die Röntgenuntersuchungen ermittelten Werte dar. Die grafische Darstellung gibt die
knapp einhundert Jahre von der Geburt Ramses' III. bis zum Tod Ramses'
VIII. ohne Angabe der kalendarischen Jahreszahlen wieder. Die Grafik geht
hinsichtlich des Lebensalters der 6 Pharaonen von dem entsprechend den
Mumienuntersuchungen wahrscheinlichen Lebensalter aus[3], welches aus der
Regierungszeit und damit dem Todesjahr des jeweiligen Herrschers zurück-
gerechnet wird. Die bei den Mumienuntersuchungen festgelegten möglichen
Toleranzen des erreichten Lebensalters sind in die Grafik eingeflossen
(Differenz zwischen dem wahrscheinlich frühesten und spätesten Geburts-
jahr). Aus den Untersuchungen der königlichen Mumien liegen folgende An-

---

1) U.a.: J.v.Beckerath, ZÄS 97 (1971) u. MDAIK 40 (1984); J. Černý, JEA 44
   (1958); G.A. Gaballa u. K.A. Kitchen, MDAIK 37 (1981); K.A. Kitchen,JEA
   58 (1972) u. JEA 68 (1982); J. Monnet, BIFAO 63 (1965); W.J. Murnane
   jr., JARCE 9 (1971-72); Ch.F. Nims, Bibl. Orient. XIV 3/4 (1957); T.E.
   Peet, JEA 14 (1928); K.C. Seele, FS. Grapow (1955) u. JNES 19 (1960);
   E.F. Wente, JEA 20 (1961) u. JNES 32 (1973); F. Abitz, OBO 72 (1986);
   E. Harris u. E.F. Wente, An X-ray Atlas, S. 148-153, 160+161, 202,263 -
   268.
2) G.A. Gaballa u. K.A. Kitchen, MDAIK 37 (1981) u. K.A. Kitchen, JEA 68
   (1982).
3) Hinsichtlich des Lebensalters berichtigen sich meine Angaben in OBO 72,
   S. 137.

18

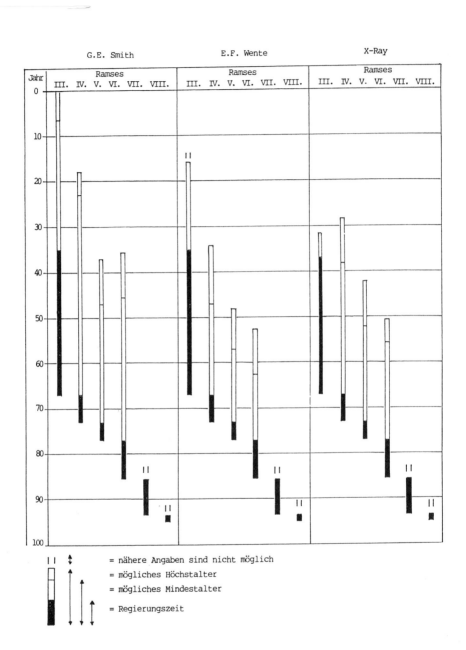

G.E. Smith   E.F. Wente   X-Ray

= nähere Angaben sind nicht möglich
= mögliches Höchstalter
= mögliches Mindestalter
= Regierungszeit

Grafik zum möglichen Lebensalter der Könige Ramses'III.-VIII.

Abbildung Nr. 1

gaben vor:

G.E. Smith[1] (anatomische Untersuchung):

Ramses III.: "Le corps, vigoureux et bien musclé, est celui d'un homme de soixante-cing ans" (Grafik = 63-67 Jahre).

Ramses IV.: "The complete closure of the lambdoid and posterior part of the sagittal sutures (the only regions available for examination) suggests an age of at least fifty years and probably more" (Grafik = 50 - 55 Jahre).

Ramses V.: "... was a much younger man than his predecessor" (Grafik = 30 - 40 Jahre).

Ramses VI.: "... was ... apparently middle-aged - probably older than Ramses V, but younger than Ramses IV."(Grafik = 40 - 50 Jahre).

E.F. Wente[2] (Ermittlung durch historische Daten):

Ramses III.: 32 - 56 + x Jahre,

Ramses IV.: 26 - 39 Jahre,

Ramses V.: 20 - 29 Jahre.

Ramses VI.: 23 - 33 Jahre.

W.M. Krogmann und M.J. Baer[3] (Röntgenuntersuchung):

Ramses III.: 30 - 35 Jahre,

Ramses IV.: 35 - 40 - 45 Jahre,

Ramses V.: 25 - 30 - 35 Jahre,

Ramses VI.: 30 - 35 Jahre.

Die Ergebnisse des erfahrenen Anatoms, die Interpretation der historischen Daten und die Röntgenuntersuchungen unterscheiden sich erheblich. Ein Ergebnis ist nach unserer Kenntnis auszuscheiden : Ramses III. muß ein erheblich höheres Alter erreicht haben, als die Röntgenuntersuchung mit 30 - 35 Jahren belegt.[4] Er hat länger als 30 Jahre regiert und kann kaum im Alter von 1 - 3 Jahren auf den Thron gelangt sein. Es würde eine langjährige Regentschaft für Ramses III. bedeutet haben, jedoch gibt es hierfür keinen Anhalt. Sein Vater Sethnacht begründete eine neue Dynastie und verstarb nach 2 Regierungsjahren. Nur ein starker Nachfolger konnte die

1) G.E. Smith, The Royal Mummies, CG 61051-61100, S. 86, 87, 91, 94.
2) E.F. Wente, An X-ray Atlas, S. 263-268 (Auswahl der wahrscheinlicheren von E.F. Wente ermittelten Werte).
3) W.M. Krogmann u. M.J. Baer, An X-ray Atlas, S. 202.
4) Durch das so erheblich von den bekannten Daten abweichende Ergebnis sind Zweifel, ob eine Röntgenuntersuchung einen sicheren Anhalt für das Sterbealter geben kann, berechtigt.

neue Dynastie stabilisieren, d.h. er mußte alt und erfahren genug sein, um die Macht auszuüben. Das sich aus der Untersuchung von G.E. Smith ergebende Alter von über 30 Jahren für Ramses III. bei seinem Regierungsantritt ist deshalb sehr wahrscheinlich.

Die Mumien von Ramses VII. und VIII. wurden nicht aufgefunden. In die Grafik ist die Angabe von E. Hornung[1] eingeflossen: "Da die Mumie von Ramses VII. fehlt, läßt sich das Todesalter nur chronologisch und genealogisch eingrenzen, es lag wohl kaum über 30 Jahre".

Nach den obigen Prämissen läßt sich aus der Grafik folgendes ableiten :

a) Das Alter Ramses' VI. hängt von dem Alter Ramses' III. insoweit ab, als der früheste Zeugungstermin berücksichtigt werden muß (Annahme : frühestens mit 14 Jahren). Wurde Ramses III. 67 Jahre alt, kann ihm der spätere Ramses IV. in seinem 15. Jahr geboren worden sein, dann ist das mögliche Höchstalter von Ramses IV. mit 58 Jahren, bei einem Lebensalter des Vaters von 63 Jahren mit 54 Jahren anzusetzen.

b) Wahrscheinlich ist, daß der Prinz Ramses (der spätere R. IV.) der erste Sohn Ramses' III. gewesen ist, sofern davon ausgegangen wird, daß nur jeweils eine Frau als Mutter für die späteren Thronfolgeberechtigten in Frage kam.

c) Die späteren Könige Ramses V. bis Ramses VII. könnten zeitlich Söhne von Ramses III. oder Ramses IV. gewesen sein. Ramses VII. kann jedoch zeitlich auch der Sohn von Ramses VI. gewesen sein.

d) Wenn der spätere Ramses VIII. ein Sohn von Ramses III. gewesen ist und seine Geburt nahe dem Sterbejahr seines Vaters gelegen hat, wäre sein erreichtes Mindestalter mit 25 Jahren anzusetzen. Seine Mumie wurde nicht gefunden, so daß sein Todesalter auch nicht annähernd bestimmt werden kann. Theoretisch könnte er, auch der Sohn von R. IV., R. V. oder VI. gewesen sein; R. VII. scheidet als Vater wohl aus, weil R. VIII. dann mit höchstens 16 Jahren die Regierung angetreten haben müßte.

Nach der theoretischen Erörterung der genealogischen Möglichkeiten, kann die Prinzenliste von Medinet Habu weitere Aufschlüsse geben. In der Prinzenliste erscheinen von den in der obigen Grafik genannten Königen nach Ramses III. weder Ramses V. noch Ramses VII. (Itiamun)[2], sie werden damit nicht als Söhne Ramses' III. ausgewiesen.

Die Liste enthält 9 Namen. Die figürliche Darstellung wurde offensichtlich

1) E. Hornung, R. IV. und R. VII., Kap. II.
2) S. E. Hornung, R. IV. und R. VII., Kap. II. für Itiamun als R. VII.

unter Ramses III.[1] vorgenommen, während die Eingravierung von Titel und
Namen Ramses' IV. (möglich nur für den 1. Prinzen), Ramses' VI. (für alle
Prinzen, vielleicht mit Ausnahme des 1. Prinzen Ramses) und Ramses' VIII.
(nur für die zusätzliche Einfügung von Königstitel und Kartuschen) zuzu-
schreiben sind. Sicher ist, daß mit der Regierungszeit Ramses' VI. die
Hinzufügungen zu den Prinzenfiguren (außer den Titeln und Kartuschen R.'
VIII.) abgeschlossen gewesen sind. Hieraus ist zu folgern, daß zu diesem
Zeitpunkt weder ein Sohn Ramses' III. namens Amunherchepeschef vor Ramses
VI. regiert haben kann, noch ein Sohn Itiamun vorhanden gewesen ist. Damit verbleibt, wenn von der üblichen Thronfolge[2] ausgegangen wird, daß
Ramses V. der Sohn von Ramses IV. gewesen ist. Der Prinz Itiamun kann
dementsprechend nur ein Sohn Ramses' VI. gewesen sein, er erscheint nicht
als Sohn Ramses' III. in der Liste von Medinet Habu und als Sohn Ramses'
V. scheidet er aus, weil er sonst die Thronfolge vor Ramses VI. eingenommen hätte. Ramses VIII. wird wegen seiner Eintragung in die Prinzenliste
als Sohn Ramses' III. angesehen. Nach der Thronfolge ist dieses dann gegeben, wenn Ramses V. keinen Sohn gehabt hat (dieses kann ausgeschlossen
werden, weil Ramses VI. als Sohn Ramses III. auf den Thron gelangte) und
außer Itiamun (R.VII.) kein weiterer Sohn von Ramses VI. zur Verfügung
stand. Diese Thronfolge ergibt, daß Ramses VIII. jünger war als Ramses VI.,
denn sonst wäre er vor Ramses VI. auf den Thron gelangt.

Die Kombination von erreichtem Lebensalter, Thronfolge und der Prinzenliste von Medinet Habu ergibt, daß die beiden Grabherren von KV 9 einerseits
als Sohn Ramses' IV. (= R. V.) und andererseits Ramses' III. (= R. VI.)
anzusehen sind. Es verbleibt dann die Frage, welcher Amunherchepeschef als
Sohn Ramses' III. der spätere Ramses VI. wurde. Er kann nur dann der
thronberechtigte Sohn gewesen sein, wenn von der Geburt des Prinzen Ramses
bis zu seiner Geburt keine thronberechtigten Söhne Ramses III. geboren wurden oder etwaige Söhne vor Ramses VI. verstorben waren. Beides ist möglich,
aber nicht beweisbar.[3] So bleibt weiterhin offen, ob es sich bei dem späteren Ramses VI. um den 2. oder 9. Prinzen Amunherchepeschef aus der Liste

1) S. die Zusammenfassung bei F. Abitz, OBO 72, S. 112 ff. Für die Fertigstellung des Tempels von Medinet Habu gilt das 12. Regierungsjahr R.'III.
2) Als übliche Thronfolge ist anzusehen, wenn der jeweils älteste Sohn
   Pharaos Prätendent ist.
3) S. hierzu die Bemerkungen zum Sohn R.' III., Meriatum, der noch unter R.
   V. Hohepriester des Re in Heliopolis gewesen ist : K.A. Kitchen, JEA 68
   (1982), S. 123 f. Er muß entweder aus unbekannten Gründen von der Thronfolge ausgeschlossen gewesen oder vor dem Regierungsantritt R.' VI.
   verstorben sein.

von Medinet Habu handelt oder um einen weiteren Prinzen gleichen Namens, der nicht in der Liste vermerkt ist.

3. Lebensdaten

Noch 1928 hat T. Eric Peet in seinem Artikel über die chronologischen Probleme der 20. Dynastie für die mit Ramses V. beginnende Zeit geschrieben: "With this king we leave the region of certainty and embark upon that of conjecture".[1] Bis heute sind durch neue Quellen und weitere Forschung viele Lücken geschlossen worden, ohne daß für alle Lebensdaten der beiden Bauherrn von KV 9, Ramses V. und VI., Übereinstimmung besteht. Nach dem mir freundlicherweise überlassenen Manuskript von E. Hornung zu Ramses IV. und VII. wird von ihm der historische Ablauf vom Tode Ramses' IV. bis zum Herrschaftsantritt Ramses' VII. ebenfalls ausführlich behandelt und belegt, so daß ich für die Könige Ramses V. und VI. auf seine Arbeit verweisen kann. Ich beschränke mich auf einige Aspekte, die in besonderer Weise mit dem Grabbau von KV 9 zusammenhängen und gehe davon aus, daß sowohl über die I-Identität der aufgefundenen Mumien der beiden Könige und ihre Herkunft[2] (Ramses V. als Sohn Ramses' IV.; Ramses VI. als Sohn Ramses' III.) ein hoher Grad an Wahrscheinlichkeit gegeben ist.

Bei einem Sterbealter von 25 - 40 Jahren[3] für Ramses V. muß er beim Tode von Ramses III. etwa zwischen 15 und 30 Jahren, beim Tode seines Vaters, Ramses' IV., etwa knapp 20 - 35 Jahre alt gewesen sein. Als Sohn des Kronprinzen hat er in jedem Fall die Verschwörung gegen den König, den Zerfall und das Ende der Herrschaft Ramses' III. bewußt miterlebt. Die Quellen berichten über diese Zeit von Preissteigerung, Korruption, ausbleibender Besoldung der staatlichen Angestellten, Streiks und Unruhen.
In der Regierungszeit seines Vaters muß der Prinz ein erwachsener Mann gewesen sein. Es scheint, daß Ramses IV. mit Beginn seiner Herrschaft an die glanzvollen Epochen des ägyptischen Königtums anknüpfen wollte. Dafür spricht der Umfang der von ihm geplanten Bauten. Die Abmessungen der Korridore seines Grabes werden gegenüber seinen Vorgängern erneut vergrößert, die Anzahl der Handwerker auf 120 Mann verdoppelt. Es wird ein Totentempel begonnen, "geplant in gewaltigen Dimensionen und offenbar nach dem Vorbild der Anlage von Medinet Habu".[4] Weiterhin wurden auf dem thebanischen

1) T. Eric Peet, JEA 14 (1928), S. 53.
2) S. die vorangegangenen Abschnitte II/1 und 2.
3) Frühestes Alter der Röntgenuntersuchung, höchstes Alter nach G.E. Smith.
4) E. Hornung, R. IV. und R. VII., Kap. II.

Westufer neben dem Taltempel der Hatschepsut mit einem mit Säulen versehenen Tempel und mit einem bescheidenen kleineren Bau begonnen. Nach mindestens drei, für das 1. und 2. Regierungsjahr belegten Expeditionen wird
"eine der größten uns bekannten Expeditionen"[1] mit 8368 Mann (zurückge-
kehrt mit 900 Mann Verlust) im 3. Regierungsjahr Ramses' IV. zu den Stein-
brüchen entsendet, danach scheint es keine weiteren Expeditionen gegeben
zu haben. Vieles spricht dafür, daß ein Teil der wichtigen Bauten niemals
vollendet wurde oder Planänderungen eine bescheidenere Ausführung veran-
laßte.[2] Die schwierige wirtschaftliche Lage des Landes ist für etwa das
letzte Jahrzehnt der Herrschaft Ramses' III. und der Könige Ramses V. und
VI. belegt. So stellt sich die berechtigte Frage, ob das Schatzhaus genü-
gend Mittel bereitstellen konnte, die ambitiösen Pläne Ramses' IV. zügig
zu verwirklichen. Der "Elephantine-Skandal", der erst unter Ramses V. aufgedeckt wird, reicht mit seinen Unterschlagungen[3] und Diebstählen, Be-
stechungen und Rechtsbrüchen in die letzten Jahre der Regierungszeit von
Ramses III. zurück, d.h. daß sich offensichtlich die Wirtschaft auch zur
Zeit Ramses' IV. in einem ähnlich desolaten Zustand befunden hat. Auf diesem Hintergrund begann nach dem Tode seines Vaters die Regierung Ramses'
V. "vielleicht im prt, zu Anfang des Jahres 1149 v. Chr.[4] Seine Regierungszeit war kurz, etwas länger als 4 Jahre. Obgleich der König seine
Herrschaft in seinen besten Mannesjahren angetreten hat, ist außer seinem
Grab im Tal der Könige, nichts von einer neuen Bautätigkeit Ramses' V. bekannt[5]. Das Grab wurde im 1. Regierungsjahr begonnen[6] und ist in den
Steinarbeiten sicher zur Hälfte, hinsichtlich der Dekorationen in einem
etwas geringeren Umfang fertiggestellt worden. Es ist wahrscheinlich, daß
die Grabanlage mit einer konventionellen Raumart- und -folge geplant gewesen ist. Hierfür spricht die Angabe auf dem Verso des Turiner Grabplans[7]

1) E. Hornung, R.IV. und R. VII., Kap. II.
2) So ist der Totentempel offensichtlich nicht über ein Anfangsstadium herausgekommen; ob der Bau nahe dem Taltempel der Hatschepsut auch nur annähernd vollendet wurde, bleibt zweifelhaft. Eigentümlich ist auch die
verkürzte Bauform seines Grabes KV 2. Nach E. Hornung und meiner Auffassung ist der berühmte Turiner Grabplan während des Baus für KV 2 ange-
fertigt worden. Anders als E. Hornung halte ich die gegenüber der traditionellen verkürzte Form für eine Planänderung während des Baus, möglicherweise aus Mangel an Mitteln.
3) E. Hornung, R. IV. und R. VII., Kap. II.
4) A.a.O., Kap. II.
5) An dem Tempel seitlich des Aufweges zum Tempel der Hatschepsut und dem
von R. IV. begonnenen Totentempel hat er weiterarbeiten lassen.
6) Ein genaues Datum ist nicht bekannt.
7) E. Hornung, FS. Edwards (noch nicht ersch.), ordnet das Verso eindeutig dem Grab KV 9 zu.

mit wsḫt mrkb "Wagenhalle" für den 1. Pfeilersaal, eine Bezeichnung, welche im Königsgrab u.a. diesen Raum bezeichnet. Wäre der 1. Pfeilersaal als
Sarkophaghalle geplant worden, wäre seine Bezeichnung "Goldhaus, in welchem man ruht".

Der nach dem Befund der Mumie wohl überraschende Tod Ramses' V. führte
auch zum Abbruch der Weiterführung von KV 9. Aus der Regierungszeit Ramses'
V. stammt der Papyrus Wilbour,welcher deutlich macht, warum die freie Ver-
fügbarkeit von Mitteln für die Bautätigkeit der Könige in der letzten Zeit
so stark eingeschränkt gewesen ist: die Steuereinschätzung für einen grös-
seren Teil Mittelägyptens zeigt, daß sich der größte Teil des bebauten
Landes im Besitz der Tempel befindet[1] und damit nicht mehr königliche Do-
mäne gewesen ist.

Ramses VI. muß beim Tode seines Vaters (R.' III.) zwischen etwa 12 - 30
Jahren, des seines Bruders (R.' IV.) etwa knapp 20 - 35 Jahre und bei seinem Regierungsantritt etwa Anfang 20 - 40 Jahre alt[2] gewesen sein, so daß
er den jeweiligen Thronwechsel bewußt miterlebt haben muß.

Die Verhältnisse scheinen sich in der Regierungszeit Ramses' VI. weiter
verschlechtert zu haben, denn "gegen Ende seines ersten Regierungsjahres
im I. prt, wird nach den Akten aus Deir el-Medine an mehreren Tagen 'wegen
des Feindes' nicht gearbeitet. Bei diesen 'Feinden' handelt es sich wohl
um Libyer ... (die) in der späten 20. Dynastie immer wieder Streifzüge
nach Oberägypten unternehmen. Nach einer Inschrift in Karnak, die Helck ...
der Zeit Ramses' VI. zugewiesen hat, wurde der Amuntempel von Karnak damals
sogar acht Monate lang von den 'Feinden' besetzt".[3] Obgleich Ramses VI.
mindestens 7 Jahre regiert hat, ist von einer eigenen neuen Bautätigkeit
nichts bekannt.[4] Im Gegenteil, dadurch, daß er das halbfertige Königsgrab
KV 9 von seinem Vorgänger übernimmt, erspart er sich erhebliche Bauarbei-
ten, die jedoch bei seinem Tode noch nicht abgeschlossen sind. Sein Vorgänger Ramses V. wurde nach 16 Monaten (!) an einer uns unbekannten Stelle

1) E. Hornung, R. IV. und R. VII., Kap. II. Mittel flossen allenfalls noch
   aus den Abgaben Nubiens, der nördliche Raum war nicht mehr tributpflich-
   tig.
2) Frühestes Alter der Röntgenuntersuchung, höchstes Alter nach G.E. Smith.
3) E. Hornung, R. IV. u. R. VII., Kap. II. S. hierzu auch Amin A.M.A. Amer,
   JEA 71 (1985), S. 66-70.
4) Zu seiner Regierungszeit wird an dem von R. IV. begonnenen Totentempel
   weitergearbeitet. Die Zueignungsinschrift im Grab der Isis, QV 51,wahr-
   scheinlich das Grab seiner Mutter, sagt nichts darüber aus, daß R. VI.
   das Grab von Beginn an aushauen ließ.

bestattet.[1] Alle Bearbeiter sind sich darüber einig, daß Ramses VI. das
Andenken seines Vorgängers nicht löschen wollte oder ihn gar "verfolgte".
Wahrscheinlicher ist, daß die politischen und wirtschaftlichen Verhältnisse dem König keine ausreichende Sicherheit gaben, eine umfangreiche
Grabanlage in den entwickelten Maßen[2] vom Beginn an fertigzustellen, so
daß er , anstelle die auch rituell nur halbfertige Anlage seinem Vorgänger zu belassen, es vorgezogen hat, diese für sein eigenes königliches
Grab entsprechend auszubauen. Es ist die letzte königliche Grabanlage,
die in der traditionellen räumlichen Gliederung im Tal der Könige gebaut
worden ist.

1) Das Grab ist entweder noch nicht aufgefunden oder noch nicht identifiziert worden. Entsprechend der verfügbaren Zeit, kann es sich nur um
   eine kleinere Grabanlage handeln.
2) Nach den Abmessungen der Korridore und Räume handelt es sich bei KV 9
   um eine der Grabanlagen mit dem größten Gesamtvolumen im Tal der Könige.

III. DER BAU DER GRABABLAGE

1. Die Lages des Grabes KV 9 im Tal der Könige

Das Grab KV 9 wurde in die Vorderseite der Felszunge gearbeitet, welche sich nach dem heutigen Eingang aus westlicher Richtung in das Tal der Könige vorschiebt. Am Ende des Einschnittes, der die Felszunge im Norden abgrenzt, liegt das Königsgrab des Merneptah (KV 8) und am Ende des entsprechenden südlichen Einschnittes das Königsgrab Amenophis' II. (KV 35). An der Südflanke der Felszunge folgen

KV 12 - ein langes Korridorgrab, dessen Grabinhaber(in) mangels
        Inschriften unbekannt ist,

KV 57 - das Königsgrab des Haremhab,

KV 58 - ein unbeschriftetes Schachtgrab,

KV 56 ein unbeschriftetes Schachtgrab,

und fast unmittelbar vor und unterhalb von KV 9 das Grab von Tutanchamun (KV 62).

In die, in das Tal ragende Felszunge wurden demnach 4 große Königsgräber (KV 35, 57, 8, 9), 2 Korridorgräber (KV 62 und 12) und 2 Schachtgräber (KV 56 und 58) geschlagen.

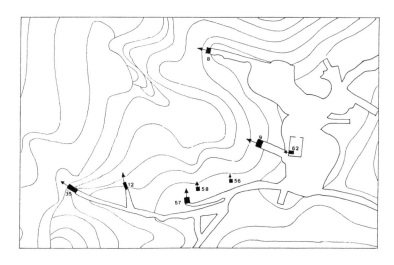

Topographische Skizze mit der Lage von KV 9
Abbildung Nr. 2

In die topographische Kartenskizze (Abb. Nr. 2)sind die Eingänge der Gräber und die in das Innere des Felsens führenden Grabanlagen eingetragen. Demnach laufen die Achsen von KV 35[1], 9 und 8 fast parallel in annähernd westliche Richtung, während die Grabachsen von KV 12 und 57 in annähernd nördliche Richtung verlaufen und damit die Achse von KV 9 kreuzen. Die Überlagerung der Grabachsen von KV 57 und KV 9 blieb ohne Auswirkungen, weil der im Kreuzungsbereich liegende obere Grabbereich von KV 57 so steil in die Tiefe geführt worden ist, daß er erheblich unter dem Niveau von KV 9 liegt. Anders bei KV 12, ein Grab, welches mit einem ähnlichen Neigungswinkel wie KV 9 in den Fels führt, so daß es zu einer Kollision beider Gräber im Kreuzungsbereich gekommen ist.

Das Grab Ramses' V./VI. (KV 9) wurde eindeutig als letzte Grabanlage in diese Felszunge geschlagen. Die Königsgräber (KV 35, 62, 57, 8) stammen aus früherer Zeit und auch die Schachtgräber, KV 56 und 58, sind wahrscheinlich in der Zeit zwischen der Regierung von Tutanchamun bis Haremhab angelegt worden, mit Sicherheit jedoch vor KV 9.[2] KV 12 ist eindeutig vor KV 9 gearbeitet worden, dieses ergibt sich aus den Maßnahmen nach der Kollision.[3]

Das Grab von Tutanchamun liegt nicht nur einige Meter unter dem Niveau des Einganges von KV 9, es führt ebenfalls mit einem steileren Neigungswinkel als die Eingangskorridore von KV 9 in die Tiefe und knickt nach dem Eingangskorridor nach Norden ab. Hierdurch war eine Kollision mit KV 9 ausgeschlossen.

Die späte Entdeckung des Grabes von Tutanchamun ist u.a. darauf zurückzuführen, daß der Zugang zum Grab KV 62 durch zusätzliche Schuttmassen überlagert wurde, die aus KV 9 stammten und den darüberliegenden bereits zugeschütteten Eingang von KV 62 tief begruben. Zu den Ausgrabungen von KV 62 berichtet H. Carter: " "Our former excavations had stopped short at the north-east corner of the tomb of Rameses VI, and from this point I started trenching southwards. It will be remembered that in this area there were a number of roughly constructed workmen's huts, used probably by the labourers in the tomb of Rameses"."... that we were actually in the entrance of a steep cut in the rock, some thirteen feet below the entrance to the tomb of Rameses VI, and a similar depth from the present bed level

---

1) Die Grabachse von KV 35 knickt nach dem Schachtraum nach Süden ab.
2) E. Thomas, Necropoleis, Pläne zu KV 56 u. 58: S. 159; Beschreibung und Funde: S. 165 f.
3) Siehe hierfür den folgenden Abschnitt III/2.

of the Valley".[1]

Die Lage des Grabes war durch die verantwortlichen Baumeister gut gewählt. Die für den Bau des Königsgrabes für Ramses V. geeignete Gesteinsqualität in der Felszunge war durch die Erfahrungen beim Bau der zeitlich vorangegangenen Gräber bekannt. Durch den mehrere Meter über dem Talboden gesetzten Grabeingang wurde eine mögliche Beeinträchtigung durch Wasser ausgeschlossen.[2] Die Kollision mit KV 12 muß auf einer falschen Einschätzung beruhen. Die ägyptischen Baumeister waren sowohl in der Lage die Entfernung der Eingänge von KV 12 und 9 und die Richtung der beiden Grabachsen zu bestimmen, um den Kreuzungspunkt festzustellen. Die Abgangshöhe vom jeweiligen Grabeingang und die korrekten Neigungswinkel der Achsen im Fels konnten sie nur schätzen. Die unbeabsichtigte Kollision beider Gräber wird auf einem solchen Schätzungsfehler beruhen.

2. Die Kollision mit dem Grab KV 12

Die Kollision erfolgte im unteren Grabbereich beider Gräber. Beim Aushauen des linken Deckenteils am Ende des 5. Korridors von KV 9 wurde auf die rechte, untere Seitenwand des letzten Raumes von KV 12 gestoßen. J. Burton gibt zu dem, die beiden Gräber verbindenden Durchbruch folgende Angaben: "The thickness of the rock left at the aperture where broken through the adjoining tomb H (R. VI.) is not above 8 inches ..."[3], d.h., daß an dieser Stelle die verbliebene Felsstärke nicht mehr als ca. 20 cm betragen hat. Er gibt ferner an: "... hole broken into Catacomb H it is 2 feet wide and 2.8 high"[4]. Der Durchbruch ist heute von KV 9 aus vermauert und verputzt, so daß ich über seine Abmessungen keine eigenen Angaben machen kann. E. Lefébure[5] hat KV 12 von KV 9 aus noch betreten, somit muß der Durchschlupf entsprechend groß gewesen sein. Ob es zur Zeit des Grabbaus von KV 9 eine unmittelbare Verbindung zu KV 12 gegeben hat, läßt E. Thomas offen: "The second descent in H is perhaps the result of a drop when the proximity of KV 12 was realized, for this slope last occurs in KV 8 (Merneptah) and not again. If the masons detected open space from the sound, they would have lowered the end wall of H to clear the other

1) H. Carter, Tutankhamen, S. 31.
2) Die in großen Zeitabständen vorkommenden wolkenbruchartigen Regenfälle haben die von der Talsohle abgehenden offenen Gräber zugeschwemmt; s. z.B. den heutigen Zustand des Grabes von R. II.
3) J. Burton, BM 25 642, S. 8.
4) Diese Angaben verdanke ich E. Hornung, der das obige Manuskript von J. Burton für mich freundlicherweise eingesehen hat.
5) E. Lefébure, Les Hypogées Royaus, MMAF II, s. 121 u. 187 f.

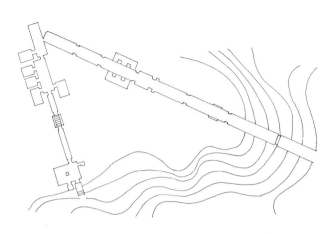

Skizze der Kollision zwischen KV 12 (li.) und KV 9 (re.) [1]

Abbildung Nr. 3

tomb while they sloped the corridor to allow height for the following door-
way and ultimately the J vault".[2] Und in Anmerkung 87: "Wether the actual
connection was made by the masons or by later thieves is unknown; ..." [3]
Nach den vorliegenden Angaben ist ein unmittelbarer Durchbruch zwischen
den Gräbern KV 12 und KV 9 während des Baus von KV 9 eher wahrscheinlich,
wie folgende Berechnung ergibt:
Wenn die beiden Gräber in einem Winkel von ca. 20 - 25° aufeinander tref-
fen und die Wandstärke am Punkt A der Skizze ca. 20 cm betragen hat, ist
im Bereich B ein Durchbruch gegeben. Eine spätere Erweiterung des Loches
durch Grabräuber oder in späterer Zeit ist möglich, aber nicht eindeutig
nachweisbar.[4]

1) Die Skizze gibt einen allgemeinen Anhalt für die Situation. Vorbehalte
   bestehen für die vorliegenden Angaben über die Maßhaltigkeit des topo-
   graphischen Plans II bei P & M I, 2 und der unterschiedlichen Einnordung der Grabachse von KV 12 bei P & M I, 2, S. 510 und E. Thomas, Necropoleis, S. 120.Trotz dieser Abweichungen ist der Kreuzungswinkel
   beider Gräber innerhalb einer vertretbaren Toleranz dadurch gegeben, daß
   die Kollisionspunkte beider Gräber, die Einnordung von KV 9 und der Abstand der Gräber KV 12 und KV 9 ausreichend belegt sind.
2) E. Thomas, Necropoleis, S. 130.
3) A.a.O., S. 135.
4) Die Inspektoren von Theben West erklärten mir, daß sie im oberen Grabbereich von KV 12 die Stimmen der Touristen aus KV 9 hören könnten.

30

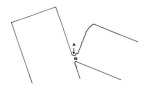

Skizze des Kollisionswinkels

Abbildung Nr. 4

Nach der Kollision wurde die Arbeit mit Sicherheit gestoppt, um für die
nun erforderliche Planänderung die Genehmigung einzuholen.[1] Die Planänderung ist durch unsere Kenntnis der ägyptischen Arbeitsweise nachvoll-
ziehbar. Das grobe Aushauen des Gesteins wurde stets mit einem größeren
Sicherheitsabstand zur endgültigen Deckenhöhe begonnen und erst in einem
2. Arbeitsgang ist die Feinarbeit zur Herstellung der Deckenfläche und
der Kanten zu den Seitenwänden vorgenommen worden. Die Kollision während
der 1. Arbeitsphase am Ende des 5. Korridors sowie den geplanten und geänderten Korridorverlauf gibt die nachfolgende schematische Skizze wieder.

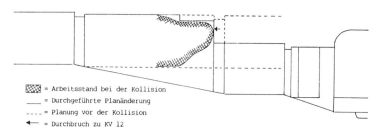

▨▨ = Arbeitsstand bei der Kollision
──── = Durchgeführte Planänderung
╌╌╌ = Planung vor der Kollision
◄── = Durchbruch zu KV 12

Skizze der Planänderungen durch die Kollision

Abbildung Nr. 5

Nach der Kollision wurde in KV 9 die nur in der 1. Phase bearbeitete Decke
als heruntergezogene Deckenfläche stehen gelassen.[2] Der dadurch entstan-

1) Auf die durch die Kollision mit KV 12 auftretenden Sicherheitsfragen
   wird in Abschnitt III/6 eingegangen.
2) Ob bei Eintritt der Kollision die vorgesehene Korridorlänge erreicht
   worden ist, bleibt offen.

dene Absatz ergab ein gesondertes Deckenteil, welches unter Ramses VI. eine eigene Dekoration erhielt (B 181). Weiterhin wurde im Bereich des Durchganges zum Vorraum der Sturz soweit heruntergezogen, daß dieser mit einem
entsprechenden Sicherheitsabstand frei von der Kollisionsstelle kam. Die
hierdurch entstandene große senkrechte Fläche über dem Durchgang wurde
ebenfalls mit einer eigenen Dekoration ausgestattet (B 182). Die beiden
genannten neugeschaffenen Flächen müßten entsprechend auch für die Dekoration als zusätzliche Planänderung gelten. Für die Herstellung der im
Grab üblichen Höhe des Durchganges zum Vorraum mußte der Fußboden des 5.
Korridors eine für die spätramessidische Zeit ungewöhnlich steil nach unten führende Neigung erhalten. Die dem 5. Korridor folgenden Räume, Vorraum und Sarkophaghalle, schlossen sich dem so gewonnenen tieferen Niveau
an.

Die eindeutig durch die Kollision verursachte abweichende Gestaltung des
5. Korridors in KV 9 zeigt an, daß KV 12 vor dem Königsgrab gearbeitet
worden ist. E. Thomas[1] hält als das späteste Datum für die Anlegung des
Grabes KV 12 die Regierungszeit von Ramses II.oder Merneptah für möglich,
schließt jedoch nicht aus, daß der Ausbau in die Zeit des Haremhab fällt.
Eine zeitliche Zuordnung bleibt m. E. vorläufig eine Spekulation, da die
Eigenart von Raumart und -folge, die ungewöhnliche Größe der Anlage und
die Seitenkammern[2] im unteren Grabbereich für KV 12 keine Parallele zu
anderen zeitlich bestimmbaren Gräbern geben. Die Größe der Anlage und
die Unterteilung in einen oberen und unteren Grabbereich lassen vermuten,
daß die Anlage für eine hochgestellte und dem König wahrscheinlich nahe-
stehende Persönlichkeit geschaffen worden ist.[3]

3. Raumart und -folge

Das Grab KV 9 steht in der Tradition des königlichen Grabbaus im Tal der
Könige, dessen Entwicklung mit der Bauform des Grabes von Thutmosis IV.
als abgeschlossen angesehen werden kann.[4] Seit dieser Zeit besteht die
königliche Grabanlage aus einem oberen Grabbereich mit 3 Korridoren, dem
Schachtraum und der ersten Pfeilerhalle sowie einem unteren Grabbereich

1) E. Thomas, Necropoleis, S. 149.
2) Es kann nicht ausgeschlossen werden, daß die Seitenkammern im unteren
   Grabbereich später, z.B. für eine Mehrfachbestattung angelegt worden
   sind.
3) Jedoch stimmt keines der bekannten Königinnen- oder Prinzengräber mit
   der Raumart und -folge von KV 12 überein.
4) Eindeutige Vorläufer sind die Gräber von Thutmosis III. und Amenophis
   II.

mit dem Abgang aus dem 1. Pfeilersaal[1], 2 weiteren Korridoren, dem Vorraum und der Sarkophaghalle mit ihren Nebenräumen. Der obere und untere
Grabbereich haben so korrespondierend jeweils 3 Korridore[1], 1 Vorraum und
1 Pfeilerhalle.[2] In den etwa 250 Jahren, die zwischen den Regierungszei-
ten von Thutmosis IV. und Ramses VI. lagen, wurden im Tal der Könige 16
Grabanlagen für den jeweils regierenden Pharao gebaut. Jeder Herrscher
nahm unter Beibehaltung der Grundkonzeption[2] kleine oder größere Veränderungen vor, die E. Hornung[3] so treffend "die Erweiterung des Bestehenden" nennt, d. i. der Wunsch des Königs, seinen Vorgänger zu übertreffen.
Aus diesen Erweiterungen sind. u.a. beträchtliche Auswirkungen auf die
Sicherheitsfragen der Königsgräber entstanden, z.B. durch die vollständige Dekoration aller Räume bei Sethos I. oder die Ausarbeitung einer Aussenfassade durch Ramses II.[4]

Das Grab KV 9 steht entwicklungsgeschichtlich fast am Ende dieser langen
Bauperiode; ihm folgen die Gräber von Ramses VII. (KV 1), IX. (KV 6), X.
(KV 18) und XI. (KV 4), welche nicht mehr die traditionelle Form von Raumart und -folge aufweisen, sei es weil ein anderes Konzept verwirklicht
werden sollte, sei es, daß sie unvollendet blieben.[5]
Das Grab Ramses' IV. (KV 2), welches zeitlich KV 9 vorangeht, nimmt in
dieser entwicklungsgeschichtlichen Kette eine abweichende Position ein.
Wie E. Hornung[6] darlegt, handelt es sich bei diesem Grab um eine räumlich
verkürzte Konzeption der bisherigen traditionellen Bauform, jedoch ist das
Prinzip der Scheidung in einen oberen und unteren Grabbereich beibehalten
worden.
Eine kurze Ablistung der Raumart und -folge des Grabes KV 9 und der jeweilige Zusatz der Änderungen[7] (Erweiterung des Bestehenden) die von den
zeitlichen Vorgängern übernommen worden sind, gibt einen Eindruck, wie
eindeutig KV 9 in den entwicklungsgeschichtlichen Kanon des königlichen
Grabbaus im Tal der Könige eingebunden ist.

1) Der Abgang aus dem 1. Pfeilersaal gilt hier als 1. Korridor des unteren Grabbereiches.
2) Ausnahmen sind KV 62 (Tutanchamun), welches nach der Bauform keine königliche Anlage ist und KV 2 (Ramses IV.).
3) E. Hornung, ZÄS 105, (1978), S. 59 ff.
4) Siehe die Erläuterungen unter III/6.
5) Grund- und Aufrisse bei F. Abitz, Grabräuberschächte, Plan F und I im
Anhang.
6) E. Hornung, Zwei ramessidische Königsgräber:Ramses IV. und Ramses VII.,
Kap. IV.
7) Vergleiche die Pläne A - I bei F. Abitz, Grabräuberschächte, Anhang.

Grabzugang und Fassade:	KV 9: Der offene Einschnitt ist im Fels geglättet, die Fassade des Grabeinganges ist in Relief ausgeführt. Änderung durch Ramses II. (KV 7), vorher gab es keine dekorierte Grabfassade.

1.-3. Korridor: KV 9: Geringfügige Neigung der Korridore in das Grabinnere. Bis einschließlich des Grabes von Amenmesse (KV 10) gab es einen steilen Abfall der Korridore, die dann einen flacheren Neigungswinkel erhielten.[1]

KV 9: Lange Nischen in den Seitenwänden des 2. Korridors. Bauform seit Thutmosis III. (KV 34).

KV 9: Kleine Nischen am Ende des 3. Korridors. Seit Ramses II. (KV 7) vorhanden, jedoch bereits bei Sethos I. (KV 17) als umrandete Vierecke gearbeitet, die nicht ausgehauen wurden.[2]

KV 9: Dekoration aller Grabwände in Relief. Bis einschließlich Haremhab (KV 57) wurden nur 3 Räume dekoriert: Schachtraum, Vorraum, Sarkophaghalle.[3]

KV 9: Korridorbreite: 315 - 319 cm
Korridorhöhe: 360 - 405 cm
Breite der Tordurchgänge: 261 - 280 cm.
Die Abmessungen der Korridore sind mit Ramses IV. erheblich, zwischen ca. 40 - 50 cm der genannten 3 Maße gesteigert worden.[4]

Schachtraum: KV 9: Kein Schacht vorhanden. Von Thutmosis III. (KV 34) bis Ramses III. (KV 11) wurde bei allen fertiggestellten Königsgräbern ein Schacht so ausgearbeitet, daß der Fußboden des Raumes in die Tiefe verlegt worden ist.[5]

Ob der mangelnde Fertigstellungsgrad bei KV 9 das Aushauen des Schachtes verhindert hat, oder ob es hierfür andere Gründe gibt, wird in den Abschnitten

1) Ausnahme: Das Grab des Siptah (KV 47).
2) Zu den sogenannten Imhet-Nischen s. F. Abitz, Grabräuberschächte, S. 70 ff und S. 94 ff.
3) Das Grab Ramses' I. (KV 16) blieb unvollendet und ist in Malerei ausgeführt. Das Grab von Haremhab ist erstmalig in Relief gearbeitet.
4) Aus E. Hornung, Tal der Könige, S. 38.
5) Soweit die ausgegrabenen Schächte eine Aussage zulassen, betrug die Tiefe etwa 7 m und es gingen vom Schachtboden ein oder mehrere Nebenräume ab, F. Abitz, Grabräuberschächte, S. 20 ff.

V. und VI. erörtert.

1. Pfeilersaal: KV 9: Saal mit 4 Pfeilern, durch dessen Mitte die steile Rampe in den unteren Grabbereich führt. Eine neue Bauform, welche von Ramses II. (KV 7) eingeführt wurde. Der Saal besaß bis einschließlich KV 57 (Haremhab) 2 Pfeiler, erstmalig mit Sethos I. (KV 17) 4 Pfeiler, jedoch führte vor Ramses II. der Abgang in den unteren Grabbereich stets entlang der linken Seitenwand des Raumes in die Tiefe.

KV 9: Besitzt keinen Nebenraum zum 1. Pfeilersaal.[1] Ein solcher Raum ist in den Gräbern von Sethos I. (KV 17), Ramses II. (KV 7), Merneptah (KV 8), Amenmesse (KV 10) und Ramses III. (KV 11) vorhanden.

Abgang und 4.-5. Korridor: KV 9: Nur für den Abgang aus dem 1. Pfeilersaal war ein steiler Neigungswinkel geplant. Der 4. und 5. Korridor sollten ohne Neigungswinkel weiterführen.[2] Der im 5. Korridor vorhandene steile Neigungswinkel ist unplanmäßig durch die Kollision mit KV 12 verursacht. Bis einschließlich Amenmesse (KV 10) führten der 4. und 5. Korridor steiler in die Tiefe.[3]

Vorraum: KV 9: Der Vorraum entspricht in Form und Lage denen seiner zeitlichen Vorgänger. Der Raum wurde als neues Bauelement von Thutmosis IV. (KV 43) eingeführt.

Sarkophaghalle: KV 9: Als Querschiff mit 8 Pfeilern geplant und nicht fertiggestellt. Die Halle wurde aus einem Langschiff mit 6 Pfeilern zu dieser Bauform von Ramses II. (KV 7) neu entwickelt. Die seit Thutmosis III. (KV 34) vorhandenen 4 seitlichen Nebenräume fehlen bei KV 9. Ob dieses durch den mangelnden Baufortschritt verursacht worden ist, bleibt offen. Seit Merneptah (KV 8) wird über die Sarkophaghalle hinaus die Grabachse zum Ausbau weiterer Räume fortgeführt. Ein unvollendeter Ansatz für einen folgenden Korridor ist

1) Ob ein solcher Nebenraum in KV 9 geplant war, wird im Abschnitt III/4 und 5 erörtert.
2) Die Decke des 5. Korridors liegt gegenüber dem 4. geringfügig niedriger.
3) Ausnahme: Ramses II. (KV 7).

ebenfalls bei KV 9 erkennbar.[1]

Der Vergleich von KV 9 mit den zeitlich vorangegangenen Grabanlagen zeigt, daß seine Bauform vollständig in der entwicklungsgeschichtlichen Tradition des Königsgrabes liegt. Es ist an dieser Stelle festzuhalten, daß der in der Einleitung als "fast revolutionär" genannte Bruch mit der Tradition nicht die Bauform betrifft, sondern sich allein auf die Dekoration innerhalb der Grabräume bezieht.

4. Der Abbruch der Arbeiten vor der Fertigstellung des Grabes

Das Grab KV 9 ist nicht fertiggestellt worden; dieses gilt sowohl für die Steinbearbeitung als auch den Putz und die Dekorationen. Diese drei Hauptarbeitsgänge werden gesondert behandelt, weil nach dem vorliegenden Befund nach Einstellung der Steinbearbeitung noch Putz- und Dekorationsarbeiten durchgeführt worden sind.

Die vorliegenden Pläne für den Grund- und Aufriß der Sarkophaghalle geben den Fertigstellungsgrad der Steinarbeiten nur unvollständig wieder.

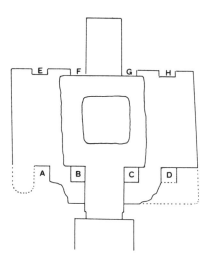

Grundriß der Sarkophaghalle

Abbildung Nr. 6

---

1) Wird wegen seiner gesonderten Dekoration als Raum bezeichnet. Ursprünglich war der Anfang des Raumes als Teil der nicht fertiggestellten Kolonnade geplant und nur ein kleiner Teil führt dann als Korridor weiter.

Innerhalb der rechten vorderen Kolonnade ist der Pfeiler C vollständig aus dem Fels gelöst. Der an dem Pfeiler D noch anstehende Fels hätte mit sehr geringem Zeitaufwand ebenfalls herausgelöst werden können und mit einem Arbeitsaufwand von ca. 2 Tagen die rechte vordere Kolonnade für den Putz und die Dekoration verfügbar gemacht.[1] Zwischen dem Pfeiler A und der Wand der linken Kolonnade stehen noch große Felsteile an, so daß der Arbeitsaufwand zur planmäßigen Herstellung noch beträchtlich gewesen wäre. Die hintere Kolonnade wurde im Anfangsstadium des Aushauens belassen. Nur die Frontseiten der Pfeiler E - H sind durch Vertiefung der Zwischenräume markiert. Durch den Grund- und Aufriß entsteht der irrige Eindruck, als ob ein beträchtliches Stück eines weiterführenden Korridors nach der Sarkophaghalle ausgehauen wurde. Von seiner Länge ist jedoch die Tiefe der geplanten hinteren Kolonnade abzurechnen, somit verbleibt für den weiterführenden Korridor knapp 150 cm Länge. Seitenkammern zur Sarkophaghalle fehlen und auch Markierungen, welche die Planung solcher Kammern vermuten lassen, sind nicht festzustellen.[2] Der Boden der Sarkophaghalle zwischen den 8 Pfeilern ist nur teilweise und unregelmäßig auf die erforderliche Tiefe ausgehauen worden. Der Fels ist nicht überall so geglättet worden, daß ein ordnungsgemäßer Putzauftrag durchgeführt werden konnte.Dieses gilt insbesondere für diejenigen Teile der Seitenwände, die unmittelbar an die Kolonnaden anstoßen und die Rücksprünge der hinteren Kolonnade.[3] Der vorgefundene Zustand der Sarkophaghalle ist so, als ob die Handwerker für die Steinbearbeitung plötzlich den Meißel aus der Hand gelegt hätten.

Wesentliche Teile des Putzes, des Reliefs und der Bemalung in der Sarkophaghalle wurden eindeutig nach der vorzeitigen Einstellung der Steinbearbeitung ausgeführt. Dieses ist u. a. besonders gut an der Rückwand der Sarkophaghalle zu beobachten. Die vorspringenden Teile (die späteren Pfeilervorderseiten E - H) und die zurückliegenden Teile zeigen keine Unterbrechung des Putzauftrages und doch bilden die vorspringenden Flächen eine glatte und die zurückliegenden Teile eine unregelmäßige, "beulige" Fläche. Hier ist der Putz vorn auf geglätteten und in den zurückspringenden Bereichen auf ungeglätteten Fels aufgetragen worden, mit der Folge, daß die zurückliegenden Teile eine qualitativ mangelhafte Reliefausführung aufweisen, zu einem geringen Teil wurde hier auch nur in Malerei gearbeitet.

1) Der Anstoß der Wände zur Decke der Kolonnade ist bereits als saubere
   Kante herausgearbeitet.
2) Das schließt nicht aus, daß Seitenräume geplant waren.
3) Gut zu erkennen auf B 116, 120, 121, 127 und 128.

Der Putzauftrag der linken und rechten Seitenwand stößt teilweise unmittelbar an den ungeglätteten Fels der vorderen Kolonnade. In diesem Bereich ist deutlich zu erkennen, daß die Steinbearbeitung an den Wänden der Kolonnade nicht fortgesetzt werden sollte, denn eine spätere Steinbearbeitung hätte diese fertig dekorierten Flächen gefährdet. Auch im Bereich des Anstoßens der Seitenwände zur Rückwand sind an den Seitenwänden eine qualitativ mangelhafte Reliefierung und der Ersatz des Reliefs durch Malerei zu beobachten. Wie aus dem Grundriß erkennbar, ist von der inneren Fläche der Sarkophaghalle nur der Boden zwischen den mittleren Pfeilern vertieft worden.[1] Dieses hat dazu geführt, daß die zum Sarkophag gerichteten, mittleren Pfeilerflächen eine größere und die äußeren Pfeiler eine durch die fehlende Absenkung des Fußbodens kleinere Dekorationsfläche verfügbar hatten. Auf den vier, durch die Einstellung der Steinbearbeitung unterschiedlich großen Pfeilerflächen wurden nun unüblich auf abweichender Höhe, die dem Sarkophag zugewendeten Götter des Totenreiches dekoriert (B 137).

Der Befund in der Sarkophaghalle zeigt eine plötzliche Beendigung der Steinbearbeitung, ohne daß leicht und schnell durchzuführende Endarbeiten, wie z.B. das Glätten von Felswänden noch durchgeführt wurden. Anschließend ist, ohne Rücksicht auf die unfertige Steinqualität, der Putz aufgetragen worden und dann die Dekoration z.T. behelfsmäßig und mangelhaft zur Ausführung gekommen.

Die häufig gestellte Frage, ob nach dem Tode eines Königs in seiner Grabanlage noch weitergearbeitet wurde, ist für KV 9 zu bejahen. Es ist nicht glaubhaft, daß ein etwa erkrankter Ramses VI. anordnen würde, seine Grabanlage nunmehr behelfsmäßig und in mangelnder Qualität fertigzustellen, weil er annahm, ihm sei nur noch eine kurze Lebenszeit beschieden. Die Steinbearbeitung hätte dann nicht so plötzlich beendet werden müssen. Der Befund in der Sarkophaghalle kann deshalb nur mit dem Tod des Königs zusammenhängen. Es stellt sich dann die Frage, warum die Steinarbeiten durch seinen Tod beendet werden.

Für die Vorbereitungen zur Bestattung blieb nur wenig Zeit, wenn diese in 70 Tagen durchgeführt werden sollten. Die Arbeit im Grab wurde mit der Nachricht vom Tode des Königs gestoppt,[2] und es ist ferner zu erwarten,

1) Die Vertiefung desjenigen Raumteils, in welchem der Sarkophag zu stehen kam, wurde seit Amenophis II. durchgeführt und scheint ein "königliches Element" gewesen zu sein. In KV 9 hätte die gesamte Bodenfläche zwischen den Pfeilern vertieft werden müssen.
2) J. Černý, The Valley of the Kings, S. 15 f.

daß es einige Zeit dauerte, bis für die Endarbeiten im Grab Anweisungen vorlagen. Weitere Tage sind vom Ende der 70-Tage-Frist abzuziehen; diejenige Zeit, welche für die Zurüstung der Grablegung in der Sarkophaghalle erforderlich war, z.b. das Einbringen schwerer oder sperriger Grabbeigaben, das Anschlagen der Türen[1], etc.

Die wesentliche Aufgabe der Endarbeiten war, die Grabanlage für das jenseitige Leben des toten Königs rituell auszustatten. Allein hieraus ergibt sich die Einstellung der Steinarbeiten, denn die rituellen Erfordernisse waren allein durch Text und Bild zu gewährleisten. Sicher kann auch ein ganz profaner Grund eine Rolle gespielt haben: Steinarbeit verursacht so viel Staub, daß alle anderen Arbeiten ruhen mußten, und hierfür fehlte die Zeit.

Vergleichbar zu dem Sachverhalt von KV 9 ist das Grab von Sethos II. (KV 15). Auch hier ist eindeutig die Steinbearbeitung plötzlich eingestellt worden, während Teile der Dekorationen nachgearbeitet wurden. Dieses gilt insbesondere für den 4. Korridor von KV 15, der nach dem Tode des Königs als Sarkophaghalle genutzt wurde. Meine frühere Untersuchung ergab folgendes:

"Dieses Korridorstück, nun Sarkophagkammer, ist weder erweitert worden noch sind die Spuren eines unfertigen Korridors, der weiterführen sollte, beseitigt worden. Die hintere Wand ist in dem Zustand belassen worden, den die Arbeiten zum weiteren Aushauen des Korridors erreichten: nackter, abgeschlagener Fels. Decke und Teile der Wände bestehen aus ungeglättetem Fels, teilweise mit Putz notdürftig verbessert". "Der ungeglättete Fels wurde teilweise mit einer dünnen Putzschicht bedeckt."[2] und dann mit der Wiedergabe der geflügelten Nut und einem geflügelten, nicht identifizierbaren Tier dekoriert. Zu dem Gott Nr. 39 auf der rechten Wand, unteres Register: "Bereits auf der rohen Wand ohne Putzgrund gezeichnet".[2]

Der Befund des Grabes von Sethos II. zeigt ähnliche Arbeitsabläufe wie in KV 9, die nur durch den Tod des Königs bedingt sein können, wie auch J. Burton meint: "It seems they brought the body in before the tomb was finished, then went on working".[3] Die Endarbeiten bezogen sich in KV 15 ebenfalls auf die Sarkophagkammer;[4] sie dekorieren das Grab mit den Sta-

---

1) J. Černý, The Valley of the Kings, S. 34, aus O. Cairo 254.
2) F. Abitz, Statuetten, S. 12, 19, 23.
3) E. Thomas, Necropoleis, S. 112.
4) Auch der Schachtraum, der ebenfalls die Statuetten zeigt, ist offensichtlich zur gleichen Zeit, wie die Sarkophagkammer dekoriert worden.

tuetten in Schreinen, wie sie vor allem aus dem Grabschatz des Tutanchamun aber auch aus anderen Königsgräbern bekannt sind.[1] Sie dienten als Ausstattung für das jenseitige Leben des Königs und waren damit rituell erforderlich.[2]

Unter "Abbruch der Arbeiten vor Fertigstellung des Grabes" sind noch Details aus dem 1. Pfeilersaal zu benennen, obgleich sie offensichtlich nicht mit dem Tod des Königs zusammenhängen, sondern andere Ursachen haben. Im 1. Pfeilersaal von KV 9 sind folgende Dekorationen nicht in der üblichen Ausführung innerhalb des Grabes gearbeitet worden:

a) Auf der rechten Seitenwand sind vor Beginn des Bildteils des 6. Abschnittes des Höhlenbuches die unteren Teile der Textkolumnen (11. und 13. Litanei) nicht in Relief, in Relief ohne Malerei, oder nur in Malerei ausgeführt worden. Die Spuren deuten darauf hin, daß es sich zumindest teilweise um die Vorzeichnung der späteren Reliefierung handelt (B 32).

b) Die Namen und Titel des Königs zu seiner Bilddarstellung rechts auf der Rückwand sind unterschiedlich gearbeitet: 𓏏 und 𓏏 (sic), sowie die Umrandung des Gesamttextes sind in Malerei, 𓏏 (T) und 𓏏 (E) sind in Relief ausgeführt (B 34).

c) Die Sonnenscheiben über Osiris in der Osirishalle auf der Rückwand sind nur in Malerei ausgeführt.

d) Vor dem Doppel-Osiris auf der Rückwand steht ein Opfertisch. Nur der Schaft des linken Tisches ist mit einer senkrechten Textleiste versehen.[3]

e) Die der Rückwand zugewendete Pfeilerseite Bc zeigt die große Sonnenscheibe über Ptah-Sokar-Osiris nicht in Relief, sondern in Malerei (B 66a).

f) Der Körper des Königs auf der Pfeilerseite Bb ist nicht mit Farbe versehen worden (B 66).

Ferner ist die Nische links am Ende des 3. Korridors nicht in Farbe ausgeführt. An einer Stelle ist noch die Vorzeichnung für das Relief zu erkennen. Wahrscheinlich wurde während der Arbeit am Pfortenbuch die Nische nicht bearbeitet und erst später mit Teilen des Buches von der Kuh versehen, ohne daß je eine Bemalung erfolgte.

1) F. Abitz, Statuetten.
2) Es ist darauf hinzuweisen, daß hinsichtlich der Arbeiten am Grab nach dem Tod des Königs nur für KV 9 und KV 15 eindeutige Aussagen gemacht werden können, abweichende Beobachtungen bleiben unberücksichtigt.
3) Bei A. Piankoff, R. VI. nicht vermerkt.

5. Die Arbeiten im Grab KV 9 zur Regierungszeit Ramses' V.

Das Grab KV 9 wurde von Ramses V. begonnen und nach seinem Tod von Ramses VI. übernommen. A. Piankoff faßt seine Beobachtungen über die sichtbaren Änderungen wie folgt zusammen (T 9): "Traces of the recutting of the royal names are visible in Corridors A, B, C, and D and in Hall E (see Figure 3 and Plates 11, 41)".

Meine zusätzliche Untersuchung ergab:

Außenfassade:	Sturz und Türpfosten: Änderung der Königsnamen, jeweils auch nachfolgend von Ramses V. in Ramses VI. (T 11).
1. Korridor:	Eingangslaibungen: Änderung der Königsnamen (T 10).

Eingangsbild links: Der König vor Re-Harachte und Osiris, Änderung der Königsfigur: "The figure of the king has been recut; the face has been made fuller and younger; over the ornate crown called the Roarer has been cut the crown of the North; the position of the hands has been altered". (T 12). Änderungen der Königsnamen sind nicht festzustellen.[1] Das Eingangsbild rechts ebenfalls mit dem König vor Re-Harachte und Osiris zeigte keine Überarbeitungen.[2]

Durchgang zum 2. Korridor:

A/B: Änderung der Königsnamen (T 17).

A/Ba, links:[3] Spuren von Text unter dem neuen Putz aus der Zeit von Ramses' VI. (T 16).

2. Korridor:	Durchgang zum 3. Korridor:

B/C, links: Änderung der Königsnamen (T 17).

3. Korridor:	Durchgang zum Schachtraum:

C/D: Änderung der Königsnamen (T 17).

Schachtraum:	Durchgang zum 1. Pfeilersaal:

D/E: Änderung der Königsnamen (T 18).

Ausgangswand, rechts: Unter dem Putz ist eine Hand und die Vorderkante eines Beines erkennbar. Gerechnet vom Fußboden ist das Knie 1.42 cm, die Fingerspitzen sind 1.58 m entfernt. Der Textabstand (R. VI.) ist zum Fußboden 0.30 m

1) Es ist wahrscheinlich, daß der 3-zeilige Text unter der Bilddarstellung einen gleichen Schreinuntersatz ersetzte, wie er am rechten Eingangsbild zu sehen ist (vergl. B 36 + 37 mit B 6 + 7).
2) Es ist möglich, daß das rechte Eingangsbild unter Ramses V. nicht vorhanden gewesen ist, wie evtl. Osiris im linken Eingangsbild von Ramses VI. hinzugesetzt wurde.
3) Die dem Grabeingang zugewendeten Seiten (Pfosten) des Durchganges werden stets zusätzlich mit a gekennzeichnet.

entfernt, demnach war die Standlinie der Figur weit höher als der Textabschluß aus der Dekoration von Ramses VI. (s. Abb. Nr. 7).

1. Pfeilersaal: A. Piankoff: "WALL OF THE DOUBLE OSIRIS, HALL E".
"On the right (Plate 34) the king holds a censer and a libation vase. Above him are his names with traces of re-cutting" (T 24). Die genannten Spuren einer Namensänderung habe ich nicht feststellen können.[1]

Der neue Putz, der die Dekoration von Ramses VI. trägt, ist homogen und jeweils ohne sichtbaren Absatz gearbeitet. Ausbesserungen einer vorhandenen Dekoration sind nicht erkennbar.[2] Bei allen oben angeführten Stellen ist der neue Putz durch Beschädigung von Wandteilen herabgefallen und gibt den Blick auf Spuren der ehemaligen Dekoration durch Ramses V. frei. Es sind jedoch nur an den Stellen verwertbare Spuren zu erkennen, die ursprünglich großformatige Darstellungen oder Inschriften unter dem Putz zeigen, dieses sind z.B. die großen Kartuschen auf den Durchgängen und die großen figürlichen Darstellungen: König im Eingangsbild, die Figur auf der rechten Seite der Ausgangswand des Schachtraumes. Nun gibt es auch Beschädigungen der Wände, ohne daß gleichartige Spuren erkennbar oder gar deutbar werden. Dieses kann darauf zurückzuführen sein, daß bei der Reliefarbeit an größeren Darstellungen ein entsprechend tieferer Schnitt erforderlich ist, der sich als Schnittspur im Fels wiederfindet, während Texte und kleinere figürliche Darstellungen bei der Dicke des Putzes, wie er in der späten ramessidischen Zeit üblich war, nicht zu erkenn- oder deutbaren Spuren führt.

Ramses VI. hat nach dem vorliegenden Befund die gesamten Dekorationen von Ramses V. und den sie tragenden Putz abschlagen lassen und das Grab vollständig neu verputzt. Mit großer Wahrscheinlichkeit war dieses erforderlich, weil Ramses VI. eine von seinem Vorgänger stark abweichende Dekoration wünschte; hierauf weist auch das extreme Herabziehen der Dekoration unter die übliche Abschlußleiste hin.

Unter dem neuen Putz sind nach der Beschädigung von Wandteilen nur geringe Spuren aus der Zeit Ramses' V. zu erkennen: An der Fassade; an den Durchgängen bis einschließlich des Zuganges zum 1. Pfeilersaal; die Änderung

1) S. hierzu die Erörterung nachfolgend in diesem Abschnitt.
2) Auf den rechten Wandseiten im oberen Grabbereich erscheinen mehr als 200 Namensnennungen Ramses' VI. innerhalb des Höhlenbuches, ohne daß nur eine Ausbesserung erkennbar ist.

42

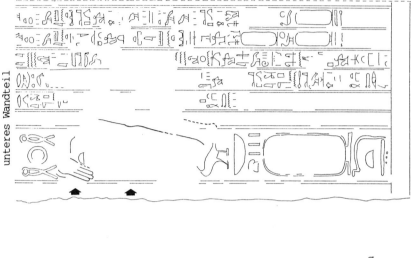

Schachtraum, rechte Ausgangswand, KV 9
unteres Wandteil

Vergleich der figürlichen
Darstellungen
Abbildung Nr. 7

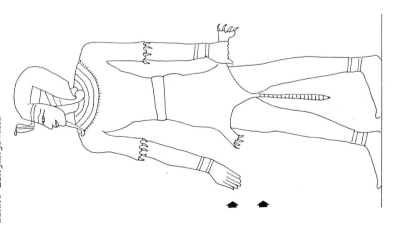

Horus-Iwnmutef aus dem Grab QV 55
des Amun(her)chepeschef, 2. Raum,
linke Eingangswand

der Königsfigur im linken Eingangsbild und Teile einer figürlichen Darstellung im Schachtraum. Eindeutig scheint demnach, daß Ramses V. alle
Durchgänge mit Inschriften versehen ließ, die mit seinen Titulaturen und
Namen endeten. Der Inhalt der Inschriften, soweit sie über seine Titulaturen hinausgehen, bleibt unbekannt. Offen bleibt ebenfalls, ob die zusätzliche Wiedergabe des Osiris auf der linken und die Einführung einer zweiten fast gleichen Gruppe auf der rechten Eingangsseite im 1. Korridor (s.
Abb. Nr. 11) von Ramses V. stammt. Diese Frage ist deshalb berechtigt,
weil Ramses VI. alle Wände des Grabes, soweit sie von Ramses V. ausgeführt
worden sind, erneuern ließ, um eine offensichtlich andere Dekoration als
sein Vorgänger anzubringen. Wegen der mangelnden Spuren bleibt es nur eine
Vermutung, daß Ramses V., wie seine Vorgänger (auch Ramses IV.) links zum
Beginn des 1. Korridors das übliche Eingangsbild: der König vor Re-Harachte sowie folgend die Sonnenscheibe mit dem Skarabäus und dem widderköpfigen Re anbringen ließ, um dann auf beiden Seiten des 1. und 2. Korridors
die Sonnenlitanei wiederzugeben.

So wenig der Befund der Wände für eine solche Annahme hergibt, weisen doch
zwei Beobachtungen eher auf eine konventionelle Ausstattung des Grabes unter Ramses V. hin: der Schachtraum war zumindest an der rechten Ausgangswand mit einer figürlichen Darstellung versehen[1], wie sie seit Sethos I.
üblich war[2] und die Standlinie liegt bedeutend höher als später bei Ramses VI. Die Standlinie wurde üblicherweise innerhalb des Grabes im gleichen Abstand zum Fußboden gehalten. Das extreme Herunterziehen der Standlinie durch Ramses VI. zeigt an, daß dieser einen weitaus größeren Raumbedarf für seine Dekoration benötigte, als Ramses V., der sich an die übliche Höhe hielt. Ein Vergleich der in den Königsgräbern seltenen Handhal-
tung des Horus-Iwnmutef aus dem Prinzengrab QV 55[3] mit den unter dem Putz
hervortretenden Spuren des Schachtraumes aus KV 9 (Abb. Nr. 7) erhärtet
die Vermutung, daß es sich in KV 9 um die Darstellung des Iwnmutef handelt
und zeigt eindeutig die unterschiedliche Standlinie der Dekoration aus der
Zeit von Ramses V. und Ramses VI.[4]

Nachdem der Durchgang zum 1. Pfeilersaal noch Spuren der Dekoration durch
Ramses V. aufweist, stellt sich die Frage, ob unter Ramses V. der 1. Pfei-

1) Spuren, die auf figürliche Darstellungen auf der linken Ausgangswand
   und den beiden Eingangswänden hindeuten, sind schwach erkennbar, aber
   nicht sicher.
2) Seit Merneptah wird hier Iwnmutef dargestellt, s. hierzu die Zusammenstellung bei F. Abitz, König und Gott, S. 39 f.
3) F. Hassanein et M. Nelson, CEDAE 1976, Vallée des Reines, F 6.
4) Die Linie der Hacke des Beines ist nicht sicher.

lersaal noch verputzt und ausgestattet worden ist. Die unter III/4 auf-
geführten Stellen, welche im 1. Pfeilersaal nicht oder nicht in üblicher
Arbeitsweise ausgeführt worden sind, enthalten offensichtlich auch Nachar-
beiten, die nach der Reliefierung und Bemalung des Raumes, also zur Zeit
Ramses' VI., vorgenommen wurden, das sind:
- Namen und Titel Ramses' VI. zu seiner Bilddarstellung rechts auf der
  Rückwand sind zum Teil in Relief und zum Teil nur in Malerei ausgeführt.
- Die Sonnenscheiben über Osiris in der Osirishalle sind nur in Malerei
  gearbeitet.
- Die Sonnenscheibe zu Ptah-Sokar-Osiris (Bc) ist nur gemalt.
- In der Osirishalle ist nur der Schaft des linken Opfertisches mit Text
  versehen.
Anders verhält es sich mit
- der mangelnden Ausführung von Teilen der 11. und 13. Litanei des Höhlen-
  buches auf der rechten Wandseite und
- der fehlenden Körperfarbe des Königs auf der Pfeilerseite Bb.

Die Wände (außer der Osirishalle auf der Rückwand) sind mit dem Ende des
Pforten- und Höhlenbuches bedeckt, welche im 1. Korridor beginnen und zwei-
felsfrei eine Neugestaltung durch Ramses VI. sind. Die Pfeiler tragen (bis
auf die drei Seiten mit dem Höhlenbuch) über der Bilddarstellung einen Figurenfries, der die Namen Ramses' VI. in aenigmatischer Schreibung wie-
dergibt (s. Abb. Nr. 20). Spuren einer vorherigen Dekoration von Ramses V.
sind nicht erkennbar.
Die von A. Piankoff gesehenen "traces of recutting" in den Namen des Königs auf der rechten Seite der Rückwand (T 24) habe ich nicht nachvoll-
ziehen können. Vielleicht war die unterschiedliche Ausführung des Textblockes in Relief und Malerei für ihn eine Spur der Änderung. Nachdem jedoch gleiche Abweichungen für die Sonnen (s.o.) vorliegen, ist es nicht
möglich, dieses als eine vorherige Arbeit durch Ramses V. zu werten.
Die mangelnde Ausführung von Teilen des Höhlenbuches an der rechten Seitenwand des 1. Pfeilersaales kann verschiedene Gründe haben. Sie könnte
u.a. auf einer Arbeitsunterbrechung beruhen; die Arbeit wurde dann an dieser Stelle nicht wieder aufgenommen. Die Reliefierung könnte jedoch aufge-
schoben worden sein, weil der Untergrund an dieser Stelle nicht ausreichend abgetrocknet war. Eine solche Vermutung drängt sich deshalb auf,
weil in den Gräbern von Ramses II., Merneptah, Amenmesse und Ramses III.
hier der Nebenraum zum 1. Pfeilersaal abgeht. Würde ein solcher Nebenraum
unter Ramses V. begonnen worden sein, könnte sich durch eine Vermauerung

der Putz an dieser Stelle anders verhalten, als an den anstoßenden Wandteilen, deren Putz unmittelbar auf den Fels aufgetragen wurde.

Insgesamt gibt es keine eindeutigen Spuren und damit gesicherte Erkenntnis, ob Ramses V. im 1. Pfeilersaal Dekorationen mit anderer Gestaltung
als Ramses VI. beginnen oder vollenden ließ.

Für die Frage, wieweit während der Regierungszeit von Ramses V. das Aushauen weiterer Grabräume vorangeschritten sein könnte, sind die zeitge-
nössischen Quellen und ein Vergleich mit anderen Königsgräbern heranzuziehen.

Die verfügbaren Daten aus der Arbeit am Grab KV 9 hat u.a. E. Hornung[1]
zusammengestellt.

a) Die Rückseite des Turiner Grabplans dessen Maßangaben zu KV 9 passen;
leider bricht der Papyrus mit dem 1. Pfeilersaal ab.[2]

b) 17.II.prt, 4. Regierungsjahr von Ramses V. trifft ein Alabastermonu-
ment in Theben ein, das für das Königsgrab bestimmt ist.

c) Mitte des I. oder Anfang des II.prt im 5. Regierungsjahr stirbt Ramses
V., doch verzögert sich seine Beisetzung bis zum 1.II.3ḥt des 2. Regierungsjahres von Ramses VI.

d) Im III.šmw im 2. Regierungsjahr von Ramses VI. wird die von Ramses IV.
nach Beginn der Arbeit an seinem Grab (KV 2) verdoppelte "Mannschaft
Pharaos" von 120 Mann auf 60 Arbeitskräfte reduziert.

e) Für das 2. und 4. Regierungsjahr Ramses' VI. ist die Weiterarbeit am
Grab verbürgt.

f) Später prt oder Anfang šmw, 8. Regierungsjahr stirbt Ramses VI.

Eine grobe Schätzung der Arbeitszeit für die Gräber KV 2 und KV 9 ergibt:

KV 2   = 120 Mann für ca. 5 Jahre[1*]   = 600 Mann/Jahre
KV 9, Zeit R.' V. = 120 Mann für ca. 4 Jahre[2*]   = 480 Mann/Jahre
KV 9, Zeit R.' VI. = 60 Mann für ca.6,5 Jahre[3*] = 390 Mann/Jahre

1* Die Arbeit begann Anfang des 2. Regierungsjahres von Ramses IV. und endete sicher mit seinem Tode zu Beginn seines 7. Jahres (?)[3].

2* Über den Beginn unter Ramses V. an KV 9 liegen keine Kenntnisse vor.
Bei der Annahme von 1/2 Jahr Planungszeit verbleiben bis zu seinem Tod
4 Jahre.

3* Ramses VI. mußte zusätzlich zu den Arbeiten an der von Ramses V. übernommenen Anlage KV 9 die Bestattung seines Vorgängers betreiben, die

1) E. Hornung, R. IV. und R. VII.,Abschnitt "Die Arbeit an den Gräbern".
2) E. Hornung, zum Turiner Grabplan, FS Edwards, noch nicht ersch.
3) Zur Datierung: E. Hornung, R. IV. und R VII., Kap. II.

rund 16 Monate (!) nach dessen Tod erfolgte, offensichtlich, weil erst
eine Grabanlage neu geschaffen werden mußte. Ein Teil der "Mannschaft
Pharaos" wird hierfür eingesetzt worden sein, denn kurz nach der Bestattung Ramses' V. wird die Mannschaft um die Hälfte reduziert. Es ist
deshalb davon auszugehen, daß in KV 9 kaum mit mehr als 60 Mann gearbeitet worden ist und dieses auf die Dauer der Regierungszeit Ramses'
VI., abzüglich 1/2 Jahr Planungszeit.
Wenngleich die obigen Zahlen nur eine grobe Schätzung sind, und durch Ar-
beitsunterbrechnungen weitere unbekannte Abweichungen eingetreten sein
können, geben sie folgende Anhalte.
Die Abmessungen der Gräber KV 2 und KV 9 sind bis einschließlich des 1.
Pfeilersaales (dieser ist bei Ramses IV. die Sarkophaghalle) annähernd
gleich. Das der Sarkophaghalle von KV 2 folgende Raumsystem hat etwa die
Größe von 1 - 2 regulären Korridoren. Alle Räume sind in KV 2 einschließlich der Sarkophaghalle in Relief, danach in Malerei ausgeführt. Bei etwa
80% der Arbeitsleistung unter Ramses V. in KV 9 könnte vergleichsweise,
wenn die Dekoration im Schachtraum endete, die Steinbearbeitung des 5. Korridors abgeschlossen gewesen sein.[1] Ramses VI. hatte entsprechend nur 2/3
der Arbeitsleistung von Ramses IV. zur Verfügung. Vorraum und Sarkophaghalle (diese unvollendet) waren noch auszuhauen und das Grab war vollständig zu dekorieren. Die vollständige neue Dekoration des Grabes KV 9 unter
Ramses VI. muß wegen der damit verbundenen Unterbrechungen erhebliche Zeit
in Anspruch genommen haben. Dieses ist deshalb anzunehmen, weil während
der umfangreichen Malerarbeiten wegen der großen Staubentwicklung Steinarbeiten nicht durchgeführt werden konnten. Die leuchtenden Farben an den
Wänden wenig begangener Gräber zeigen keinerlei Staubbeimischungen. Weiterhin ist zu erwarten, daß nach dem Abtrocknen der Farben die fertigen
Wände zum Schutz mit Matten abgehängt wurden, bevor die Steinbearbeitung
wieder aufgenommen wurde.
Weiterhin könnte für die Frage, wieweit die Steinbearbeitung gegenüber
der Dekoration unter Ramses V. fortgeschritten gewesen ist, der Vergleich
mit den in Tal unfertig vorgefundenen Königsgräbern des Amenmesse (KV 10),
Sethos' II. (KV 15) und des Siptah (KV 47) Hinweise geben.
Das Grab Nr. 10 ist mit dem Beginn des 5. Korridors noch verschüttet und
es ist unbekannt, ob weitere Teile des unteren Grabbereiches ausgehauen
worden sind.[2] Für den König Amenmesse wurden nur die Dekorationen des 1.

1) Bei dieser Annahme fällt die Kollision mit KV 12 in die Zeit Ramses' V.
2) Das Grab ist nicht zugänglich.

und 2. Korridors ausgeführt. Für die Königsmutter T3ḥᶜt wurde der Schachtraum und für die große königliche Gemahlin B3kt-wrl der 1. Pfeilersaal mit
jeweils nichtköniglicher Dekoration versehen[1], wahrscheinlich wurden zu
diesem Zeitpunkt Steinarbeiten nicht mehr ausgeführt.

Die Steinbearbeitung wurde in KV 15 im 4. Korridor eingestellt. Wahrscheinlich waren die Dekorationen im 1.Pfeilersaal beim Tod des Königs ausgeführt, denn sie sind in Relief gearbeitet, während offensichtlich nach dem
Tod des Königs die nur gemalten Szenen im Schachtraum und der Sarkophagkammer ausgeführt worden sind.[2]

Die Steinarbeiten sind in KV 47 bis in die unfertig gebliebene Sarkophaghalle vorgedrungen; jedoch sind alle Räume des unteren Grabbereiches nur
so grob herausgehauen, daß die Korridore wie ungestaltete tunnelförmige
Gänge wirken. Eine Dekoration ist nur für die ersten drei Korridore nachweisbar.

Weder das Alter, noch die Regierungszeit der drei Könige geben einen Hinweis über den unterschiedlichen Fertigstellungsgrad der Gräber oder den
räumlichen Abstand zwischen den Arbeiten am Aushauen des Gesteins und der
nachgezogenen Dekoration. Die drei zeitlich zusammenliegenden Gräber be-
weisen allein, daß die Dekorationen stets begonnen wurden, während das
Aushauen der Räume noch nicht beendet war, und daß der räumliche Abstand
zwischen den beiden Hauptarbeitsgängen extrem differieren konnte.
Die Möglichkeiten, wieweit Ramses V. mit den Arbeiten an KV 9 vorangekom-
men ist, wurden deshalb so umfangreich erörtert, weil nur die unter dem
Putz aus der Zeit Ramses' VI. hervortretenden wenigen Spuren einen Beweis
und ein unvollständiges Bild über den Ablauf geben. Die Spuren der Arbeit
in seiner Regierungszeit enden an der Schwelle des 1. Pfeilersaals. Sehr
wahrscheinlich ist auch, daß dieser Saal für die Dekorationen vorbereitet
gewesen ist, d.h. daß die Wände geglättet und vielleicht auch verputzt
waren. Ein Vordringen in den unteren Grabbereich ist sehr gut möglich,
bleibt jedoch Spekulation.

In KV 9 stehen sich zwei abweichende Konzeptionen gegenüber:
Eine bis in alle Einzelheiten konventionelle Architektur und eine voll-
ständig neue Gestaltung der Dekorationen. Alles deutet darauf hin, daß
Ramses V. nicht nur eine konventionelle Raumart und -folge wollte, son-

1) E. Lefébure, Les Hypogées Royaux, MMAF III, 1, pl.55 f.
2) F. Abitz, Statuetten in Schreinen, S. 11 ff.

48

dern auch seine Dekorationen nach den bis Ramses III. gültigen Normen aus-
führen ließ. Insoweit hat Ramses V. offensichtlich die Architektur von KV
9 entscheidend bestimmt,[1] während Ramses VI., nach Abschlagen des Putzes
aus der Zeit seines Vorgängers, uns eine völlig neue Dekorationsform für
die Grabanlage hinterlassen hat.[2]

6. Die Verschlußform der Räume und die Sicherheitsprobleme

Die Königsgräber bildeten in der langen ägyptischen Geschichte für Grabräuber wegen ihrer vermuteten oder tatsächlich vorhandenen, unvorstellba-
ren Schätze einen besonderen Anziehungspunkt. Die Geschichte der Sicherheitsvorkehrungen, der Beraubung der Gräber, der jeweils neuen Sicherheitsmaßnahmen sowie ihrer Folgen ist noch nicht geschrieben worden. Für die
Könige des Neuen Reiches mußten für ihre Gräber im Biban-el-Moluk die leid-
vollen Erfahrungen berücksichtigt werden, die aus der Vergangenheit vorlagen.

Viele der bisher geäußerten Meinungen zu diesem Thema beziehen sich auf
nicht zu verallgemeinernde Details, so kann z. B. die Zäsur vom Pyramidenbau, der mit dem Mittleren Reich endete, zum Felsgrab im Neuen Reich,
nicht allein mit Sicherheitserwägungen erklärt werden.[3] In den Pyramiden-
bezirken waren durch den Totenkult ständig viele Menschen beschäftigt.
Deren gemeinsame Verabredung, die riesigen Bauwerke in langwieriger Arbeit aufzubrechen, ohne daß eine Anzeige durch Einzelne an den Königshof
erfolgte, ist kaum glaubhaft.[4] Im Neuen Reich wird ein ödes und menschen-
leeres Tal als königlicher Grabbezirk gewählt, in dem sich nicht eine Vielzahl von Menschen gegenseitig kontrollierten, denn der Totenkult fand in
den weit von den Gräbern entfernten Totentempeln statt. Im Tal wurde offensichtlich auf ein, das Sicherheitssystem bildenden Wachkordon und Vorkeh-
rungen innerhalb der Gräber gesetzt. Die Änderung vom Pyramiden- zum Fels-
grabbau kann z.B. durch die veränderten lokalen Gegebenheiten oder aus
veränderten religiösen Auffassungen veranlaßt worden sein. Einerseits ist
der Pyramidenbau auf den weiten Flächen des Plateaus im Raum Memphis besser zu bewerkstelligen als im bergigen Abschnitt Thebens, andererseits unterscheidet sich die Struktur der geschlossenen Pyramidenanlagen zu den getrennt gebauten Totentempeln und Felsgräbern in den rituellen Ablaufformen

1) Durch die von R. V. zumindest begonnene 1. Pfeilerhalle ist sicher, daß
   nicht eine verkürzte Grabanlage, wie sie R.IV. bauen ließ, geplant war.
2) S. hierzu den Abschnitt "Das Bildprogramm".
3) So auch E. Hornung, Tal der Könige, S. 36.
4) Erst die Wirren der 1. Zwischenzeit veränderten diese Situation.

beträchtlich. Diese Fragen können hier keine Antwort finden; es soll auf-
gezeigt werden, daß die Wahl des Biban-el-Moluk aus reinen Sicherheitsgründen nicht als hinreichend belegt gelten kann.

So ist der Text der biographischen Inschrift aus dem Grab des Inene: "das
Felsgrab seiner Majestät aushob in der Einsamkeit, ungeschaut, ungehört".[1]
häufig als Beweis genommen worden, daß allein Sicherheitsvorkehrungen für
die Wahl des Biban-el-Moluk als Ruheplatz der Pharaonen maßgeblich gewesen
sind, denn Inene war der Bauleiter des ersten Felsgrabes, welches im Tal
für Thutmosis I. aus dem Fels geschlagen wurde. Einerseits ist es sehr
fraglich, ob eine Geheimhaltung angesichts der Vielzahl von Personen, die
an diesem Werk beteiligt waren, möglich war, andererseits wirkt die unterschiedliche Färbung des Gesteins wie "ein Farbbeutel im Meer für in See-
notbefindliche". Der Fels im Tal ist durch die Verwitterung braun, der
unverwitterte Kalkstein, wie er aus dem Grab herausgeschlagen wird, fast
schneeweiß, d.h. es war sofort zu sehen, daß im Tal gearbeitet wurde, auch
an welchem Ort, sofern der Abhieb nicht an eine andere Stelle verbracht
wurde.[2] Zu der vorgetragenen Skepsis zum Text des Inene paßt die brief-
liche Mitteilung, über welche E. Thomas berichtet: "Now Nims suggests that
these and identical words -- following another official's claim of" orde-
ring the affairs of the entire land" -- do not refer to a secret act, but
to a sole responsibility, without shared authority".[3] "Ungeschaut und ungehört" blieb mit Sicherheit nicht der nachfolgende Bau von Grabanlagen im
Tal bis in die Zeit der späten Ramessiden.

Außer der hermetischen Abriegelung des Tals sind innerhalb der Gräber weitere Sicherheitsmaßnahmen getroffen worden, die in zwei Zeit- und Entwick-
lungsabschnitte eingeteilt werden können. Sie ergeben sich aus der Gestaltung der Gräber.[4]

Bis einschließlich des Grabes von Haremhab wurden nur 3 Räume[5] dekoriert:
Schachtraum, Vorraum, Sarkophaghalle. In dieser Bauperiode wurden der Ein-
und Ausgang des Schachtraumes, der Abgang in den unteren Grabbereich, der

1) Text: Bouriant, Rec.de Trav. XII (1892), pp 106-7; K. Sethe, Urk. IV,
   53 - 62 (20); Übersetzung: E. Hornung, Tal der Könige, S. 67.
2) Nach meiner Beobachtung dauert es Jahrzehnte, bis der Abhieb sich in
   der Verwitterung anzugleichen beginnt.
3) E. Thomas, Necropoleis, S. 71 u. Anm. 34, S. 98.
4) Für die Einzelheiten des Grabverschlusses s. F. Abitz, Grabräuberschächte.
5) Ausnahme: Thutmosis III., der Vorraum war noch nicht vorhanden, es wurde der 1. Pfeilersaal dekoriert.

Eingang zum Vorraum und der Sarkophaghalle vermauert.[1] Die Ausgänge des
Schacht- und Vorraumes wurden zusätzlich verputzt und mit den Szenen der
anstoßenden Wandteile fortlaufend bemalt. Der Verschluß dieser Räume ist
jedoch, wie die Untersuchung der sogenannten Grabräuberschächte ergab, weder für den Schacht selbst, noch für die genannten Vermauerungen als Sicherheitsmaßnahme zu werten, sondern hat eine religiöse Grundlage.

Das unberaubt aufgefundene Grab des Tutanchamun war im Eingangskorridor
mit dem Felsabhieb verstopft, der Eingang vermauert und versiegelt, der
äußere Zugang verschüttet. Gleiches scheint für das Grab Nr. 55 zu gelten;
somit kann angenommen werden, daß alle Gräber, bis einschließlich Haremhab, mit solchen Sicherheitsmaßnahmen verschlossen wurden. Der oben aufge-
führte Verschluß von Räumen durch Vermauern, Verputzen und Bemalung gilt
auch für das Grab Sethos' I., jedoch ist hier eine Verfüllung der ersten
Korridore unwahrscheinlich, weil die Wände des gesamten Grabes erstmalig
mit feinstem bemalten Relief ausgestattet wurden.
Der Verschluß der Gräber und der Räume ändert sich mit dem Grab Ramses'
II.,[2] der die äußere Fassade seines Grabes in Relief und Malerei ausstat-
ten läßt. Zu Beginn des ersten Korridors wird das Grab nach außen und im
Inneren werden einzelne Räume durch Holzdoppelflügeltüren verschlossen.
Die Form des Grabverschlusses wird bis in die spätramessidische Zeit bei-
behalten.

Gleichzeitig mit dieser Zäsur ist eine zusätzliche Sicherheitsmaßnahme
durch die Gestaltung der Sarkophage festzustellen. Die von E. Thomas[3]
vorgelegte Liste der Maße der Steinsarkophage zeigt, daß mit dem Verschluß
der Gräber durch Holztüren, sich die Größe der Sarkophage erheblich verändern.
1. Bauperiode, Hatschepsut - Sethos I.:
  Länge von 2.36 m (Th.III.) bis 3.00 m (Th.IV.+A.III.)
  Breite von 0.85 m (Th.III.) bis 1.60 m (Th.IV.)
  Höhe   von 1.00 m (Th.I.)   bis 1.99 m (Th.IV.)
2. Bauperiode, Merneptah[4] - Ramses VI.:

1) Die Vermauerung des Eingangs von Schacht- und Vorraum u. des Abganges
   ist sehr wahrscheinlich, aber nicht eindeutig belegt.
2) Das Grab R.' II. ist nur teilweise geräumt, der Schutt steht teilweise
   noch bis zur Decke der Räume, so daß es eindeutige Belege nicht gibt.
3) E. Thomas Necropoleis, S. 288 f.
4) Der Sarkophag von R. II. wurde bisher nicht aufgefunden.

Länge von 4.00 m[1] (Mer.) bis 5.18 m (Mer.)[2]
Breite von 1.60 m (Mer.) bis 2.13 m (Mer.)[3]
Für Ramses VI. gibt E. Thomas an:
Länge: 3.60 m, Breite: 2.11 m, Höhe: 1.72 (?) m.

Obgleich es in der 1. Bauperiode durch die aufgeführten Blockierungen erhebliche Aufwendungen verlangte, um in die Sarkophaghalle zu gelangen, gibt es im Grab Thutmosis' IV. im Vorraum zur Sarkophaghalle einen hieratischen Vermerk aus der Regierungszeit des Haremhab, nach welchem der Schatzhausvorsteher Maja in Begleitung des Beamten Thotmes eine Inspektion des Grabes vorgenommen hat.[4] Dieser Vermerk deckt sich mit meinen eigenen Beobachtungen. Fast alle Gräber der 1. Bauperiode scheinen nach der Bestattung ein zweites Mal amtlich geöffnet und wieder verschlossen worden zu sein. Am Durchbruch durch die jeweiligen Rückwände der Schachträume ist unter dem Putz, welcher ursprünglich die Szenen trug, die den Durchgang verbargen, eine zweite gleichartig bemalte Putzschicht erkennbar. Diese untere Schicht muß aus der Zeit der Bestattung stammen, während die obere Schicht einen zweiten, gleichartigen Verschluß aufzeigt.[5] Erst danach erfolgte der heute sichtbare, weitere Durchbruch durch die Wand, sei es durch Grabräuber oder Priester, die die königliche Mumie an einen anderen Ort verbrachten.

Für das Grab von Merneptah und die nachfolgende Zeit geht E. Thomas davon aus, daß die Grabeingänge nicht mehr vermauert und verschüttet waren: "Its appreciably wider entrance must mean it was no longer blocked".[6] Für das Grab KV 9 nimmt sie an, daß für den oberen Grabbereich ein ständiger Zugang gegeben war: "Perhaps the ramp was filled here and in later tombs after the funeral and these outer elements, closed only by wooden doors, served as chapel. However, the graffito on the J ceiling proves that the tomb was completely accessible in Year 9 of Ramses IX, wether from robbery or otherwise; ..."[7] Dem steht entgegen, daß nach dem Papyrus Mayer B[8] die Grabräuber 4 Tage brauchten, um in das Grab KV 9, Ramses' VI.

1) Sarkophag aus der Sarkophaghalle.
2) Deckel aus dem Vorraum.
3) Die Sarkophaghöhen werden von mir nicht gegeben, weil hier in der Liste mögliche Differenzen keine abschließende Klarheit geben.
4) P & M, 2, S. 560.
5) Ob es sich jeweils um eine Inspektion oder z.B. um eine Entnahme von Teilen der Grabausstattung gehandelt hat, bleibt offen.
6) E. Thomas, Necropoleis, S. 108.
7) A.a.O., S. 130.
8) E. Peet, The Mayer Papyri A & B.

zu gelangen. Ein Verschluß des Grabes KV 9 ist nur an 4 Stellen nachweisbar: Der Eingang war nach der Laibung, d.i. vom 1. Korridor aus mit einer
Doppeltür verschlossen, wie die runden Ausnehmungen an der Decke[1], jeweils nahe der Seitenwand, für die Türzapfen belegen. Gleiche Merkmale
finden sich zu Beginn des 2. und 3. Korridors und zu Beginn der Sarkophaghalle.

Nach den obigen widersprüchlichen Angaben über die möglichen weiteren Ver-
schlußformen von KV 9 stellt sich die Frage, ob der Grabeingang zugeschüttet gewesen ist oder offen blieb und eventuell der obere Grabbereich als
Kapelle zur Verehrung des toten Königs gedient hat.

Die durch Herrn Dr.ing J. Scheuermann angefertigte statische Berechnung
belegt, daß ein Zuschütten des Grabeinganges auch dann noch möglich gewesen ist, wenn das Grab nur von einer etwa 10 m² großen Holzdoppeltür verschlossen wurde. Die Türen wurden dann nicht eingedrückt, wenn in geringem
Abstand zur Aussenfassade eine Schwergewichtsmauer errichtet wurde, welche
dem Druck des Schüttmaterials widersteht. Das Mauerwerk könnte aus großen,
unbehauenen Steinen des Abhiebs aus dem Grab ohne Mörtel geschichtet werden (Abb. Nr. 8).[2] Der Ausführung eines solchen Sicherheitsbauwerkes für
KV 9 steht entgegen[3]: einerseits wäre die nach außen wirkende Fassade

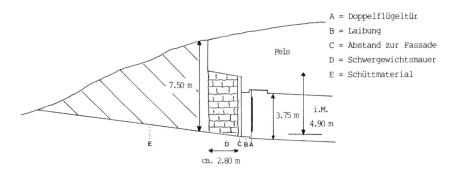

A = Doppelflügeltür
B = Laibung
C = Abstand zur Fassade
D = Schwergewichtsmauer
E = Schüttmaterial

Fels

7.50 m

3.75 m

i.M.
4.90 m

E   D C B A

ca. 2.80 m

Skizze eines möglichen Außenverschlusses von KV 9

Abbildung Nr. 8

1) Die runden offensichtlich gebohrten Ausnehmungen scheinen nach der Bemalung der Decke ausgeführt worden zu sein, vielleicht erst beim Anpas-
   sen der Türen im Grab.
2) Ich danke Herrn Dr. J. Scheuermann für seine freundliche Unterstützung
   (s. Anhang).
3) Von solchen möglichen Sicherheitsbauwerken kann nichts erhalten sein,
   weil eine spätere Zerstreuung des Materials stets dem übrigen Bauschutt
   gleicht.

verborgen worden, andererseits wäre ein Verschluß des Grabes durch eine
Mauer zwischen den Eingangslaibungen wirksamer gewesen. Diese Laibungen
sind jedoch mit den Titeln und Namen des Königs in bemaltem Relief bedeckt.
Sicherheitstechnisch ist der Verschluß der Gräber nur mit versiegelten
Holztüren nicht so abwegig, wenn die im Laufe der Zeit im Tal eingetrete-
nen Veränderungen berücksichtigt werden. Nach mehr als 200 Jahren Gräber-
bau im Tal (Thutmosis I. - Sethos I.) mußten zunehmend große Massen des
aus den Gräbern geschafften Steinabhiebs den Talboden als Schutthalden be-
decken. Die Zuschüttung der Grabzugänge in der ersten Bauperiode auf das
anstehende Niveau mit diesem Material spricht zwar dafür, daß der Zugang
immer schwerer aufzufinden war, aber gleichzeitig auch dafür, daß kleinere
Veränderungen innerhalb der Schutthalden nicht mehr sichtbar wurden. Im
Tal patrouillierende Wachen konnten deshalb kaum noch erkennen, ob sich
jemand an den Schutthalden und damit auch Zugängen zu schaffen gemacht
hatte. Grabräuber konnten demnach in der ersten Nacht sich den Zugang
durch den Schutt verschaffen und durch eine einfache Stellage ihr Gra-
bungsloch von außen mit Steinen so kaschieren, daß eine Veränderung an
der Schutthalde nicht auffiel. Mit Wasser und Nahrung versorgt, konnten
sie jeweils den Tag in ihrem Grabungsgang verbringen, um dann in den folgenden Nächten bis in das Innere des Grabes vorzudringen (Abb. Nr. 9). Es
ist denkbar, daß die oben geschilderte Möglichkeit u.a. zu einer Änderung
des Grabverschlusses in der 2. Bauperiode unter Ramses II. geführt hat.

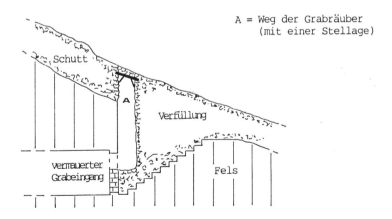

A = Weg der Grabräuber
(mit einer Stellage)

Skizze eines verdeckten Grabräubereinganges
Abbildung Nr. 9

Die Kontrolle der Gräber hätte sich dann auf die sichtbaren Türen, ihren Verschluß und die Siegel beschränkt.

In der späten Ramessidenzeit verstärkte sich die Zerrüttung der wirtschaftlichen Verhältnisse des Landes, die Korruption und das weitere Absinken der Staatsautorität. Die vorliegenden Papyri über die Tätigkeit der Grabräuber[1] geben ein anschauliches Bild der damaligen Verhältnisse, besonders auch über die Mittäterschaft der Beamten und damit sicher auch der Wachmannschaften. Die Urkunden zeigen jedoch auch, daß die Grabräuberei noch heimlich betrieben wurde. Das würde für das Königsgrab KV 9 wohl ausschließen, daß der Zutritt durch den versiegelten Grabeingang erfolgte, dessen Beschädigung am nächsten Tage sichtbar wurde, ohne daß die Grabräuber in nur einer Nacht den riesigen Sarkophag aufbrechen konnten. Dieser Zugang stimmt überdies nicht mit dem Papyrus Mayer B überein, nach welchem die Grabräuber 4 Tage brauchten, um das Grab aufzubrechen.

Die 4-tägige Arbeit wird nur dann verständlich, wenn die Täter den Zugang über das Grab KV 12 wählten[2], der über die vermauerte Kollisionsstelle unmittelbar in den unteren Grabbereich von KV 9 führte. Ohne eine äußere Beschädigung des Königsgrabes konnten sie in aller Ruhe den Sarkophag aufbrechen und beide Gräber plündern. Für diese Annahme spricht der aufgefundene Zustand der Mumie Ramses' VI. Dem zerrissenen und übel zugerichteten Körper wurden fremde Mumienteile unbekannter Herkunft hinzugefügt, und alle Teile durch ein untergelegtes Brett zusammengehalten.[3] Die Ausführung dieser Arbeit zeigt die Eile, in welcher die Priester bei der Bergung der königlichen Mumie vorgegangen sind, und macht es wahrscheinlich, daß auch die "Restaurierung" der Mumie in KV 9 erfolgte. Bei den fremden Mumienteilen wird es sich dann um Teile handeln, die von den Grabräubern von KV 12[4] in KV 9 verschleppt worden sind.

Nachzutragen bleibt, ob es für die Annahme, daß der obere Grabbereich der spätramessidischen Königsgräber als Verehrungsraum (Kapelle) gedient haben könnte, Belege gibt. Für KV 9 ist eine Trennung des oberen und unteren Grabbereiches durch eine Zuschüttung der Rampe, welche aus dem 1. Pfeiler-

1) E. Peet, The Great Tomb Robberies.
2) S. Abb. Nr. 3, aus Sicherheitsgründen wird das Grab KV 12 gegenüber KV 9 erhebliche Blockierungen aufgewiesen haben, wahrscheinlich war der Zugang zugeschüttet.
3) S. den Abschnitt II/1.
4) Die Nebenräume in KV 12 können auf eine Mehrfachbestattung hinweisen; dann könnte mit männl. und weibl. Mumienteilen gerechnet werden. Eine Mehrfachbestattung in KV 9 ist auszuschließen; die Dekorationen weisen allein auf Ramses VI. hin.

saal nach unten führt, wegen der reliefierten und bemalten Darstellungen
auf den Rampenwagen (B 71+72) unwahrscheinlich und nicht nachgewiesen.
Die Dekorationen des oberen Grabbereiches geben überdies keinen Hinweis,
welche Art von Ritual für die Totenverehrung hier vorgenommen sein könnte.

IV. <u>DAS BILDPROGRAMM</u>

Eine Beschreibung des Bildprogramms wird nur in dem Umfang gegeben,
wie es für die Erläuterung und Deutung des Zusammenhanges erforderlich
ist. Die vorgenommene Gliederung in den oberen und unteren Grabbereich
folgt der im Bildprogramm des Grabes vorgefundenen deutlichen Zäsur
beider Bereiche. Die Verwendung des Osiristitels und der großen Titulatur für den König sowie die Textgestaltung der Raumdurchgänge werden
wegen ihrer besonderen Bedeutung in einem eigenen Abschnitt behandelt.
Die umfangreiche Titulatur des Königs wird verkürzt wiedergegeben:

H = Horusname:[1]   "Der große Stier, groß an Kraft".

H1 = Zusatz zum Horusnamen:
    "Der die Beiden Länder belebt".

N = Herrinnen-Name:
    "Mit kraftvollem Schwert, der
    Hunderttausende angreift".

N1 = allein
    "König von Ober- und Unterägypten".

G = Gold-Titel:
    "Reich an Jahren wie Tatenen".

T[2] = Thronname:
    "Herr Beider Länder,
    (nb-m3^{c}t-R^c mrj Imn)"

1) Einteilung und Abkürzungen (außer Osiristitel) nach J.v.Beckerath,
Königsnamen.
2) Wenn der Thron- und Eigenname allein verwendet wird, wird ebenfalls
folgende Abkürzung "HBL (T) , SdR, HdD (E) " verwendet.

E = Eigenname:

    "Sohn des Re, Herr der Diademe,

    (R^c-msj-sw Imn-ḥr-ḫpš.f)".

E1 = Zusatz zum Eigennamen:

    "Sein leiblicher, sein geliebter".

OK = Osiristitel:

    "Osiris König".

B = Beinamen:

    B 1 = "Leben dem guten Gott".

    B 2 = "Der Herr der Rituale".

    B 3 = "Der Herr der Stärke".

    B 4 = "Der Herr der ḥb-sd-Feste".

Dem Bildprogramm ist die programmatische Gestaltung der Außenfassade vor-
anzustellen.

Die Fassade des Grabes (T 11)

Auf der Fläche über dem Eingang beten Isis, die Große, die Gottesmutter
(li.) und Nephthys, die Gebieterin des Westens (re.) die Sonnenscheibe an,
in welcher Chepri (li.) und der widderköpfige Sonnengott (re.) dargestellt
werden. Demnach ist links mit Chepri die Regeneration und rechts, mit der
unterweltlichen Form des Sonnengottes, die Fahrt durch die Unterwelt angesprochen. Diese Seiteneinteilung findet sich u.a. in den "Eingangsbildern" des 1. Korridors wieder: Osiris wird dort links als lebender Gott
mit gelösten Gliedern, rechts in Mumienform dargestellt.

1. Das Bildprogramm im oberen Grabbereich

Das Bildprogramm im oberen Grabbereich ist nicht wie in den zeitlich vorangegangenen Königsgräbern nach Raumart und -folge gegliedert. Die Wände
der 5 Räume im oberen Grabbereich (1., 2. und 3. Korridor, der sogenannte
Schachtraum[1] sowie der 1. Pfeilersaal) sind durchgehend, d.h. im 1. Kor-

1) Der Schachtraum besitzt nicht, wie in den Gräbern bis Ramses III. einen
   Schacht, das "sogenannter" wird künftig weggelassen.

ridor beginnend und an der Rückwand des 1. Pfeilersaales endend, mit zwei
Unterweltsbüchern dekoriert. An den linken Wandseiten befinden sich fortlaufend in den 5. Räumen die 12 Stunden des Pfortenbuches und auf den gegenüberliegenden rechten Wänden die 6 Abschnitte des Höhlenbuches in einer
jeweils vollständigen Fassung.

a) Die Eingangsszenen (B 6+7, 36+37)

Vor den Beginn der beiden Unterweltsbücher ist im 1. Korridor jeweils eine
"Eingangsszene" gesetzt worden[1], welche den König vor Re-Harachte und
Osiris zeigt.[2] Bei gleicher Anordnung der Figuren auf beiden Wandseiten
sind erhebliche Unterschiede festzustellen.

links[3] : der König[4] mit erhobenem Arm die Götter grüßend, der Gott Osi-
            ris mit den Doppelfedern über dem Widdergehörn, mit gelösten
            Gliedern als lebender Gott, seine Stirn ist mit dem Uräus ver-
            sehen.

rechts   : der König vor dem [Speisetisch] den Göttern opfernd. Der Gott
            Osiris wird in seiner üblichen mumienförmigen Gestalt auf der
            Maatbasis dargestellt.

Die Texte zu den beiden Szenen zeigen folgende Unterschiede:

links   : Der umfangreiche Text zum König lautet:
            "König, B 4, Schutz Ägyptens, Schützer der Götterneunheit des
            abgeschirmten Landes des Re,täglich, N 1, ///// T , E, von der
            Götterneunheit der Nekropole geliebt. G, der die Denkmäler sei-
            nes Vaters baut, Herr der Götter ///// T , E, von Osiris-Chon-
            tamenti geliebt". (der Text steht in zwei Kolumnen hinter dem
            König).
            Vor dem König: "N 1, T, E, selig".
            Unter der gesamten Darstellung des Königs vor den beiden Göttern
            befindet sich, anstelle des auf der rechten Wand vorhandenen
            schreinförmigen Unterbaus, ein in drei Zeilen angeordneter Text:
            "Der lebende Horus, H, Hl, N, G, König, B 4, Schützer Ägyptens,
            der das ganze Land mit Denkmälern füllt, in seinem Namen: N 1,
            T, E, El, dem Leben gegeben wird wie Re. Er machte (dieses) als

1) S. Abb. Nr. 10. Die Bezeichnungen innerhalb des Grabes.
2) S. Abb. Nr. 11.
3) Die Seitengaben "links" und "rechts" gelten stets vom Grabeingang aus
   gesehen.
4) In der linken Abbildung werden Überarbeitungen der Königsdarstellung
   Ramses' V. durch Ramses VI. gezeigt.

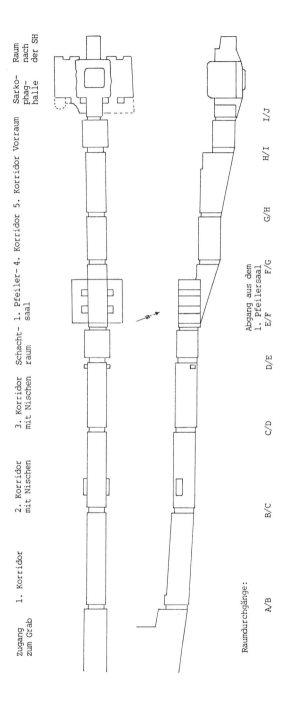

Zugang   1. Korridor   2. Korridor   3. Korridor   Schacht-   1. Pfeiler-   4. Korridor   5. Korridor   Vorraum   Sarko-   Raum
zum Grab   mit Nischen   mit Nischen   raum   saal   phag-   nach
                                                                                                                halle   der SH

Raumdurchgänge:

                                                 Abgang aus dem
                                                 1. Pfeilersaal
A/B   B/C   C/D   D/E   E/F   F/G   G/H   H/I   I/J

Die Bezeichnungen innerhalb des Grabes

Abbildung Nr. 10

60

linke Wandseite

rechte Wandseite

Die "Eingangsszenen im 1. Korridor"
Der König vor RE-HARACHTE und OSIRIS
Abbildung Nr. 11

ein Denkmal für seine Väter, die Götter, die Herren der Unter-
welt, daß die Worte erneuert werden, daß sie unzählige ḥb-sd-
Feste verleihen mögen. Er, der auf dem Thron des lebenden Horus
ist, mögen alle Fremdländer unter seinen Füßen sein. B 3, B 2,
T, E, wie Amun-Re, König der Götter, dem Leben gegeben ist in
Ewigkeit und unabsehbar wie seinem Vater Osiris-Chontamenti".
Bei Osiris steht: "Osiris-Chontamenti, Onnophris, Herr des ab-
geschirmten Landes". [1]

rechts : Die Beischrift zum König befindet sich in zwei senkrechten Zeilen hinter ihm:
"N 1, T, ///// der die Lebenden leitet ///// T, ewiglich", über
ihm sind Spuren seiner beiden Namen; vor dem König: "Eine Räu-
cherung für seinen Vater Re machen /////, daß er Leben geben möge, wie (das) des Re in Ewigkeit und unabsehbar, immerdar".
Bei Osiris steht: "Osiris-Chontamenti, Herr von Abydos, grosser
Gott, Herr des [Himmels]". [2]
Die Beischriften zu Re-Harachte scheinen keine wesentlichen Unterschiede aufzuweisen.

b) Das Pfortenbuch auf den linken Wandseiten (B 37 - 62)
   Die Einteilung des Pfortenbuches

Im oberen Grabbereich standen für die Unterbringung des Pfortenbuches vom
Beginn des 1. Korridors (nach dem Eingangsbild des Königs vor Re-Harachte
und Osiris) bis zum Abgang aus dem 1. Pfeilersaal etwa 55 m laufende Wand-
fläche zur Verfügung. Abzuwickeln waren die 12 Stunden und das Schlußbild,
wobei die erste Stunde und das Schlußbild zusammen annähernd den Raum einer Stunde einnehmen.
Die Einteilung wurde durch die Raumgestaltung erschwert:
a) 12 Stunden waren auf 5 Räume zu verteilen.
b) Die Ein- und Ausgangswände des Schachtraumes (je ca. 0.75 m) und des
   1. Pfeilersaales (je ca. 2.70 m) gaben nicht die Möglichkeit, eine
   Stunde unterzubringen,
c) Die nach ca. 4.70 m endende und etwa 2.60 m lange Nische im 2. Korridor ermöglichte nicht, zwei Stunden übereinanderzusetzen, weil die Höhe

1) Die Texte dieses Abschnittes sind von A. Piankoff, R. VI., Textteil
   übernommen, für "Holy Land" wird stets "abgeschirmten Land" verwendet.
2) Bildlich und textlich werden hier Osiris jeweils komplementäre Eigen-
   schaften zugesprochen: mit gelösten Gliedern ist er der "Herr des abgeschirmten Landes" und in Mumienform der "Herr des Himmels".

Die Einteilung des Pfortenbuches auf den linken Seitenwänden im oberen Grabbereich

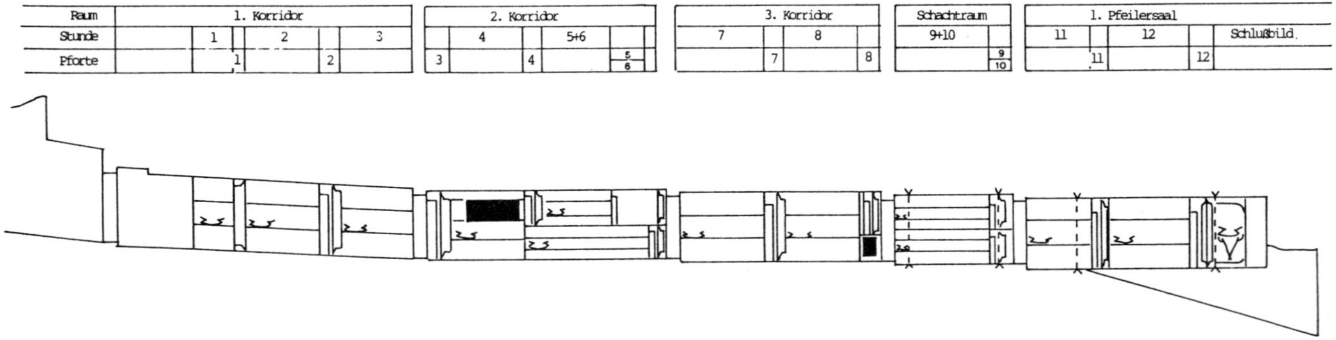

Abbildung Nr. 12

der Nische dann einer ordnungsgemäßen Registereinteilung nicht entsprochen hätte.[1]

d) Die am Ende des 3. Korridors vorhandene Nische, welche mit ihrer Textumrandung ebenfalls etwa 1/3 der Höhe der Dekorationsfläche einnimmt. ließ gleichermaßen nicht zu, hier 2 Stunden übereinanderzusetzen.

Die vorgenommene Lösung ist aus der Abbildung Nr. 12 zu entnehmen. Die Einteilungsskizze zeigt, daß für die 2.-4., 7.+8. sowie 11.+12. Stunde[2] ein etwa gleich großer Raum in Anspruch genommen wurde. Eine Vermessung ergab, daß bei dem Übereinandersetzen von Stunden (5.+6., 9.+10. Stunde) zwar nur die Hälfte der Höhe der Dekorationsfläche, jedoch für die Länge weit mehr als die Hälfte in Anspruch genommen werden mußte. Dieses war erforderlich,um den Hieroglyphenkolumnen eine angemessene Größe zu belassen. Sie wurden nur um max.1/3 schmäler gemacht, so daß der Text auf eine grössere Kolumnenzahl verteilt werden mußte. Hieraus ergab sich eine relativ größere Stundenlänge und eine entsprechend verbesserte figürliche Aufteilung.

Die vorgesehene Lösung scheint damit die bestmögliche Lösung. Der 2. Korridor mit seiner langen Nische wurde in eine dreiregistrige Stunde und zwei übereinandergesetzte Stunden aufgeteilt. Der Raum über der Nische wurde für eine Zeile mit der vollen Königstitulatur genutzt. Im 3. Korridor wurde die 8. Pforte, einschließlich der Kolumne für den Pfortenöffnungstext des Re und die folgende Königskolumne,genau über die Nische mit der Textumrandung gesetzt, so daß die Register unbeeinträchtigt blieben. Teile der 9. und 10. Pforte wurden noch auf die schmale Ausgangswand des Schachtraumes verteilt.

Mit den genannten technischen Erfordernissen ist die Verschiebung der 3. Pforte in den 2. Korridor allein nicht zu begründen. Ein geringfügiges Zusammenschieben der ersten drei Stunden im 1. Korridor hätte es wohl ermöglicht, die 3. Pforte noch ordnungsgemäß der 3. Stunde im 1. Korridor zuzuordnen. Daß es sich um eine inhaltliche Abwandlung handelt, zeigen die folgenden Texte:

Vor dem Durchgang im 1. Korridor:

Bei der einleitenden Zeile ist nach "Gelangen dieses großen Gottes zu dieser Pforte" der stets nachfolgende Text "Eintreten in diese Pforte

1) Jetzt läuft das 1. Register durch die Nische.
2) Es wird die Stundenzählung von E. Hornung gewählt, welche von A. Piankoff und damit auch für das Grab Ramses' VI. abweicht.

..."[1] fortgelassen worden, obgleich ausreichender Raum hierfür vorhanden ist.[2]

Am Vorsprung zum Durchgang steht:

"Göttlicher König, Herr des Unabsehbaren, Schützer dessen, der in der Dat ist ///// König von Ober- und Unterägypten, Herr Beider Länder (T)⎜ , Sohn des Re, Herr der Diademe (E)⎜ selig."

Im 2. Korridor steht zu der 3. Pforte der gegenüber der 2. Pforte abgewandelte Text:

"Geöffnet ist dir die Erde, aufgetan ist dir die Dat, Himmlischer - du hast unsere Dunkelheit (snkw) aufgedeckt. Hei, Re! komm doch zu uns!"

mit einem königlichen Einschub:

"... mitten in dem Wort kkw zm3w "Urfinsternis", das sich in der Vorlage am Anfang der zweiten Zeile forsetzte. So formuliert R. VI.: "Er (Re) erhellt die Finsternis für den König R., wenn er dahingeht zur Dat."[3]

Diese Textkombination läßt vermuten, daß der Durchgang selbst als Pforte verstanden werden sollte und die Änderungen nicht als Folge eines Raummangels angesehen werden können.[4]

Bemerkenswert ist eine Parallele zwischen der 11. Pforte und der gegenüberliegenden Pfeilerseite Ab.

Textteil zu den Szeptern der Pforte:

"Dein Ba gehört zum Himmel, dein Leichnam gehört der Erde, der du (deine) Größe selber bestimmt hast!"[5]

Auf der Pfeilerseite Ab (T 21) heißt es als Beischrift zum König:

"Dein Ba gehört dem Himmel wie Re,

dein Leichnam gehört der Erde wie Osiris".

Die Anrufungen zum König innerhalb des Pfortenbuches

Beginnend mit der 2. Pforte (1. Korridor) steht unmittelbar vor der Pfortendarstellung jeweils eine Kolumne, welche sich auf das Eintreten des Re in diese Pforte bezieht. So heißt es vor der 2. Pforte:

1) E. Hornung, Pfb. I, S. 85 f.
2) Die Textkolumne ist im unteren Bereich leer gelassen worden.
3) E. Hornung, Pfb. I, S. 90 und Pfb. II, S. 97 f.
4) Eine Parallele in der Bedeutung des Durchganges gibt es im gegenüberliegenden Höhlenbuch auf der rechten Grabwand.
5) E. Hornung, Pfb. II, S. 265.

"Gelangen dieses großen Gottes zu dieser Pforte,

Eintreten in diese Pforte.

Die Götter, die in ihr sind, preisen den großen Gott".[1]

Unmittelbar nach dieser Textkolumne folgt jeweils eine weitere Kolumne für den König (T 13-16):

2. Pforte:

H, H 2, N, N 1, T, B 2, E, E 1, der lebt in Ewigkeit und unabsehbar. Der untere Teil der vorangehenden Textkolumne für Re ist noch mit einem auf den König bezogenen Text ausgefüllt. Hierzu E. Hornung[1]

"<<(Osiris) König R VI ist auf dem Thron des Re, wenn er eintritt in seine Gruft (qrrt)>>, also eine Anspielung auf die Identität des verstorbenen Königs mit dem Sonnengott, wie sie vor allem die Sonnenlitanei verkündet".

3. Pforte:

Wie 2. Pforte, jedoch am Ende: "von den Göttern gliebt, Herren der /////". Die beiden Kolumnen für Re und den König sind durch den Durchgang B/C von der Pfortenabbildung getrennt.

4. Pforte:

H, H 2, N, Nl, T, E, "geliebt von Re-Harachte".

5. Pforte:

Wie 4. Pforte, mit einer Lücke nach der 2. Kartusche.

6. Pforte:

Wie 4. Pforte.

7. Pforte:

Wie 4. Pforte, nach E: "dem Leben gegeben wird (𓄿), geliebt von Osiris-Chontamenti, Onnophris, Herr des abgeschirmten Landes, den Herren (𓎟)".[2]

8. Pforte:

Wie 4. Pforte, nach E: "geliebt von Amun (𓇋)".

9. Pforte:

N 1, B 3, B 2, T, E, "der die Maat liebt auf Erden, es gibt keine Lüge in seinem Bauch (𓏏𓆄𓋴𓎟𓏤𓆄𓈖)".

10. Pforte:

N 1, T, E 1, ///// "wie [Re] im Himmel".

11. Pforte:

H, H 2, N, N 1, T, E 1, "dem Leben gegeben wird wie Re in Ewigkeit und unabsehbar, täglich (𓇳)".

1) E. Hornung, Pfortenbuch II, S. 72.
2) Der unzerstörte Text endet wie angegeben (B 51).

12. Pforte:

H, H 2, N, G, N 1, T, E, "dem Leben in Ewigkeit gegeben wird".

Oberhalb der 4. Stunde ist im 2. Korridor eine Textzeile mit den Titeln
und Namen des Königs angebracht. Sie beginnt nach der Pforte, zu Beginn
des Korridors und endet mit der Nische, welche offensichtlich den freien
Raum zugelassen hat, um oberhalb der Nische die folgende Textzeile unterzubringen: H, H 2, N, G, "König", B 4, "Beschützer?" /////, T, E.

Ein Vergleich der Königstitel vor den Pforten zeigt, daß diese vor der
2. - 8. und 11. Pforte fast gleich sind, während vor der 9. und 10. Pforte der Horus- und Herrinnen-Titel fehlt. Es kann auf den zusätzlichen
Raumbedarf innerhalb der Kolumne vor der 9. Pforte zurückzuführen sein,
denn dem Eigennamen folgt hier ein längerer Text, dem offensichtlich vor
den fehlenden Titeln der Vorzug gegeben worden ist. Der Gold-Titel erscheint nur in der Zeile über der 4. Stunde und in der letzten, der 12.
Stunde. In keinem Falle ist m3^c-ḥrw = selig dem Namen des Königs hinzugefügt. Nach dem Eigennamen des Königs sind die üblichen Segenswünsche, wie
z.B. "geliebt von" oder "dem Leben gegeben wird" beigeschrieben. Lediglich zur 9. Pforte, im Schachtraum, ist "der die Maat liebt auf Erden, es
gibt keine Lüge in seinem Bauch", ein Text hinzugefügt, der nur als zum
Osirisgericht gehörig angesehen werden kann. Die Pforte und die genannte
Textkolumne grenzen unmittelbar an den Durchgang zum ersten Pfeilersaal.
Handelt es sich um eine Ankündigung des Osirisgerichtes auf der Rückwand
des 1. Pfeilersaales (Doppelform des Osiris)?[1] Die Einfügung der königlichen Textkolumne nach dem Text, der das Eintreten des Re in die Pforten
nennt, zeigt, daß der König an der Unterweltsfahrt des Sonnengottes durch
die zwölf Nachtstunden teilnimmt und hinter ihm die jeweilige Pforte passiert.

c) Das Höhlenbuch auf den rechten Wandseiten
    (B 7 - 17, 19 - 34, 69)
    Die Einteilung des Höhlenbuches

Die Wiedergabe des Höhlenbuches ist gegenüber dem Pfortenbuch, d.h. auf
den rechten Wandseiten der 5. Räume im oberen Grabbereich vorgenommen worden. Es beginnt nach dem Eingangsbild im 1. Korridor (der König vor Re-

1) Im Vorraum zur Sarkophaghalle ist auf der linken Seitenwand das negative Schuldbekenntnis wiedergegeben. Der Schachtraum im oberen und der
   Vorraum im unteren Bereich sind nach Raumart und -folge korrespondie-
   rende Räume.

Harachte und Osiris) und endet auf der rechten Ausgangswand des 1. Pfeilersaales. Im Gegensatz zum Pfortenbuch wurden für das Höhlenbuch weitere Flächen in Anspruch genommen, das sind die Wände der Nische im 3. Korridor
und die Pfeilerseiten Da, c und d im 1. Pfeilersaal.
Die Struktur des Höhlenbuches weicht von der des Amduat und des Pfortenbuches ab. Die dort im mittleren Register jeder Stunde dargestellte Sonnenbarke gibt es im Höhlenbuch nicht.[1] Hingegen wird in jedem der vielen
Szenenbilder stets die Sonnenscheibe wiedergegeben, niemals jedoch in den
Szenen mit der Bestrafung oder Vernichtung der Feinde, die sich durchgehend im untersten Register finden. Eine Stundeneinteilung fehlt. Das Höhlenbuch ist in zwei Hälften zu je 3 Abschnitten aufgeteilt. Beide Hälften beginnen mit einer annähernd gleichen Darstellung:

1. Abschnitt   4. Abschnitt

Der Beginn der Abschnitte

Abbildung Nr. 13

1) Ausnahme: Die Sonnengeburt im Schlußbild.

Die Abbildung zeigt für den 4. Abschnitt eine zusätzliche Schlange im Mittelstreifen. Dieser Zusatz kann deshalb erforderlich gewesen sein, weil anders als in den ersten drei Abschnitten, ab 4. Abschnitt nicht mit Schlangendarstellungen begonnen wird.

Die Gestaltung der 6 Abschnitte ist sehr unterschiedlich. Die beiden ersten Abschnitte bringen jeweils 5 Bildregister ohne Text und dann einen großen Textblock. Der 3. Abschnitt besteht aus 3 Bildregistern mit Texteinarbeitungen zu jeder Szene. Der 4. Abschnitt beginnt mit einem Textblock, es folgen 3 Register mit Texteinarbeitung für jede Szene. Der 5. Abschnitt hat die gleiche Struktur wie der 4. Abschnitt, jedoch sind in das Bildteil die Figuren der Nut und des Osiris über alle 3 Register[1] reichend, wiedergegeben. Dem 6. Abschnitt ist ein langer Textblock vorangestellt, der sich inhaltlich auf den 5. Abschnitt bezieht[2], es folgen 3 Bildregister mit Texten zu den Szenen[3] und das an das Ende des 1. Registers gesetzte Schlußbild.

Diese Aufteilung der verschiedenartigen 6 Abschnitte auf den rechten Wänden des oberen Grabbereiches ist entsprechend der Abbildung Nr. 14 wie folgt vorgenommen worden:

1. Abschnitt: Hierfür wurde die Wand des 1. Korridors zwischen dem Eingangsbild und dem Korridorende[4] voll ausgenutzt.

2. Abschnitt: Die Dekorationsfläche des 2. Korridors ist durch die lange Nische in der ersten Wandhälfte beschränkt. Die 5 Bildregister enden mit der Nische, der Textblock beginnt unmittelbar danach. Die Nische liegt mit ihrer unteren Kante etwa in der Wandmitte. Über die Nische ist das 1. Register, die Nische durchlaufend sind das 2. und 3. Register und unterhalb der Nische ist das 4. Register angebracht. Die vorgefundene Lösung ergibt unnötig unterschiedlich hohe und unproportionierte Register. Dieses hätte vermieden werden können, wenn, wie bei der Einteilung des Pfortenbuches auf der gegenüberliegenden Wand, die königliche Textzeile über die Nische anstatt wie hier unter die Nische gesetzt worden wäre. Es wäre dann möglich gewesen, annähernd gleich hohe Register zu arbeiten.

Die Textkolumen, die nach der Nische als Textblock folgen, sind etwa 20% schmäler als die des 1. Korridors; hierdurch endet der Textblock

1) Die Einteilung bei R. VI. in 5 Register ist ein räumlicher Behelf.
2) Die inhaltliche Verschränkung des 5. und 6. Abschnittes wird später erläutert.
3) Teile der 3 Register befinden sich auf den Pfeilerseiten Aa + d.
4) Es ist der einzige Abschnitt, der mit dem Raumende abschließt.

Die Einteilung des Höhlenbuches auf den rechten Wandseiten im oberen Grabbereich

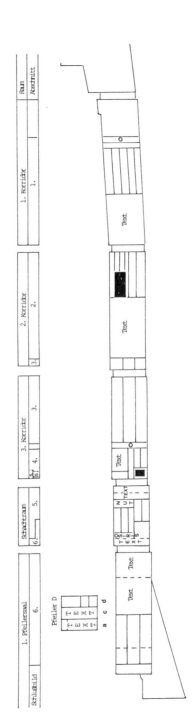

Abbildung Nr. 14

des 2. Abschnittes noch vor dem Durchgang zum 3. Korridor.

3. Abschnitt: Die jeweils ersten Szenen der 3 Register stehen noch im 2. Korridor. Die fortgeführten Register nehmen etwa 2/3 des 3. Korridors ein.

4. Abschnitt: Er beginnt mit dem letzten Drittel des 3. Korridors und ist auf kleinstem Raum zusammengedrängt. Der Textblock ist in der oberen, die Bildregister sind in der unteren Wandhälfte. Der obere Textteil endet noch vor dem Durchgang zum Schachtraum in der Mitte der achtletzten Kolumne. Nur ein kleiner freigehaltener Raum innerhalb der Kolumne markiert den Beginn des Textes zum 5. Abschnitt. In das Bildteil sind die beiden Anfangskolumnen des oberen Textblockes noch in das 1. Register geführt. Der Text zum 1. Bild des 2. Registers ist wegen der Registerverkürzungen durch die Nische noch am Ende des 1. Registers aufgeführt.

5. Abschnitt: Er beginnt in der Mitte der achtletzten Kolumne mit einem kleinen Freiraum unmittelbar nach dem 4. Abschnitt im 3. Korridor mit einem langen einleitenden Text. Die ersten 4 Anrufe der 1. Litanei stehen noch in der oberen Hälfte des 3. Korridors. Der Text wird über die Innenwände der Nische im 3. Korridor, die Eingangswand und den Beginn der Seitenwand des Schachtraumes fortgesetzt. Von den folgenden 3 Registern[1] des Bildteils ist das Ende der Register wegen Raummangels in zwei zusätzlichen Registern unter die oberen Register gesetzt, so daß der irrige Eindruck eines Abschnittes mit 5 Registern entsteht. Die unter die drei Register gesetzten Bildteile nehmen nicht die volle Wandbreite ein; in dem verbleibenden Raum beginnt der Text des 6. Abschnittes.

Unangetastet bleibt bei den Verschiebungen innerhalb des 5. Abschnittes die Darstellung der großen, über 3 Register reichenden Figuren der Nut und des Osiris auf der rechten Seitenwand des Schachtraumes.

6. Abschnitt: Er beginnt in der unteren Wandhälfte des Schachtraumes unmittelbar nach dem Bildteil des 5. Abschnittes. Hier ist auch die 1. Litanei des langen, sich auf den 5. Abschnitt beziehenden Einleitungstextes sowie der Beginn der 4. Litanei[2] untergebracht, welche auf der Ausgangswand des Schachtraumes endet. Die 5. - 13. Litanei[3] folgen an den Wänden des 1. Pfeilersaales. Es schließen sich die 3 Register des Bildteils in der 2. Hälfte der Seitenwand an. Am Ende des 1. Registers ist

---

1) Entsprechender Einteilung im Osireion und Petamenophis hat der 5. Abschnitt nur 3 Register.
2) Die 2. und 3. Litanei gibt es bei Petamenophis, nicht jedoch bei R. VI.
3) Die 12. Litanei wird bei R. VI. nicht wiedergeben.

das Schlußbild mit der Sonnengeburt untergebracht und verkürzt den Raum
für die letzten Szenen des 1. Registers. Die fehlenden Szenen und jeweils ein Bild aus dem 2. und 3. Register sind zusammen mit dem langen
Einleitungstext zum Schlußbild auf den gegenüberliegenden Pfeilerseiten
Da, c + d[1] verteilt.

Die obigen Erläuterungen zur Struktur des Höhlenbuches und die Verteilung
auf die Wände des Grabes von Ramses VI. zeigen:

Strukturmerkmale: Die 2 Buchhälften und die 6 Abschnitte sind uneinheit-
lich gegliedert. Es gibt vertikal gegliederte große Textblöcke mit einer Vielzahl von Kolumnen und horizontal gegliederte 3- oder 5-fache
Register, mit und ohne Textbeischriften. Im 5. und 6. Abschnitt sind
herausragende Bilddarstellungen vorhanden (Nut- und Osirisbild, Schlußbild).

Einteilungsprobleme: 6 unterschiedliche Abschnitte waren auf 5 Räume zu
verteilen, von denen der Schachtraum eine weitaus geringere Dekorationsfläche bot, als die übrigen Räume. Im 2. und 3. Korridor beeinträchti-
gen die Nischen die Einteilung.

Die Einteilung dieser uneinheitlichen Abschnitte auf die unterschiedlich
gestalteten Räume des Grabes war sicher nicht einfach. Dennoch kann die
vorgefundene Lösung bei den hervorragenden Fähigkeiten der Ägypter und im
Vergleich zu den gegenüberliegenden Wänden mit dem Pfortenbuch technisch
nicht befriedigen. Die nachfolgenden Überlegungen werden zeigen, daß außer
den technischen Erfordernissen auch inhaltliche Gründe des Buches für die
Aufteilung maßgeblich waren.

Eine aufmerksame Betrachtung des Einteilungsplanes (Abb. Nr. 14) zeigt,
daß die Einteilung der 6 Abschnitte in die 5 Räume durch die Wiedergabe
des Nut- und Osirisbildes im 5. Abschnitt bestimmt worden ist. Geht man
von dieser Prämisse aus, wird erkennbar, daß die Seitenwand des Schachtraumes die einzige Möglichkeit bot, das Gesamtbild Nut/Osiris "unzerrissen"
wiederzugeben. Sowohl eine Verschiebung in das Grabinnere, d.i. auf die
Seitenwand des 1. Pfeilersaales als auch auf das Ende des 3. Korridors war
nicht möglich. Der 1. Pfeilersaal scheidet wegen des umfangreichen Text-
und Bildprogramms aus, welches bereits in der vorgefundenen Einteilung die
zusätzliche Inanspruchnahme von 3 Pfeilerseiten erforderte. Bei einer Verschiebung in den 3. Korridor wäre zwar zusätzlicher Raum für den 6. Abschnitt ohne Inanspruchnahme der Pfeilerseiten Da, c + d gewonnen worden,

1) Siehe Einteilungsdiagramm bei A. Piankoff, R. VI., T 118 f.

72

jedoch hätten dann alle 5 ersten Abschnitte auf die 3 Korridorwände verteilt werden müssen. Eine solche Zusammenschiebung des 1. - 5. Abschnittes
hätte zu einem zusätzlichen Problem im 2. Korridor geführt. Dort endet die
horizontale bildliche Darstellung mit dem Ende der Nische. Eine Verschiebung des vertikal gegliederten Textblockes zum Eingang, wäre wegen der Nische nicht möglich gewesen.
Die Bedeutung, die das Nut/Osirisbild für das jenseitige Leben Ramses' VI.
hatte, geht auch eindeutig aus der vorgenommenen Bild- und Texteinteilung
hervor.[1] Bildlich finden sich in der Nutdarstellung die Wiedergabe des
Sonnenlaufes und in der ithyphallischen Osirisfigur die symbolische Wiedergabe der Regeneration. Der für den toten König wesentliche Inhalt geht aus
der Beischrift zum Osirisbild hervor:

"Dieser Gott geht vorbei (am) Herrn des Westens (OSIRIS) in seiner
geheimen Höhle.
So ist dieser Gott beschaffen in seiner geheimen Höhle, während dieser große Gott zu ihm spricht und eine Zeitlang verweilt, indem er
für ihn sorgt.
Der Ba dieses Gottes wandelt hinter Re, während Finsternis dann den
Leichnam umhüllt, nachdem dieser große Gott an ihnen vorbeigezogen
ist".[2]

Der Vorgang ist demnach, daß der Leichnam (R.' VI.) von Re täglich bei
seiner Unterweltfahrt versorgt wird und der Ba (von R. VI.) hinter Re wandelt, daß heißt, ihn auf seiner Tages- und Nachtfahrt begleitet. Beide Vor-
gänge sind eindeutig auf Ramses VI. durch die Aufnahme entsprechender königlicher Texte bezogen: Unmittelbar unter Osiris stehen die ersten 7 Verse der 4. Litanei:

"Es wird licht im Westen"; in der jeweils 2. Verszeile wird der Anruf
für den König mit "Osiris König", Herr Beider Länder (T)| , selig"
wiederholt. Dagegen heißt es noch in der unmittelbar davorstehenden
Zeile zum Königsanruf nur "König (T)| , der selig ist". Die folgenden
7 Verse der 4. Litanei stehen bereits auf der schmalen Ausgangswand des
Schachtraumes parallel zu der großen Textkolumne, die rechts den Durchgang zum 1. Pfeilersaal umschließt. Dieser Teil der 4. Litanei ist mit
dem königlichen Anruf "König (T)| , Sohn des Re (E)| , selig" ausge-
stattet. Entsprechend ist die Textkolumne am Durchgang:"Re-Harachte,
Atum, Herr Beider Länder und Heliopolis, der Ba der unabsehbar bis in

1) Siehe Abbildung Nr. 15.
2) E. Hornung, Unterweltsbücher, S. 381.

73

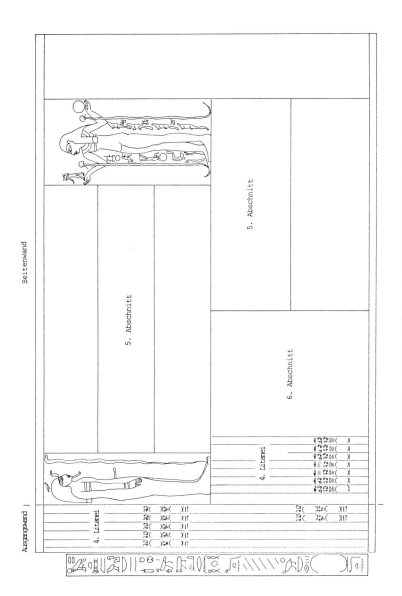

Schematische Darstellung der rechten Seiten- und Ausgangswand des Schachtraumes

Abbildung Nr. 15

74

Ewigkeit Besitz ergreift /////.[1] Sohn des Re, Herr der Diademe (E)| ,
ewiglich". Durch den Wechsel der königlichen Texte innerhalb der 4. Litanei im Bereich von Osiris und der Textzeile, die mit Re-Harachte beginnt,
wird die Versorgung des Osiris König durch Re und das Wandeln seines Ba
hinter Re, wie es dem Osirisbild beigeschrieben ist, nachvollzogen.
Entsprechend der nunmehr gewonnenen Erkenntnis, daß die Bildszenen Nut/Osi-
ris für Ramses VI. von großer Bedeutung gewesen sind, kann die Prämisse
von der "unzerrissenen" Darstellung an der vorgefundenen Stelle im Schachtraum als gesichert angesehen werden. Weitere Einzelheiten der Einteilung
des Höhlenbuches werden damit erklärbarer.
So folgt der 4. Litanei im 6. Abschnitt kein Osiristitel des Königs, obgleich es eine Vielzahl von königlichen Anrufen innerhalb der Litaneien
gibt. In der Litanei zum Schlußbild mit 31 Anrufen zum König wird in der
Mehrzahl wiederum der Ba der Götter als "König Ramses VI. ist dein Ba!"
herausgestellt.
Die Verschränkung von Bild und Text des 5. und 6. Abschnittes im Schachtraum ist auch dadurch gegeben, daß die Einleitung zum 6. Abschnitt "sich
inhaltlich noch einmal auf die Darstellungen des fünften Abschnittes"[2]
bezieht und damit wiederum die Bedeutung des 5. Abschnittes herausstellt.

Eine gleiche Verschränkung gibt es zwischen dem 4. und 5. Abschnitt. Das
Textende des 4. Abschnittes geht nach einem kleinen Freiraum unmittelbar
in den Text des 5. Abschnittes über. Eine inhaltliche Verschränkung ist
hier jedoch nicht nachweisbar. Die Vermutung, daß es, wie in der vorgefundenen Einteilung sichtbar, in der 2. Hälfte des Höhlenbuches fließende
Übergänge zwischen den drei Abschnitten gibt, ist nicht eindeutig zu bestätigen.

In der ersten Hälfte des Buches sind zwei Auffälligkeiten zu klären. Der
1. Abschnitt endet mit dem 1. Korridor, eine Abgrenzung, die kein folgender
Abschnitt wiederholt. Die Einteilungsskizze (Abb. Nr. 14) gibt hierfür
eine technische Erklärung. Das horizontal angeordnete Bildteil des 2. Abschnittes konnte auch nicht teilweise in den 1. Korridor verlegt werden,
weil der nachfolgende Textblock nicht in der Nische zu dekorieren war. Ob
es gleichzeitig eine Parallele zu der gegenüberliegenden Gestaltung des
Pfortenbuches ist, bleibt eine Vermutung. Inhaltlich ist dieses möglich,

1) Das zerstörte Textteil enthielt keinen weiteren Titel des Königs, denn
   auf der korrespondierenden linken Wandseite ist nur der Titel "König
   von Ober- und Unterägypten, Herr Beider Länder (T)| " eingesetzt.
2) E. Hornung, Unterweltsbücher, S. 384.

denn der 1. Abschnitt behandelt den Eintritt des Sonnengottes in die Dat,
und auch im Pfortenbuch bildet das Ende des 1. Korridors eine entsprechende Zäsur.

Abschließend muß nochmals auf die unproportionierte Gestaltung im Bildteil
des 2. Abschnittes eingegangen werden. Das 2. und 3. Register wurden durch
die Nische geführt. Von den Anrufungen zum König im Textblock tragen diejenigen den Titel "Osiris König", deren Bilddarstellungen sich in der Nische befinden. So heißt es zu den 12 Mumien in den ovalen Sarkophagen (2.
Reg.) in der zweiten Verszeile

"... bekleidet mit der Gestalt des Osiris König, Herr Beider Länder

(T)| , Sohn des Re, Herr der Diademe (E)| , selig",

und zu den 4 Göttern am << Kasten des Osiris>> (3. Reg.) jeweils in der
zweiten Verszeile

"... der seine Hand auf den geheimen Kasten des Osiris König, Herr

Beider Länder (T)| , Sohn des Re, Herr der Diademe (E)| , selig,

legt".

Diese Zuteilung des Osiristitels kann kein Zufall sein, denn auch im 4.
Register werden 12 Osirisgestalten in den Sarkophagen angerufen, ohne
daß in der mit "O Osiris" beginnenden Litanei der Osiristitel des Königs
hinzugefügt worden wäre. Warum diese Titelverteilung vorgenommen wurde
bleibt offen, jedoch kann diese Einteilung veranlaßt haben, daß 2. und 3.
Register in die Nische zu setzen, so daß sich hiernach die unproportionierte Gliederung ergab. In die umfangreichen Texte zu den Bildszenen und in
die Litaneien mit den Anrufungen des Sonnengottes an die Toten oder die Anrufungen der seligen Toten an Re sind weit über 200 zusätzliche Vermerke
für den König eingeschoben. Nachfolgend wird eine Auswahl der Texte vorgelegt, in die die Königsnamen eingeschoben worden sind, um die Stellung des
Königs innerhalb des Höhlenbuches zu verdeutlichen. Ramses VI. wird inner-
halb des Textes "König (𓇳𓄿), Herr Beider Länder (T)| , Sohn des Re
(E)| , selig" , seltener als "Osiris König etc." benannt (nachstehend
kurz als "K" oder "OK" bezeichnet).

"Ich erhelle die Finsternis der Schetit für "K".[1] (1. Abschnitt, 1. Register).

"O du, dessen Stimme der <<Herzensmüde>> (OSIRIS) hört, (so daß ?) er
sich seine Glieder zusammenfügt, höre K., daß er seine Glieder zusammen-
fügen möge". (2. Ab., 2. Reg.).

1) Übersetzung nach E. Hornung, Unterweltsbücher, S. 328 ff., für die kgl.
   Vermerke s. A. Piankoff, R VI, Texts, S. 59 ff.

76

"O Westbewohner, der in seiner Höhle ist, bekleidet mit der Gestalt des OSIRIS, OK". (2. Ab., 2. Reg.).
"O du mit geheimem Herzen, der das Verborgene hütet, der seine Hand auf den geheimen Kasten des OK. legt". (2. Ab., 3. Reg.).
"O OSIRIS CHONTAMENTI, dessen Höhle sein Sohn HORUS schützt, OK. ist dein Sohn HORUS ...". (2. Ab., 4. Reg.).
"Ihr hört, was ich euch zurufe, ich leuchte für euch und vertreibe eure Finsternis, - ich leuchte, ich (vertreibe) die Finsternis für K. mit meiner Sonnenscheibe, groß an Strahlen". (3. Ab., 1. Reg.).[1]
"Wie schön ist RE, wenn er die Finsternis durchzieht! Seine große Sonnenscheibe verweilt in seinem Gefolge. Möge K. verweilen in dem Gefolge von RE". (4. Ab., 1. Litanei).
"Jubel sei dir, sei RE! Wir atmen ja, wir sind ja zufrieden in unseren Höhlen, möge K. zufrieden sein in seiner Höhle". (4. Ab., 1. Lit.).
"Meine Sonnenscheibe hat die Finsternis betreten, die beiden Göttinnen binden ihren Bruder zusammen, mögen sie K. binden". (5. Ab., 1. Lit.).
"Du seist gepriesen ACHTI! Wir reichen dir ja unsere Hand! Du verjüngst die Mumien mit deiner Sonnenscheibe, OK.". (5. Ab., 3. Lit.).
"O Westgöttin, <<Geheime>>, mit kämpfenden Armen, wenn sie (sich?) hüteto seht, ich ziehe vorbei an deiner Höhle! Reiche mir deine Hände, du mit geheimen Wesen, reiche deine Arme K. O Uräusgestaltiger, o Uräusgestaltiger - siehe, ich durchziehe die Schetit, ich eile dahin, um meinen Leichnam zu schützen, schütze den Leichnam des K.". (6. Ab., 1. Lit.).
"Es wird licht im Westen. Die Götterneunheit des OSIRIS jubelt, einer von ihnen ist K.". (6. Ab., 4. Lit.).

Die Vermerke für den König enden innerhalb der Litanei, die den Darstellungen des Schlußbildes zum Höhlenbuch vorangeht. Der Text beginnt:
"Herauskommen durch diesen großen Gott aus seinen beiden Hügeln, die in der Dat sind"
und fährt später fort:
"Ihr jubelt mir zu, wenn ich für euch gesorgt habe, ihr Unterweltlichen mit geheimer Gestalt, jubelt zu K.! O jener mein Leichnam, der im Hügel ist, mein Leib und meine Abbilder, sie sind der Leichnam des K.
O jener Leichnam des ATUM, jener sein Leib, seine Abbilder, sein Ba, sein Ba ist K. O jener Ba dessen vom Hügel, sein Leib, seine Abbilder, sein Leichnam, seine Leichname sind die des K.".
Die Litanei fährt mit weiteren 28 Namen, u.a. von Chepri, Schu, Geb, Osi-

[1] Dieser kgl. Einschub ist der Einzige im 3. Abschnitt.

ris, Isis, Nephthys, Harsiesis fort, wobei zum angerufenen Leichnam oder
Ba stets folgt "K. er ist sein Ba" oder "seine Leichname sind die des K.",
o. ä.

Die vielfältigen Vermerke für Ramses VI. innerhalb des Höhlenbuches belegen, daß der König, anders als im Pfortenbuch, nicht an der Unterweltsfahrt des Sonnengottes durch die Stunden der Nacht teilnimmt. Alle Texte
zeigen, daß sein Leichnam als in der Dat ruhend angesehen wird, und ihm
auf besondere Weise die Segnungen des Re zukommen. Erst in den Texten im
Übergang zum 1. Pfeilersaal (6. Abschnitt, 4. Litanei) wird das Wandeln
des Ba Ramses' VI. hinter Re genannt und zum Schlußbild mit der Sonnengeburt wird Ramses VI. mit den Leibern, Leichnamen, Abbildern der Götter,
aber auch mit deren Ba verglichen.

Auf der linken Korridorseite wurden im 2. Korridor oberhalb der Nische in
dem hier frei verfügbaren Raum die Titel und Namen des Königs in einer
waagerechten Zeile untergebracht. Die gleiche Textzeile wird im 2. Korridor, zum Teil unter der Nische stehend, ebenfalls gebracht. Die unterschiedliche Anordnung innerhalb der Wandflächen ist durch die unterschiedliche Gestaltung der Register des Pforten- und Höhlenbuches zu erklären.

d) Die Osirishalle (B 35)

Die Sonnengeburt am Ende der Unterweltsfahrt des Sonnengottes Re wird im
Schlußbild des Pfortenbuches (li.) und des Höhlenbuches (re.) auf der
Rückwand des 1. Pfeilersaales dargestellt. Beide Schlußbilder umfassen die
den Raum beherrschende Szene in der Mitte der Rückwand, auf welcher der
König (li. u. re.) vor dem Schrein mit der Doppelform des Rücken an Rücken
auf seinem Thron sitzenden Osiris erscheint. Durch die Anordnung der
Schlußbilder der beiden Unterweltsbücher und die über den Bildrand herausragenden neugeborenen Sonnen wird die Sonnengeburt mit dem zentralen Osirisbild verbunden (Abb. Nr. 17).

Der König vor der Doppelform des Osiris im Schrein ist an dieser Stelle,
an der Rückwand des 1. Pfeilersaales, seit der vollständigen Dekorierung
aller Räume des Königsgrabes durch Sethos I., als Schlußbild des oberen
Grabbereiches bekannt und diente einschließlich des Grabes von Ramses III.,
um die Wandlung des toten Königs zum "Osiris König" rituell zu gewährleisten.[1]

Im Grab Ramses' VI. ist bei gleichem Szenenaufbau und an gleicher Stelle
eine wesentliche Änderung zu den bisherigen Darstellungen vorgenommen worden.

1) F. Abitz, König und Gott, S. 4 ff.

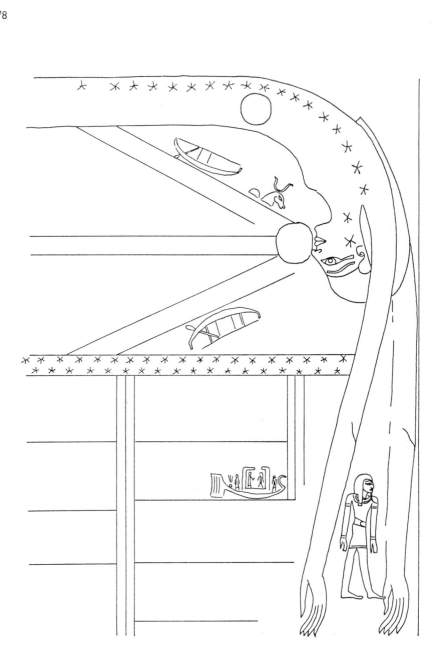

Deckendarstellung, die an die Rückwand des 1. Pfeilersaales anschließt

Abbildung Nr. 16

Schlußbild Höhlenbuch

Die Rückwand des 1. Pfeilersaales

Abbildung Nr. 17

Schlußbild Pfortenbuch

Der Gott Osiris ist jetzt auch mit den Wesensmerkmalen des Sonnengottes
ausgestattet. Über ihm schwebt nun eine Sonnenscheibe, er trägt ein Pek-
toral mit dem Sonnenboot und auf seine Oberarme sind geöffnete Schwingen
und die mit einem Uräus ausgestattete Sonnenscheibe (ähnlich wie der Kopf-
schmuck bei Re-Harachte) angebracht.[1] Wie im Bild das Einswerden von Re
und Osiris auf besondere Weise dargestellt wird, sind auch die Osiris be-
gleitenden Beischriften nunmehr zusätzlich ebenfalls mit Attributen ausgestattet, die zum Bereich des Sonnengottes gehören. So heißt es:

links : "Es spricht Osiris, Herr des Unabsehbaren, [Stier] des Westens,
der Millionen [von Jahren] seiner Lebenszeit durchschreitet,
Herr des Unabsehbaren und der Ewigkeit".

rechts: "Es spricht Osiris Chontamenti, Onnophris, Herrscher des Totenreiches (jgr.t), er der erwacht heil an der Spitze der Lebenden".

Die Beischriften zum König bestehen nur aus Titulatur und Namen (N 1, T, E)
und links vor ihm einer Textkolumne, welche nach der Schreibrichtung an
Osiris (!) gerichtet ist: "Ich gebe dir das Unabsehbare als König der Beiden Länder, ewiglich wie Re im Himmel".

Die Schreinpfosten und der das Schreindach tragende Balken sind als Schriftbänder ausgebildet worden. Sie enthalten allein folgende königlichen Texte:

linker Pfosten : "H, H 2, N 1, T, E, geliebt von Osiris-Chontamenti".
rechter Pfosten: "H, H 2, N 1, T, E, geliebt von Meresger des Westens".
Dachbalken, linker Teil: "Leben dem guten Gott, der Älteste des Re,
Schützer derer, die im Horizont sind; lebendiges Udjat-
Auge, das (in) der Unterwelt (jmḥt ?) ruht,[2] mit dem
die Götter anlangen, göttlicher König, Herrscher der
Ewigkeit, der Millionen Jahre in seiner Lebenszeit
durchwandert, selig (bei dem ?) großen Gott".

Dachbalken, rechter Teil: " Leben dem guten Gott, dem Ältesten des Geb,
dem Erst-(geborenen) aus dem Leib der Nut, göttlicher
Jüngling, göttlicher Erbe der Ewigkeit, Sohn dessen der
in seiner Scheibe ist, selig".

Der Schreinbalken ist mit aus der Mitte nach außen laufenden Texten so gestaltet, daß das Zeichen ⸕ zur Mitte steht und jeweils den Textbeginn bildet (... ⸕⸕ ⸕⸕ ...).

1) Für die Ausstattung von Osiris, s. B 35; in der Abb. Nr. 17 aus räumlichen Gründen nicht enthalten.
2) Nur bis "ruht" bei A. Piankoff, T 24 vermerkt.

Im Schaft des linken Opfertisches ist folgender Text untergebracht: "N 1, T, B 2, (T)(, E, Herr der Maat, (E)(, von Osiris-Chontamenti geliebt, der selig ist".[1]

e) Das Nutbild (B 149 - 159)

Die Gestaltung der Decken des 3. Korridors, des Schachtraums und des durch die Pfeiler begrenzten Mittelteils des 1. Pfeilersaales sind ebenfalls der Sonnenfahrt vorbehalten. Über die drei genannten Räume übergreifend, jeweils unterbrochen durch die Türstürze der Durchgänge D/E und E/F, wird das Nutbild mit dem Buch vom Tage und dem Buch von der Nacht wiedergegeben. Der Oberkörper der Göttin Nut grenzt unmittelbar an die Doppelform des Osiris im Schrein auf der Rückwand des 1. Pfeilersaales an[2] und umschließt von der Decke aus als 3. und 4. Komponente der Unterweltsfahrt des Sonnengottes das Osirisbild. Die Anordnung der 4 Bücher im Grab Ramses' VI. ist der Abbildung Nr. 18 zu entnehmen.

Die Ausrichtung der 4 Bücher innerhalb des Grabes bedarf der Erläuterung. Die Füße der Göttin Nut stehen zu Beginn des 3. Korridors auf der linken Deckenseite; ihr Körper läuft im 3. Korridor, im Schachtraum und zwischen den Pfeilern des 1. Saales entlang der rechten Deckenseite, somit berühren ihre Hände die linke Seite der Decke am Ende des 1. Pfeilersaales. Sie verschluckt die Sonne am Ende des 1. Pfeilersaales und gebiert sie am Beginn des 3. Korridors. Entsprechend beginnt mit der 1. Stunde das Buch von der Nacht am Ende des 1.Pfeilersaales und endet am Beginn des 3.Korridors, während das Buch vom Tage, wie das Pforten- und Höhlenbuch, in Richtung Grabinneres läuft.

Traditionell werden die Bücher mit der Nachtfahrt des Sonnengottes, z. B. das Amduat und Pfortenbuch, in den Königsgräbern zumeist unbeschadet der wahren Himmelsrichtung stets in das Grabinnere ausgerichtet.[3] Hierfür gibt die nachstehende Aufstellung einen Überblick. Die Grabachsen für die aufgeführten Gräber zeigen vom Grabeingang aus gesehen bei

Haremhab   nach Norden,

Ramses I.   nach Südwesten,

Sethos I.   nach Südwesten,

Ramses II.   nach Nordwesten, nach dem Achsenknick nach Nordosten,

1) Bei A. Piankoff nicht verzeichnet.
2) S. Abb. Nr. 16.
3) Anders in den Gräbern bis A. III. und bei Tutanchamun, in dessen Grab
   die 1. Std. des Amduat im Westen steht.

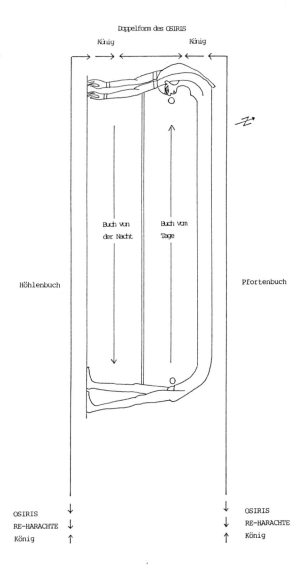

Schematische Zusammenfassung der Dekoration
im oberen Grabbereich
Abbildung Nr. 18

Merneptah	nach annähernd Westen,
Amenmesse	nach annähernd Süden,[1]
Sethos II.	nach Südwesten,
Siptah	nach Norden,
Tausert	nach Westen,
Ramses III.	nach Süden,
Ramses IV.	nach annähernd Westen,
Ramses VI.	nach annähernd Westen.

Im Grab Ramses' VI. sind entsprechend der traditionellen Übung das Pforten- und Höhlenbuch in das Grabinnere ausgerichtet, d.i. durch die Lage der Grabachse nach Westen. Die Sonnengeburt wird dementsprechend auf der Westwand, d.i. die Rückwand des 1. Pfeilersaales, abgebildet.
Die Deckendarstellung ist gegenläufig dargestellt, d.h. das Verschlucken der Sonne durch die Göttin Nut erfolgt entsprechend der wahren Himmelsrichtung im Westen und die Sonne wird im wahren Osten wiedergeboren. So beginnt die Fahrt des Sonnengottes im Buch vom Tage im Osten und endet im Westen, während das Buch von der Nacht die Reise des Sonnengottes entsprechend den wahren Himmelsrichtungen vom Westen zum Osten zeigt. Nach den Eingangsszenen im 1. Korridor - der König vor Re-Harachte und Osiris (li. in "lebender", re. in mumifizierter Form) - beginnen das Pforten- und Höhlenbuch, sie enden vor dem Schrein mit der Doppelform des Osiris (ausgestattet mit Attributen des Sonnengottes) am Ende des oberen Grabbereiches, im 1. Pfeilersaal, wie hier auch das im 3. Korridor beginnende Nutbild mit dem Buch vom Tage und der Nacht endet. Es handelt sich bei dieser Bildanordnung um ein über 5 Räume reichendes geschlossenes System, welches die zentrale religiöse Aussage des oberen Grabbereiches enthält. Es beschäftigt sich ausschließlich mit der Unterweltsfahrt des Sonnengottes[2] und enthält gleichzeitig seine Verjüngung und Wiedergeburt am Morgen des nächsten Tages in Ewigkeit.
Wie Re auf seiner Fahrt durch die Unterwelt den Seligen und Verklärten Licht und Leben in die Unterwelt bringt, so erlangen die Toten die Befreiung von der Mumiengestalt und ihre Lebensfunktion zurück; sie können sich mit ihrem Ba vereinigen und die Ganzheit der Person wieder herstellen.
"Der Ba ist der Hauptakteur in den Unterweltsbüchern. Im Gegensatz zum

1) Bis auf das nicht fertiggestellte Grab des Amenmesse befindet sich in jedem der aufgeführten Gräber eine in das Grabinnere gerichtete Darstellung der Unterweltsfahrt des Sonnengottes.
2) Im Höhlenbuch wird die Barke des Re nur im Schlußbild dargestellt, in allen anderen Darstellungen ist es die Sonnenscheibe, die für den Sonnengott steht.

<<Leichnam>> ist er an keinen Ort gebunden, sondern frei beweglich. Die ganze Nachtfahrt des Sonnengottes wird gelegentlich so beschrieben, als käme der Sonnengott in seiner Ba-Form vom Himmel herab in die Welttiefe <<wegen seines Leichnams>>, um in seinen Körper wie ein <<Bild>> einzutreten und ihn neu zu beleben.

Im Gefolge des Sonnen-Ba kommen die Bau aller seligen Toten in die Unterwelt. Das erneute Schöpferwort bewirkt, daß sie sich auf den Körpern im Totenreich niederlassen und für die Dauer der Nachtfahrt auf ihnen verweilen, um dann mit dem Sonnengott zum Himmel zurückzukehren. Sie sind es, mit denen der Sonnengott seine nächtliche Zwiesprache hält, die ihm antworten und ihn bejubeln".[1]

Das Nutbild und der König

Vergleich zwischen dem oberen Grabbereich und der Sarkophaghalle:

Die Tagesfahrt der Sonnenbarke beginnt mit der Geburt der Sonne aus dem Schoß der Göttin Nut und setzt sich über die 12 Tagesstunden in das Grabinnere fort, bis die Göttin Nut am Ende des 1. Pfeilersaales die Sonne verschluckt. Das Buch vom Tage nimmt ebenfalls eine Deckenhälfte der Sarkophaghalle ein, während die andere Hälfte das Buch von der Nacht zeigt (B 186-196). Jedes der beiden Bücher wird in der Sarkophaghalle jeweils von der Göttin Nut umschlossen. Hingegen werden das Buch vom Tage und das Buch von der Nacht im oberen Grabbereich auf drei Räume verteilt: 3. Korridor, Schachtraum und 1. Pfeilersaal und werden gemeinsam von einem Nutbild umschlossen. Die beiden Bücher stehen somit im oberen Grabbereich und in der Sarkophaghalle auf sehr unterschiedlich großen und abweichend proportionierten Flächen. Hierauf sind die erheblichen Differenzen in der Bild- und Textanordnung im oberen und unteren Grabbereich zurückzuführen. A. Piankoff hat auf die beträchtlichen Beschädigungen der beiden Bücher an den Decken des oberen Grabbereiches hingewiesen und deshalb die Ausführung an der Decke der Sarkophaghalle übersetzt. Grundlage für die nachfolgende Untersuchung ist deshalb das Buch vom Tage und das Buch von der Nacht aus der Sarkophaghalle; die vorliegenden Abweichungen im oberen Grabbereich werden jeweils gesondert vermerkt.

Zum Beginn und Ende des Tageslaufes ist der König besonders herausgestellt worden.

Unmittelbar neben der aus dem Schoß der Nut geborenen Sonne werden die beiden Kartuschen des Königs wiedergegeben. Zum Text der Sonnengeburt ist in

1) E. Hornung, Unterweltsbücher, S. 36 f. (mit einigen Auslassungen innerhalb des Zitates).

der Sarkophaghalle (im 3. Korridor nicht vorhanden oder nicht mehr erkennbar) hinzugefügt: "König von Ober- und Unterägypten, Herr Beider Länder (T)| , Sohn des Re, sein leiblicher, Herr der Diademe (E)| , er betet RE an: <<Geh doch auf, RE, geh doch auf, damit du (deine) Verwandlungen durchläufst !>>".[1] Unmittelbar vor dem Verschlucken der Sonne durch die Göttin Nut wird der König kniend dargestellt. Ihm ist beigeschrieben (der Text ist im oberen Grabbereich stark zerstört): "RE preisen wenn er untergeht im Leben. König von Ober- und Unterägypten, Herr Beider Länder (T)| , Sohn des Re, Herr der Diademe (E)| . Er veranlaßt, daß die Barke des RE wiederkehrt in Frieden, während die Mannschaft des RE in Freude ist". Zusätzlich ist im 3. Korridor angefügt: "Jubilation which they make brings life and prosperity, numerous jubilees to the King of Upper and Lower Egypt, Nebmare Miamun, Son of the Sun, Lord of Diadems, this Ramesses VI, the justified one".[2]
Zu den Texten der einzelnen Stunden gibt es für den König folgende Vermerke:

7. Stunde: "König von Ober- und Unterägypten, Herr Beider Länder (T)| , Sohn des Re, Herr der Diademe (E)| , der selig ist". Der Text für den König ist dem Text zur 7. Stunde vorangestellt.

8. Stunde: wie 7. Stunde, nach (E)| zusätzlich: "geliebt von Osiris-Chontamenti".

9. Stunde: wie 7. Stunde, nach (E)| zusätzlich: "geliebt von Osiris-Chontamenti, dem großen Gott, dem Herrn von Abydos".

11. Stunde: "König von Ober- und Unterägypten (T)| , Sohn des Re, Herr der Diademe (E)| , dem Leben gegeben wird (von?) Meresger, Gebieterin des Westens, (und?) König von Ober- und Unterägypten (T - A.I)| [3], dem Leben gegeben wird, Sohn des Re (E - A.I)| [2], selig, ewiglich".

Der Vermerk für die 11. Stunde findet sich nur im oberen Grabbereich, die Vermerke zu der 7. - 9. Stunde stammen aus der Sarkophaghalle, scheinen jedoch auch im oberen Grabbereich vorhanden gewesen zu sein (T 400).
Außer dem Einschub weiterer Kartuschen des Königs in die Bild- und Textdarstellungen, sind noch folgende Vermerke für den König von Bedeutung:
Die Zugmannschaften für die erste und letzte Barke werden im oberen Grab-

1) E. Hornung, Unterweltsbücher S. 488.
2) Der Text ist stark zerstört und wird deshalb im Wortlaut gebracht (T399).
3) Titel und Namen Amenophis' I., vergöttlicht als Herr der Nekropole von Theben.

bereich von dem König, ausgewiesen durch die beidseitig von Uräen flankierte Sonnenscheibe über ihm, angeführt. (B 150, 153, 157 - 159). Der König speert den im Wasser vor der Barke befindlichen Apophis;[1] die Darstellung wird dreifach gegeben und ist im oberen Grabbereich und der Sarkophaghalle vorhanden. Der König wird unterhalb der Sonnengeburt (Sark.-Halle) und im 1. Register (ob. Grabbereich) 16fach in einer Prozession mit erhobenen anbetenden Händen dargestellt. Der unterschiedlich vorhandene Raum im oberen Grabbereich und der Sarkopahghalle ist an dieser Szene gut abzulesen: die Königsdarstellungen in der Sarkophaghalle sind dadurch gedrängter, daß sie zweifach gestaffelt gebracht werden, während im 3. Korridor die Königsdarstellungen vereinzelt, d.h. auseinandergezogen gezeigt werden. Zwischen den Königsfiguren steht jeweils eine Kartusche des Königs[2]. Die Darstellungen des Königs oder die für ihn eingeschobenen Vermerke lassen folgenden Schluß zu:

- Der König ist bei der Sonnengeburt und dem Sonnenuntergang jeweils anwesend, denn "er preist RE" angesichts dieses Vorganges.
- Der König ist in den Stunden des Tages jeweils anwesend, siehe hierzu seine Vermerke zu den einzelnen Stunden.
- Er ist an der Fahrt des Sonnengottes über den Tageshimmel als "Helfer" beteiligt, denn einerseits gehört er zweitweise zur Zugmannschaft der Barke, andererseits kämpft er gegen den Feind des Sonnengottes, Apophis, der die Barke bedroht.

Aus keiner der Darstellungen ist ersichtlich, daß der König in der Tagesbarke des RE mitfährt.

Die Nachtfahrt des Sonnengottes beginnt mit den Armen der Nut und endet mit den Beinen der Göttin im oberen Grabbereich. Zwischen den Armen der Göttin steht der König allein und ohne jegliche Beischrift, er repräsentiert offensichtlich die 1. Stunde. Das wird daraus ersichtlich, daß sich die 2. Stunde von der Innenkante des inneren Armes bis zu dem senkrechten Schriftband mit dem Text zur 2. Pforte erstreckt.

Die elf Pforten zwischen den Stunde der Nacht trennen durch ihre senkrechten Textleisten auch danach die Stunden. Nach der Pfortenzahl wird der Name der Wächterin genannt. Die Namensgebung zeigt, daß die Wächterinnen "ihrem Herrn" dienen oder nützen, d.h. Re, dem Sonnengott. In den Texten

1) Hierbei wird dem König durch 2 weitere Gottheiten geholfen.
2) Ein geringfügiger Unterschied besteht zwischen dem oberen Grabbereich und der Sarkophaghalle in der Wahl der Königskartuschen.

der Sarkophaghalle sind die Pfortenwächterinnen der Nacht unmittelbar mit
dem König verbunden worden, z.B.:

5. Pforte: "Herrin des Lebens, im Namen des Königs von Ober- und Unterägypten,[1] dem Herrn Beider Länder (   ) , Sohn des Re, Herrin
der Freude, die im Himmel ist, (des) Herrn der Diademe (   ) ,
von Ptah-Sokar geliebt".

7. Pforte: "Oberste, die für ihren Herrn kämpft, im Namen des Königs von
Ober- und Unterägypten, dem Herrn Beider Länder (   ) , Sohn
des Re, Herr der Diademe, Herrin des Gerichtes (rj.t) //// im
Westen (   ) , wie Re".

10. Pforte: "die ihren Herrn schützt, in dem großen Namen des Königs von
Ober- und Unterägypten, dem Herrn Beider Länder (   ) , Sohn
des Re, Herr der Diademe (   ) , selig bei den Göttern des
Totenreiches (jgr.t)".

Im oberen Grabbereich fehlt der Einschub mit den Vermerken für den König,
lediglich in der 5. (?) Stunde folgt in geringem Abstand zur Pfortenbe-
zeichnung eine weitere senkrechte Textleiste, welche die Namen und Titel
des Königs trägt. Der Raum für die Darstellungen und Texte ist im oberen
Grabbereich (3 Räume) gegenüber der Sarkophaghalle (1 Raum) außerordent-
lich gedrängt und ist in der Höhe erheblich geringer, so daß allein aus
dem Platzmangel das Fehlen dieser königlichen Vermerke erklärt werden kann.
Hierfür spricht auch,daß außer den abweichenden Anordnungen durch den veränderten Raumbedarf, keine anderen signifikanten Unterschiede festzustellen sind. In den Nachtstunden wird die Barke des Re von einer Zugmannschaft
gezogen. Nach dem "god who guards the portal"[2] folgt der König am Seil,
gekennzeichnet jeweils mit der von Uräen flankierten Sonne über seinem
Haupt.[3] Ein weiterer Vermerk ist für den König in der 12. Stunde gegeben:
"Der Gott, der in dieser Stunde der Führer dieses Gottes (Re) ist, ist
Pautj-Nentj der König von Ober- und Unterägypten, Herr Beider Länder (   )
Sohn des Re, Herr der Diademe (   ) , (geliebt) von Ptah am Platz der
Schönheit".[4]
Die Vermerke für den König und seine Darstellung geben im Buch von der
Nacht folgende Anhalte:
- Der König ist mit den jeweiligen Wächtern der Nachtstunden, die dem Re

1) ♀ ⌇ ⌇ ✦✦
2) T 409.
3) Im oberen Grabbereich in B 156 fast unkenntlich und B 155 zerstört. In
   der Sarkophaghalle nur bei den ersten drei und der letzten Zugmannschaft vorhanden.
4) T 426, nur in der Sarkophaghalle lesbar.

dienen, verbunden, wenn nicht sogar gleichgestellt.

- Er ist der Zweite in der Zugmannschaft der Nachtbarke des Re.

Wiederum ist der König, wie im Buch vom Tage, auch im Buch von der Nacht als "Helfer" des Re beteiligt, ohne daß seine unmittelbare Teilnahme als Insasse der Barke ersichtlich ist.[1]

Bedeutsame Unterschiede zwischen den Darstellungen des Königs und seinen Vermerken in dem Buch vom Tage und dem Buch von der Nacht sind im oberen Grabbereich und der Sarkophaghalle nicht zu erkennen.

Der Schachtraum besitzt eine etwas größere Breite, als der vorangegangene 3. Korridor und der folgende Durchgang zwischen den Pfeilern des 1. Saales, die sämtlich das Nutbild mit dem Buch vom Tage und von der Nacht an der Decke enthalten. Die etwas größere Breite des Schachtraumes hat einen freien Raum geschaffen, der seitlich des Nutbildes zur Aufnahme parallel laufender Textbänder mit den Königsnamen und -titeln geführt hat. Die Texte lauten:

links : "H, H 1, N 1, T, B 2, E , geliebt von Amun-Re, König der Götter,
        Herr des Himmels, Herrscher von Theben".

rechts: "H, N 1, T, B 2, E, geliebt von Osiris-Chontamenti".[2]

f) Die Pfeilerseiten des 1. Pfeilersaals (B 63 - B 69)

Die unterschiedliche Funktion von Seele und Körper ist im 1. Pfeilersaal (Pfeiler Ab) dem König beigeschrieben:

        "Dein Ba gehört dem Himmel wie Re,
        dein Körper gehört der Erde wie Osiris".[3]

Die Pfeilerseiten im 1. Pfeilersaal, die dem Grabinneren zugewendet sind, tragen gleichermaßen die Bilder der Götter des Himmels und der Unterwelt.[4]

1) Obgleich im Spruch 100 TB die Mitfahrt der Toten in der Sonnenbarke als Wunsch des Verstorbenen bekannt ist, siehe E. Hornung, Totenbuch, S. 198 f. und Anm. S. 477, ebenso Spruch 102 TB. So auch in Abydos, dort steht Sethos I. im Naos hinter dem Sonnengott, T 409.
2) Die beiden Textbänder sind bei A. Piankoff (T 16 u. B 161, 161 a) bezüglich der Seiten links und rechts vertauscht.
3) Der Text auf der Pfeilerseite Ab gleicht dem gegenüberstehenden Text an der linken Seitenwand zur 11. Pforte des Pfortenbuches: "Dein Ba gehört dem Himmel, dein Leichnam gehört der Erde, der du (deine) Größe selber bestimmt hast!" Es handelt sich offensichtlich um eine geplante Parallele, denn der König geht auf der Pfeilerseite Ab parallel zum Pfortenbuch gleichermaßen in Richtung Grabinneres und ihm steht auf der Pfeilerseite Ac der widderk. Amun-Re als "Herr des Himmels" und "Herrscher über die Götterneunheit in der Dat" gegenüber.
4) Die Pfeilerbezeichnung weicht von A. Piankoff, T 20 ab. Es wird die zumeist verwendete Einteilung, beginnend mit der zum Eingang zeigenden Seite und folgend im Uhrzeigersinn gewählt.

Ac: "Amun-Re (widderköpfig), König der Götter, Herr des Himmels, Herrscher über die Götterneunheit in der Dat".

Cc: "Es spricht Re-Harachte (falkenköpfig), der große Gott, Herr des Himmels, Herrscher über die Götterneunheit". Davor: "Ich habe dir den Süden, den Norden, den Westen und den Osten, alle Fremdländer unter deine Sohlen gegeben, alle Länder sind zu deinen Füßen".

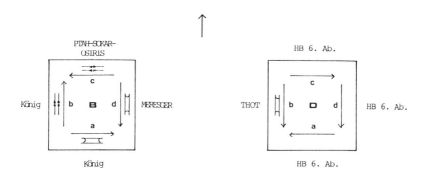

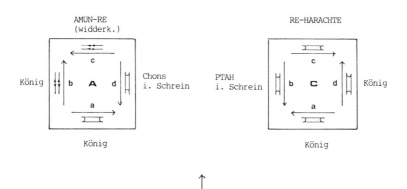

Die Dekoration der Pfeilerseiten
im l. Pfeilersaal

Abbildung Nr. 19

Bc: "Ptah-Sokar-Osiris (menschenköpfig mit gelösten Gliedern) Chontamenti, selig".[1]

Die vier, den Durchgang durch die Pfeiler flankierenden Gottheiten erscheinen paarweise; im Schrein in mumienförmiger Gestalt.

Ad: "Chons (mit Geissel und Szepter wie Osiris, den Uräus an der Stirn, Mondscheibe und -sichel über dem Haupt), nfr ḥtp,[2] im Mysterium von Chons".

Cb: "Ptah, der Große, in der Stätte der Schönheit" (d.i. die königliche Nekropole).

Gegenüber stehen sich die Göttin der Nekropole (li.) und der Schreiber des Osirisgerichtes (re.).

Bd: "Es spricht Meresger (mit Hathorgehörn und Sonnenscheibe, menschenköpfig), Gebieterin des Westens".[3]

Db: "Es spricht Thot (ibisköpfig mit Mondscheibe und -sichel über dem Haupt), Herr der Achtheit, Schreiber der Götterneunheit".

Die Pfeilerseiten Da, c+d sind mit Teilen des 6. Abschnittes des Höhlenbuches versehen. Offensichtlich war es wichtiger, die vollständige Fassung des Höhlenbuches wiederzugeben, die auf den Wänden nicht untergebracht werden konnte, als, wie zu erwarten, auf der Pfeilerseite Dc eine Form des unterweltlichen Osiris und auf den Seiten Da und Dd den König abzubilden.[4] So fehlt Thot, als dem einzigen auf dem Pfeiler abgebildeten Gott, der ihm sonst zugewandte König. Der König ist auf den Seiten Aa und b, Ba und b, Ca und d dargestellt:

Aa, vor Chons: "T, E, ich habe dir die Unabsehbarkeit von ḥb-sd-Festen gegeben /////, selig";

Ab, vor Amun-Re: "T, E, deine Seele gehört dem Himmel wie Re, dein Leib gehört der Erde wie Osiris";

Ba, vor Meresger: "T, E, aller Schutz, Leben, Dauer und Heil sind um ihn, wie um Re in Ewigkeit und unabsehbar bei den Herren der Maat";

1) Die Pfeilerseite Bc steht unmittelbar der Rückwand des Raumes und damit der Osirishalle gegenüber. Wie Osiris in der Osirishalle Attribute des Sonnengottes zeigt, so auch Ptah-Sokar-Osiris, der die Sonnenscheibe über sich aufweist und in der Form des "Lebenden" dargestellt wird.
2) Eigenname des Chons.
3) Es folgt nach ⌒ noch ⊟, bei A. Piankoff, T 22, unübersetzt geblieben. Nach WB II, 17 als m3ᶜ-ḫrw zu lesen.
4) Der interessante Versuch von U. Rössler-Köhler, Bibl. Orient. XLIII (1986) S. 288 ff. die Pfeilerseiten des 1. Pfeilersaales auf die Götterdarstellungen des Vorraums zu beziehen, ist bei R. VI. nicht möglich. Weder ist das Pfeilerprogramm vollständig, noch sind im Vorraum vergleichbare Götterdarstellungen wiedergegeben.

Bb, vor Ptah-Sokar-Osiris: "T, E" (kein weiterer Text);

Ca, vor Ptah im Schrein: "T, E, Weihrauch geben seinem Vater /////".

Schutz, Leben, Dauer und Heil sind um ihn, wie um Re, immerdar";

Cd, vor Re-Harachte: "T, E, ich habe dir den Süden, den Norden, den Westen und den Osten, alle Fremdländer unter deine Sohlen gegeben, alle Länder sind zu deinen Füßen".

Folgende Besonderheiten sind zu vermerken:

Die Beischriften zum König auf den Seiten Aa, Ab und Cd sind Zueignungen, die üblicherweise die Götter zum König sprechen. Hier handelt es sich eindeutig um Beischriften zum König, die nach der Schreibrichtung an den jeweiligen Gott gerichtet sind. Auf den linken Pfeilern trägt der König auf der Seite

Aa: die von Uräen umschlossene Sonnenscheibe über sich (die Uräen sind jeweils mit einer Krone Ägyptens versehen);

Ab und Ba: der König trägt eine Sonnenscheibe über sich (ohne Uräen);

Bc: Ptah-Sokar-Osiris-Chontamenti wird mit gelösten Gliedern dargestellt und als m3^c-ḥrw bezeichnet (!). Er trägt die gleiche Sonnenscheibe über sich, wie der König auf den Seiten Ab und Ba, während der vor ihm opfernde König die Scheibe nicht aufweist und in keiner seiner 6 Abbildungen als "selig" bezeichnet wird;

Cd und Cc: der König steht vor Re-Harachte. Die Zueignungen sind gleich, d.h. der König und Re-Harachte geben sich wechselseitig die gleiche Zuweisung: "ich habe dir den Süden, den Norden ... unter deine Sohlen gegeben ... usw".

Über der bildlichen Darstellung von Gottheiten oder dem König[1] ist jeweils ein Uräenfries und eine Figurenprozession in zwei unterschiedlichen Fassungen wiedergegeben (s. Abb. Nr. 20). A. Piankoff gibt hierfür folgende Erläuterungen:

"... and on the sign ⲛⲁ a procession of deities representing the name of the king Nebmare Miamun, in enigmatic writing".[2]

"... and on the double sign ⟶ a procession of gods representing the name of Ramesses VI in enigmatic writing" (T 21).

Die Lesung der aenigmatischen Schreibung der Königsnamen in dem Figuren-

1) Auf den vom Höhlenbuch eingenommenen Pfeilerseiten fehlt diese Darstellung.
2) Anm. 16, S. 21: "A kind of rebus in which every figure represents one or many signs of the king's name".

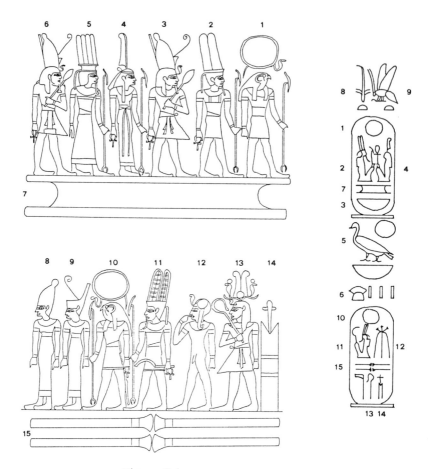

Figurenfries

über den Bilddarstellungen der Pfeiler

Zum Vergleich:

Titel und Namen

Abbildung Nr. 20

fries ist nach E. Hornung[1] wie folgt (die Numerierung ist aus dem Figurenfries und den Königsnamen zu entnehmen):

" 1 = r^c

  2 = jmn

  3 = nb (König)

  4 = m3^{c}t

1) Ich danke hier E. Hornung, der mir die obige schriftliche Mitteilung
für meine Publikation zur Verfügung gestellt hat. Hierzu noch seine
folgenden Anmerkungen: (folgende Seite, Anm. 1-4).

5 = z3-r^c (Beiname des (Schu-) Onuris)[1]

6 = nb-ḫ^{c}w (König als nb, Kronen = ḫ^{c}w)

7 = mrj

8 = nsw.t[2]

9 = bjt[2]

10 = r^c

11 = jmn-ḥr-ḫpš.f (Amun mit zusätzlichem ḫpš)

12 = ms (Kind)

13 = ḥq3 (König mit ḥq3-Szepter)[3]

14 = jwnw

15 = ss (w)

Die Schreibung des Königsnamens mit Gottheiten als Kryptogramm ist seit Thutmosis I. belegt, wird aber in der Ramessidenzeit[4] beliebt und dokumentiert die Vergöttlichung des Königs in besonderer Eindringlichkeit. Wie er in der "Gliedervergottung" Glied für Glied zum Gott wird, so wird sein Name hier Konsonant für Konsonant göttlich."

Durch die Ausstattung von 3 Pfeilerseiten mit dem Höhlenbuch bleibt das Einteilungskonzept für die Figurengruppen eine Vermutung. Es scheint folgendes möglich:[5]

Die Gottheit und der vor ihr stehende König (an jeweils der in Blickrichtung folgenden Pfeilerseite) haben die gleiche Gruppe.

Die dem Grabeingang und der Mittelachse zugewendeten Figuren haben die gleiche Gruppe ⲭⲭ.

Die dem Grabinneren und der Seitenwand zugewendeten Pfeilerseiten haben links die Gruppe ⲭⲭ und rechts die Gruppe ⲭⲭ(?).

Diese Einteilung kann bedeuten, daß der Thronname beim Betreten des Saals und dem Durchgang durch die Pfeiler, d.h. der Weg ins Grabinnere, als bedeutungsvoller angesehen wurde. Hierfür spricht auch, daß der Figurenfries

1) "E. Drioton, RdE 2, (1935), 3 (f) und ASAE 40, (1940), 317 (13).
2) A.a.O., ebenso in Abydos, RdE, 2, 4 und 5 (c).
3) Im letzten Beinamen (13/14) vermißt man ein nṯr - es sei denn, die Königsfigur mit Federkrone, die das ḥq3-Szepter hält, sei als nṯr zu lesen.
4) Wie bei den Parallelen (vor allem Sethos I. und Ramses II.) sind die Götter teils mit ihrem eigenen Namen zu "lesen", teils in übertragener Bedeutung, wie (Schu-)Onuris als "Sohn des Re", Month als "stark" (nḫt), Amun und Month als "starker Stier", usw. Umstellungen in der Reihenfolge sind in der Kryptographie durchaus üblich. Das obige Kryptogramm ist bei E. Drioton nicht verzeichnet.
5) In das Dekorationsschema der Pfeiler (Abb. Nr. 19) sind die beiden Gruppen entsprechend eingearbeitet.

noch einmal im Grab, in der Sarkophaghalle, nur mit dem Thronnamen verwendet wird. Auf der Vorderseite des nicht ausgehauenen Pfeilers E (2. Pfeilerreihe) wird oberhalb der Darstellungen aus dem Buch von der Erde das mrj-Zeichen mit den 5 ersten Figuren wiedergegeben, demnach nur der Thronname nb-m3^{c}t-R^{c}mrj Imn, ohne das im 1. Pfeilersaal folgende nb ḫ^{c}w der 6. Figur als Titelteil zum Eigennamen.

Die aenigmatische Schreibung hebt hier nicht nur die Namen des Königs hervor, sondern ist, wie E. Hornung oben ausführt, eine Form der Vergöttlichung, die auch innerhalb der Osirishalle an der Rückwand des gleichen Raumes, des 1. Pfeilersaals, vorgenommen wird.

g) Der Raumdurchgang E/F (B 28 + 57)[1]

Die Durchgänge zwischen den Räumen sind bis auf eine Ausnahme (E/F) gleich konzipiert: die zum Grabeingang gewendete Seite ist beidseitig mit Königstexten und am Sturz mit der geflügelten Sonne ausgestattet; die Laibungen tragen Königstexte und das Deckenteil des Sturzes ist jeweils mit einem Geier, mit ausgebreiteten Schwingen und einem Wedel in jeder Kralle dekoriert. Nur die zum Grabeingang gewendeten Seiten des Durchganges E/F sind mit einem Text zu einem Gott ausgestattet:

links : "Re-Harachte, unter dessen Leitung die Ewigkeit ist, wenn er die Dat betritt. <<Der auf seinem Bauch ist>>[2] ist einer, der nicht nahe kommt. /// König von Ober- und Unterägypten /// Herr der beiden Länder ///".

rechts: "Re-Harachte, Atum, Herr Beider Länder und Heliopolis, die Seele (Ba), die unabsehbar bis in Ewigkeit Besitz ergreift ///, Sohn des Re, Herr der Diademe (E)ᶜ , ewiglich".

Der Text zu Re-Harachte kann an dieser Stelle nur als "Ankündigung" des nächsten Raumes, des 1.Pfeilersaales, verstanden werden.[3] Wie die vorangegangenen Räume sind die Decken und Wände des 1. Pfeilersaales mit den Büchern der Unterweltsfahrt des Sonnengottes bedeckt. Erst mit dem 1. Pfeilersaal schließt sich der Kreislauf, erfolgt die Sonnengeburt und das Ver-

1) Dieser Raumdurchgang ist für das Konzept des 1. Pfeilersaals von Bedeutung und wird deshalb hier aufgeführt. Für die Zusammenstellung der Raumdurchgänge siehe Abschnitt IV/3c.
2) Anm. 12, A. Piankoff, T 18: "The evil serpent, one of the guardians of the Netherworld".
3) Siehe hierzu eine vergleichbare Ankündigung zum Ablauf im 1. Pfeilersaal in den Gräbern des Haremhab und Sethos' I., rechte Rückwandseite, F. Abitz, König und Gott, S. 174.

schlucken der Sonne im Zusammenhang mit dem Doppelbild des Osiris, welches mit den Attributen des Re ausgestattet ist.

h) Die astronomischen Deckenbilder (B 142 - 148, 162 -171)

Die Decken des 1. und 2. Korridors sowie die linke und rechte Seite des 1. Pfeilersaales[1] tragen folgende astronomischen Darstellungen:

1. Register: Dekansterne und Planeten.[2]

2. Register: In der Mitte das nördliche Sternbild, auf welches die das Bild begleitende Götter links und rechts zugehen.

3. Register: Die ramessidische Sternenuhr[3] mit jeweils 12 der 24 halbmonatlichen Intervalle, darunter jeweils eine Abbildung des zugehörigen sternbeobachtenden Priesters (targetpriest).

Die vier verschiedenen Deckenbilder unterscheiden sich in einigen Details, ohne daß eine inhaltliche Abweichung erkennbar wird. Die Verteilung der 24 halbmonatlichen Intervalle der ramessidischen Sternenuhr wurde wie folgt vorgenommen:

1. Korridor: 1 - 12 (das obere Register ist links = an der Südseite ange-(bracht,

2. Korridor: 13 - 24 (die Darstellungen laufen in das Grabinnere.

1. Pfeiler-saal,li.: 1 - 12 ((demnach links vor rechts, wie üblich. Dadurch, daß

1. Pfeiler-saal,re.: 13 - 24 (das obere Register jeweils zur Mitte des Saales be-(ginnt, laufen die Darstellungen zur linken Seite (zum Grabeingang.

Der König wird ohne weitere ihn begleitende Texte, jedoch stets mit der Kartusche seines Thronnamens, anbetend dargestellt. Die Anbetung gilt: linke Deckenseite (= 1. Korridor): Orion in seiner Barke und dem Phoenix, rechte Deckenseite (= 2. Korridor): wie links, zusätzlich vor der fischgestaltigen Wiedergabe des Schoßes der Nut.

1) Der Durchgang zwischen den Pfeilern wird vom letzten Teil des Nutbildes eingenommen.
2) Es ist auffällig, daß in drei Fällen die Planeten Jupiter (2. Korr. u. 1. Pf.-S., re.), Saturn (1.Pf.-S., re.) und Mars (2. Korr.) Re, d.h. mit dem Namen des Sonnengottes bezeichnet werden, nicht jedoch Merkur und Venus, EAT III, Text, S. 177 ff.
3) Sie kommt nach bisheriger Kenntnis nur in drei Königsgräbern vor: Ramses' VI., Ramses' VII., Ramses' IX., EAT III, Text S. 1 und EAT II, S. 1 ff.

Ein unmittelbarer Nutzen für eine zeitliche Orientierung innerhalb des Königsgrabes ist durch die obigen astronomischen Darstellungen nicht zu erkennen. Die abgebildeten Stellungen der Sterne zueinander stammen aus der
Zeit ihrer erstmaligen Verwendung, wurden dann als Bild in gleicher Weise
stets wiedergegeben und liegen zeitlich Jahrhunderte vor Ramses VI.[1]. Als
Zeitorientierung können sie weder für die Zeit des königlichen Begräbnis-
ses noch für das künftige jenseitige Leben dienen. Für den königlichen Toten ist jedoch die Darstellung eines realen Sternenhimmels in seinem Grab
von elementarer Bedeutung. Sie gewährleistet dem König zu den unvergängli-
chen Sternen aufzusteigen und selbst zum Stern zu werden; eine Vorstellung,
die seit der Pyramidenzeit besteht und auch für die Königsgräber seit Sethos I.nachgewiesen werden kann.[2] Die Darstellung des Königs in den oberen Registern der genannten astronomischen Decken scheint demnach auch mit
dem Himmelsaufstieg des Königs zusammenzuhängen.[3]

i) Das Buch von der Himmelskuh in der linken Nische des 3. Korridors
   (B 53, T 225 f.)[4]

Teile des Buches von der Himmelskuh sind in der linken Nische am Ende des
3. Korridors untergebracht.[5] Außer diesem kurzen Abschnitt ist kein weiterer Text des Buches im Grab Ramses' VI. dekoriert. Sowohl der Ort der
Unterbringung als auch die Wahl der Textstellen scheint ungewöhnlich.
Nach E. Hornung[6] ist das Buch in 4 Abschnitte einzuteilen:

I.   Vernichtung des Menschengeschlechts.
II.   Einrichtung des Himmels.
III. Einrichtung der Unterwelt.
IV.   Macht durch Zauber (Verse 272 - 330).

In der Nische sind die Verse 272 - 299, 306 - 312, 319 - 321 (?)[7] untergebracht, d.h. der letzte Abschnitt: Macht durch Zauber, ohne die Rezita-
tionsvorschrift und die Apotheose des Zauberers. Dafür ist bei Ramses VI.

1) Nutzen der Dekanlisten auch bei EAT, Text, S. 167.
2) Der Himmelsaufstieg des Königs zu den Sternen in den Königsgräbern wurde ausführlich in F. Abitz, Statuetten in Schreinen, S.107 f.behandelt.
3) S. hierzu auch die zusätzliche Deutung durch E. Hornung, Zur Bedeutung
   der ägyptischen Dekangestirne, GM 17 (1975), S. 35 ff.
4) Obgleich das Buch bereits im 3. Korridor erscheint, ist es an das Ende
   der Erläuterungen zum oberen Grabbereich gesetzt, um den Zusammenhang
   der Hauptdekorationen nicht zu zerreißen.
5) Teile des Textes sind zerstört.
6) E. Hornung, Himmelskuh, S. 75.
7) Das Textende ist zerstört, so daß offen bleibt, ob der Vers 321 vorhanden gewesen ist.

dem Beginn ein jetzt zerstörter Spruchtitel vorangestellt.[1]

Einen unmittelbaren Bezug der Texte aus dem Buch von der Himmelskuh zu den Texten oder Bildern im 3. Korridor oder im folgenden Schachtraum[2] kann ich nicht belegen. Es sei daran erinnert, daß in der gleichen gegenüberliegenden Nische die Texte des Höhlenbuches fortlaufend durchdekoriert wurden, damit ist ein Vergleich beider Nischen nicht möglich. Ferner ist nach der Ausführung des Reliefs und dessen fehlender Bemalung mein Eindruck, als ob die linke Nische später, d.h. nicht zusammen mit dem sie umgebenden Pfortenbuch gestaltet wurde, möglicherweise erst nach Abschluß der Arbeiten im oberen Grabbereich. Die Auslassungen von Versen und die königlichen Einschübe zeigen, daß die Textstellen für das Grab gezielt ausgewählt worden sind und keineswegs der verwendete Text für das ganze Buch stehen sollte, wie es z.B. in den Gräbern von Tutanchamun und Eje für das Amduat der Fall ist.[3] Hier wurde vielmehr der Schluß des Buches verwendet, so daß kaum zu erwarten ist, daß weitere Teile in der unfertigen Sarkophaghalle oder den nicht ausgeführten Nebenräumen geplant waren.

Die Einschübe für den König geben Aufschluß, warum die Texte ausgewählt worden sind:

Vers 275 - 276: "Ich bin es, der den Himmel geschaffen und [ihn] befestigt hat, um die Ba's der Götter in ihn hineinzusetzen. Ich bin mit ihnen bis an das Ende der Zeit, Osiris König Herr Beider Länder (T)(, der selig ist, ist mit ihnen bis an das Ende der Zeit".[4]

Vers 287 - 290: "Ein Mensch soll sprechen, damit er seinen Schutz durch Zauber bewirkt.
///// E)([5] ist jener reine Zauber, der im Mund und im Leib des Re ist.
Ihr Götter haltet euch fern von ihm, dem Sohn des Re, dem Herrn der Diademe (E)(
(denn) ich bin Re, der Leuchtende!"

Vers 293 - 295: "Auf dein Gesicht du Feind des Re - der König von Ober- und Unterägypten, Herr Beider Länder (T)(ist der Ba, der Zauber!"

1) E. Hornung, Himmelskuh, Anm. 184, S. 69.
2) Die Dekoration der Nischen von S. I. - R. III. bezog sich inhaltlich auf den folgenden Schacht im Schachtraum.
3) In der Sarkophaghalle beider Gräber ist das Bild der 1. Stunde für das Amduat dekoriert.
4) Königstext nach A. Piankoff, T 225, Anm. 4.
5) Die zerstörte Stelle könnte für die Titel mit Thron- und Eigennamen ausreichen.

Die Texte wurden offensichtlich ausgewählt, um dem toten König zu gewährleisten, daß er mit den Ba's der Götter im Himmel bis an das Ende der
Zeit ist, ihn mit Re zu identifizieren und um seine Zaubermächtigkeit zu
dokumentieren. Bemerkenswert ist die Unterscheidung im königlichen Titel
im Vers 276 und 289: als Osiris König steigt er zum Himmel auf, als Sohn
des Re wird er mit Re identifiziert.

Der Text innerhalb der Nischeneinfassung in der linken Korridorwand ist
so stark zerstört, daß eine zusammenhängende Lesung nicht mehr möglich ist.
Die verbliebenen Spuren deuten auf einen vergleichbaren Text zur gegenüberliegenden Nischenumrandung hin, d.h. er bestand fast nur aus Königsti-
teln und -namen und gibt damit keinen weiteren Beitrag zum Buch von der
Himmelskuh.

2. Das Bildprogramm im unteren Grabbereich

Die Räume des unteren Grabbereiches werden durch das Bildprogramm in 3
Abschnitte gegliedert:
- die Korridore mit den 11 Stunden des Amduat,
- der Vorraum mit Teilen des Totenbuches,
- die Sarkophaghalle mit dem Buch von der Erde.[1]

a) Der Abgang zum unteren Grabbereich

Der untere Grabbereich beginnt mit der aus dem 1. Pfeilersaal nach unten
führenden Rampe, die in das kurze Korridorteil übergeht, welches vor dem
4. Korridor liegt. Nach E. Thomas[2] ist in den Gräbern von Haremhab und
Sethos nachgewiesen worden, daß der zu dieser Zeit noch aus der linken,
hinteren Ecke des 1. Pfeilersaales als Treppe ausgebildete Abgang in den
unteren Grabbereich verfüllt und im 1. Pfeilersaal mit einem Estrich versehen worden ist. Die Verschlußform zeigt, daß mit dem ersten Pfeilersaal
der obere Grabbereich endete. Mit dem Grab Ramses' II. wird der Abgang in
den unteren Grabbereich offen in die Mitte des 1. Pfeilersaales verlegt,
eine Bauform, wie sie in der Folgezeit und auch für das Grab Ramses' VI.
beibehalten wird. Die Wangen der Rampe im 1. Pfeilersaal sind mit in das
Grabinnere gerichteten, geflügelten Schlangen geschmückt, deren Leib in
eine Vielzahl von Windungen ausläuft (B 71 + 72). Die Flügel umschließen

1) E. Hornung nennt die von A. Piankoff veröffentliche "La création du
   disque solaire" (Kairo, 1953) "Das Buch von der Erde", Unterweltsbücher,
   S.55.
2) E. Thomas, Necropoleis, S. 92 und Aufriß der beiden Gräber, S. 93.

die Kartuschen des Königs. Links ist der Schlange "Nechbet" beigeschrieben;
sie trägt die Krone von Ober- und Unterägypten. Rechts ist sie mit der Beischrift "Meresger, Gebieterin des Westens" versehen und trägt die Krone
von Unterägypten.

Noch im Bereich der Rampe, jedoch auf den Seitenwänden vor dem Durchgang
zum 4. Korridor, werden durch die Schräge der Wand dreieckige Flächen gebildet, die zu einer zweiten, gleichartigen Schlangendarstellung genutzt
worden sind. Die Schlangen tragen keine Kronen und umschließen mit ihren
Flügeln den šn-Ring. Ihre Beischrift lautet links "Neith" und rechts "Sel-
ket". Die Decke des kurzen Korridorstückes im Bereich der Rampe zeigt, wie
die Unterseiten der Stürze der Durchgänge, den fliegenden Geier, hier
zweifach, darunter die Titel und Namen des Königs links und rechts von dem
zur Mitte gestellten Zeichen ♀ abgehend.[1]

b) Das Amduat im Abgang sowie im 4. und 5. Korridor

"Die Schrift des verborgenen Raumes", das Amduat, wurde seit Thutmosis I.
bis zur Herrschaft Echnatons in den Sarkophaghallen der Königsgräber in
der Abfolge der 12 Stunden des Buches wiedergegeben. In den Gräbern von
Tutanchamun und Eje wird nur der Beginn der 1. Stunde an einer der Schmal-
wände der Sarkophaghalle dekoriert. Nach der Restauration durch Haremhab
ersetzte das Pfortenbuch in seinem und im Grab Ramses' I. das Amduat vollständig. Seit Sethos I. stellt das Amduat wieder einen Teil des Bildprogramms dar. Allerdings wird es nicht mehr in seiner Stundenfolge wiedergegeben, vielmehr werden einzelne Stunden oder Gruppen von Stunden auf die
verschiedenen Räume des Grabes verteilt. Zumeist erfolgt die erste Wiedergabe von Teilen des Buches mit der 4. und 5. Stunde im 3. Korridor. Nur im
Grab Ramses' II.[2] ist die 12. Stunde in einem Nebenraum zur Sarkophaghalle verwendet worden und Sethos I. gibt, wiederum in verschiedenen Räumen,
die ersten elf Stunden, ohne die 12. Stunde wieder. In allen anderen Königsgräbern der Zeit nach Echnaton werden nur wenige Stunden, darunter
auch nicht die 12. Stunde des Buches dekoriert.

Ramses VI. ist somit der erste Herrscher nach Amenophis III., der das Amduat in der vorgegebenen Stundenfolge in seinem Grab anbringen läßt, je-

1) Das 🔲 wird in der zweiten Zeile von ⚒♀ ersetzt.
2) Merneptah gibt die Kurzfassung der 8.-12. Stunde im Bereich des Durchganges zum Schachtraum wieder; Ramses II. dekoriert zusätzlich die 12.
   Stunde im Schacht selbst; über die Gründe der Dekoration s. F. Abitz,
   Grabräuberschächte, S. 24 f., 87 f., 100, 118.

doch verzichtet er auf die Wiedergabe der 12. und letzten Stunde mit dem
Erscheinen des Sonnengottes am Osthorizont.

Die Beschränkung auf die ersten 11 Stunden des Amduat ist hier nicht durch
Raummangel zu erklären. Die 11 Stunden wurden im Grab Ramses'VI. auf die
Seitenwände des kurzen Korridorstückes im Bereich der Rampe und auf die Wände des 4.und 5.Korridors verteilt.Bei einer geplanten Wiedergabe aller 12
Stunden würden jeweils 6 Stunden auf die jeweils 3 Seitenwände verteilt
worden sein. Die Stunden des Amduat beginnen jedoch links mit der 1. und
rechts mit der 6. Stunde, anstelle der 7.Stunde.

A. Piankoff beurteilt die Arbeit am Amduat im Grab Ramses'VI. wie folgt:
"This version is not a very good one. Moreover, it is very abridged, and
the registers of Divisions 7, 8, 9, 10, and 11 are hopelessly intermixed"
(T 229). Diese Beurteilung ist richtig, gibt jedoch keine Erklärung für
die im Grab vorgenommene ungewöhnliche Aufteilung der Stunden und Register.
Mit Unvermögen oder Schlamperei ist die vorgefundene Ausführung aus den
nachstehenden Gründen nicht zu erklären. Die im Grab Ramses' VI. vorgenommene Einteilung in Stunden und Register ist aus den Abbildungen Nr. 21 -
24 zu entnehmen. Die Abbildung der rechten Wandseiten (Nr. 24) mit der 6.
- 11.Stunde des Amduat zeigt die Aufteilung, welche A. Piankoff "hopelessly intermixed" nennt.Das Arbeitsverfahren in den Königsgräbern dieser Zeit
ist gut belegt. Es ist einerseits an den nicht fertiggestellten Wanddeko-
rationen unvollendeter königlicher Grabanlagen abzulesen[1], andererseits
geben die reichen Funde aus Deir-el-Medine, dem Dorf der Nekropolearbei-
ter, einen tiefen Einblick, wie die "Facharbeiterschaft" und ihre Vorge-
setzten organisiert waren.[2]

Durch Glätten der Wände, Ausbesserung von Schadstellen, durch Grob- und
Feinputz wurde ein Maluntergrund geschaffen, der erlaubte, die Vorzeichnungen der späteren Ausführung durch den Umrißzeichner vorzunehmen. Zu
seiner Arbeit gehörte auch die Aufteilung der Wand in die Register, die
Anlegung von Hilfslinien für die figürlichen Darstellungen[3] und die Aus-
füllung der einzelnen Register mit den Umrissen der Bild- und Textdarstellungen. Die Vorzeichnungen wurden, wie in anderen Königsgräbern heute noch

1) E. Hornung, Tal der Könige, S. 72 f.
2) D. Valbelle, Ouvries, S. 195 ff. und E. Hornung, R. IV. u. R. VII.,
   "Die Arbeit an den Gräbern".
3) Gut zu erkennen auf den Abbildungen Nr. 50 und 52 bei E. Hornung,
   Tal der Könige.

101

Die Stundeneinteilung des Amduat im 4. und 5. Korridor, linke Seitenwände

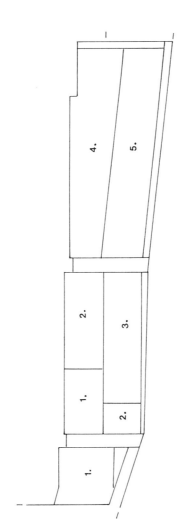

Abbildung Nr. 21

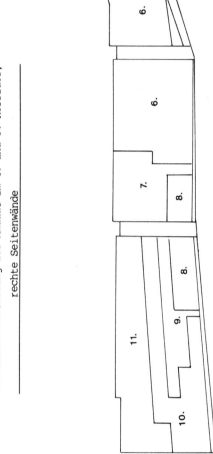

Die Stundeneinteilung des Amduat im 4. und 5. Korridor, rechte Seitenwände

Abbildung Nr. 22

sichtbar ; überprüft und die erforderlichen Abänderungen unmittelbar auf
der Wand mit abweichender Farbe korrigiert, bevor mit dem Ausarbeiten des
Reliefs begonnen wurde.
Für die Bild- und Textausführungen lagen verbindliche Ausführungsmuster,
so auch für das Amduat, vor, die offensichtlich aus den Archiven für die
Ausführung im Königsgrab zur Verfügung gestellt wurden.[1] Es kann dahin-
gestellt bleiben, ob für die Arbeit am Amduat des Grabes Ramses' VI. als
Vorlage das verbindliche Papyrus mit den 12 Stunden übergeben wurde, oder
ob die Dekorationsplanung für dieses Königsgrab durch gesondert angefertigte Vorlagen mit den geänderten Registereinteilungen festgelegt worden
ist. Sicher ist, daß dem verantwortlichen Bauleiter und auch dem Umrißzeichner die strenge Gliederung des Amduat in 12 Stunden, die 3 Register
je Stunde mit der Barke im mittleren Register, gut bekannt gewesen sind.
Bei allen Fehlern und auch der in einigen Königsgräbern festzustellenden
schlechten Arbeitsausführung kann ausgeschlossen werden, daß sich eine so
komplizierte Stunden- und Registereinteilung des Amduat, wie sie auf der
rechten Seite des 4. und 5. Korridors im Grabe Ramses' VI. vorzufinden ist,
willkürlich, unkontrolliert oder durch fehlerhafte Bearbeitung ergeben
könnte. Die ungewöhnliche Aufteilung des Amduat hat andere Gründe, die
nachstehend erläutert werden.
Ein Vergleich der ordnungsgemäßen Stunden- und Registereinteilung mit den
Abbildungen Nr. 23 und 24 läßt deutlich folgende Besonderheiten erkennen:
- Die linken und rechten Seitenwände mußten ungleich gestaltet werden,
  denn auf dem gleichen verfügbaren Raum waren auf den linken Seiten 5
  Stunden, auf den rechten Seiten jedoch 6 Stunden abzubilden.
- Trotz des größeren Raumbedarfs durch die 6 Stunden wurde im 4. Korridor
  die 6. Stunde in drei Registern über die gesamte Wandhöhe fortgesetzt,
  während auf der linken Wandseite die 1. Stunde platzsparender nur in der
  oberen Hälfte der Wand fortgeführt wird. Damit wurde der Raum für die
  verbleibenden 5 Stunden auf der rechten Seite weiter eingeschränkt.
- Die Gliederung erst nach der 6. Stunde in 6 Register an den Wänden ergibt das vorher nicht bestehende Problem, die ungerade Zahl von 5 Stunden in den verbleibenden, jeweils 6 Registern unterzubringen.
- Auf der rechten Seite des 4. Korridors läuft die Stundenfolge ordnungsgemäß von oben nach unten, während auf der anschließenden Wand des 5.
  Korridors die Stunden von unten nach oben laufen (8. Stunde unten, 11.

1) Zur Frage der Mustervorlagen s. E. Hornung, Die Grabkammer des Vezirs
   User, S. 107 ff. und H. Altenmüller, Zur Überlieferung des Amduat, S.
   32 f.

104

Einteilung der 1.–5.Stunde des Amduat im 4. und 5. Korridor, linke Seitenwände

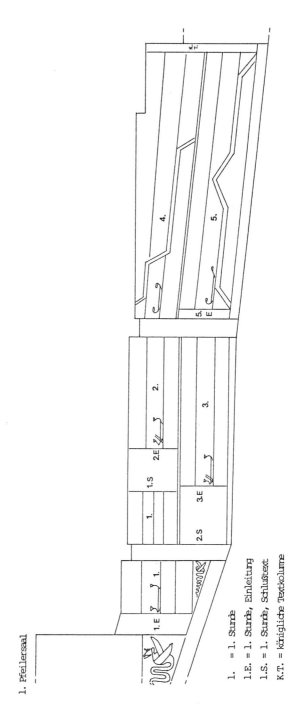

Abbildung Nr. 23

105

Einteilung der 6.–11. Stunde des Amduat im 4. und 5. Korridor, rechte Seitenwände

1. Pfeilersaal

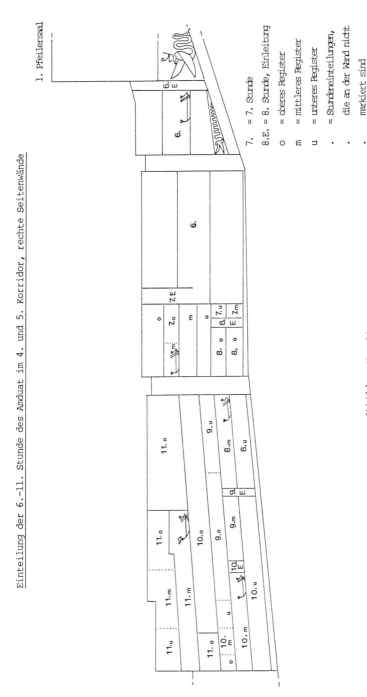

7. = 7. Stunde

8.E. = 8. Stunde, Einleitung

o = oberes Register

m = mittleres Register

u = unteres Register

. = Stundeneinteilungen,
die an der Wand nicht
markiert sind

Abbildung Nr. 24

Stunde oben).

- Optisch erscheint die Einheit der Bilddarstellungen zu den linken Wandseiten gewahrt: Durch Fortfall einer Barke (9. Stunde) stehen sich links
und rechts je 5 Barken gegenüber, die stets in ein mittleres Register
gestellt worden sind.
- Die einzelnen Stunden und Register sind auf den rechten Wandseiten nicht
immer durch Trennstriche abgesetzt. Ohne Kenntnis der jeweils zur Stunde
und zum Register gehörigen Bilder und Texte ist eine Zuordnung nicht
möglich.[1]
- Die 9. und 10. Stunde sind im 5. Korridor auf besonders komplizierte
Art verschachtelt worden. Die 9. Stunde ist nicht, wie zu erwarten wäre,
im 5. und 6. Register nach der dort untergebrachten Einleitung der 9.
Stunde fortgesetzt worden. Hingegen wurde im 6. und untersten Register
das untere Register der 10. Stunde, das sind die Bilder mit den im Nun
Treibenden, eingesetzt.

Geht man den einzelnen obigen Besonderheiten nach und verfolgt die dafür
erforderlichen Einteilungsschritte, ergibt sich zwangsläufig das an den
Wänden abgebildete 'Puzzle'. Es ist die Folge einerseits von technischen
Einteilungszwängen, andererseits von Prioritäten, die mit dem religiösen
Inhalt des Amduat im Zusammenhang stehen. Auf die Einteilungszwänge, die
sich aus der Größe der 6. Stunde und das Problem, 5 Stunden auf jeweils
6 Register, bei engstem Raum, zu verteilen, ist bereits eingegangen worden. Zu diesem Problem treten die nachfolgenden Prioritäten, die mit dem
Inhalt des Amduat zusammenhängen.

Die 6. Stunde

Der 6. Stunde ist auf den rechten Korridorseiten ein größerer Raum zuge-
teilt worden, als allen anderen Stunden. Es ist die Stunde, in welcher der
Sonnengott zu den "Königen von Ober- und Unterägypten, die in der Dat sind"
spricht.

Oberes Register: "Weisungen erteilen durch die Majestät diesen großen Gottes an die Kommandostäbe der Könige von Ober- und Unterägypten, die
in der Dat sind:
O erneuert euch, erhebt die Weiße Krone und tragt die Rote Krone
unter den <<Kiebitzen>> (Delta-Bewohner)!"[2]

Mittleres Register: "Es sagt die Majestät dieses großen Gottes zu den Königen von Oberägypten, (zu) den mit Opfern Versorgten, (zu) den Kö-

1) Dieses gilt auch teilweise für die 5 Stunden der linken Korridorwände.
2) E. Hornung, Unterweltsbücher, S. 119 f.

nigen von Unterägypten und zu den Achu, die in dieser Stätte
sind:
Euer Königtum gehört euch, Könige von Oberägypten - möget Ihr
eure Weißen Kronen empfangen auf euch!
Ihr seid zufrieden, mit Opfern Versorgte!
Eure Rote Krone gehört euch, Könige von Unterägypten!
Eure Achu gehören euch, ihr Achu,
eure Gottesopfer gehören euch, damit ihr zufrieden seid,
und ihr verfügt über eure Bau, so daß ihr stark seid!
Ihr seid König über eure Stätte, ihr verweilt in euren Äckern.
Ihr vereinigt euch mit dem Geheimnis in eurer Roten Krone,
ihr seid verklärt durch eure Zaubersprüche."[1]

Von den 9 Kommandostäben des oberen Registers stehen noch 4 auf der Wand
vor dem 4. Korridor. Gleiches gilt für die Bilddarstellung des mittleren
Registers: 4 Königsmumien stehen vor dem und 12 Mumien im 4. Korridor. Die
zu den Bildteilen gehörenden Texte sind gleichermaßen auf beide Raumwän-
de verteilt.

Ramses VI. ist als einer der toten Könige in der Dat anzusehen, welche
hier von Re angesprochen werden, und ist somit auch ein Achu, ein Verklärter, und auch "Ihr seid König über eure Stätte". Die durch die Größe der
6. Stunde herausgestellten Texte sind von besonderer Bedeutung für den
König.

Die optische Einheit und die Barken des Sonnengottes

Das "Puzzle" der Stunden- und Registerverschachtelung an den rechten Wandseiten des 4. und 5. Korridors ist optisch nur wahrnehmbar, wenn der Be-
trachter die übliche Ausführung kennt. Obgleich die Register zum Teil nicht
mehr zu den Stunden passen[2], ist das äußere Bild wohlgeordnet: es gibt
im 5. Korridor je 3 übereinanderstehende Register, in deren mittlerem Register jeweils die Sonnenbarken stehen. Die optische Einheit der vermeintlich richtigen, jeweils dreiregistrigen Stunden ist durch einen weiteren
Kunstgriff erreicht worden:
4. Korridor: Die 3 oberen Register (mit der Barke der 7. Stunde im mittleren Register) enden vor drei leeren Kolumnen und werden hierdurch von den 3 unteren Registern, die bis zum Wandende durch-

---

1) E. Hornung, Unterweltsbücher, S. 123 f.
2) Unter der Barke des 11. Registers steht nunmehr das obere Register der
   10. Stunde; ähnliche Verschiebungen gibt es für die 8., 9. und 10. Stunde.

laufen, deutlich abgesetzt (B 90 + 91).[1]

5. Korridor: In den oberen 3 Registern ist die 11. Stunde und das obere
   Register der 10. Stunde untergebracht, das sind 4 Register;
   in den 3 unteren Registern sind 2 Register der 8. Stunde,
   ca. 2 1/2 Register der 9. Stunde und 2 Register der 10. Stunde, das sind ca. 6 1/2 Register untergebracht (B 92 + 97).
   So heben sich die 3 oberen Register als "Stunde" von den unteren 3 Registern deutlich ab.

Die erkennbare zusätzliche Stunden- und Registerverschiebung ist weder mit
ästhetischen Gründen oder dem Versuch vermeintliche Einteilungsfehler zu
kaschieren erklärbar. Allein bestimmend scheint hier die inhaltliche Konzeption des Amduat. "Mittelpunkt und <<Leitmotiv>> der Unterweltsbücher
bildet die nächtliche Fahrt des Sonnengottes". Und "Wie im Diesseits der
Nilstrom die Hauptverkehrsader bildet, so ist im Totenreich der normale
Weg der Barke ein breiter Unterweltsstrom <<mit hohen Ufern>>, auf denen
die seligen Toten in ihren <<Höhlen>> hausen und den Sonnengott bei seinem
Herannahen begrüßen".[2] Dieser wesentliche Inhalt des Amduat scheint allein der Anlaß gewesen zu sein, optisch die Wege der Dat entsprechend den
Stundenbildern zu ordnen.

Das untere Register der 10. Stunde

Die 9. Stunde folgt im 5. Korridor nicht der 8. Stunde, obgleich es möglich gewesen wäre, die drei Register, einschließlich des mittleren Registers mit Barke, in dem verfügbaren Raum unterzubringen. Hingegen wurde
unter Fortfall der Barke der 9. Stunde, die Barke der 10. Stunde eingesetzt und das untere Register der 10. Stunde in großzügiger Aufteilung als
6. und unteres Register an der Wand angebracht. Die sogenannte "Vergöttlichung durch Ertrinken" wird im unteren Register der 10. Stunde dargestellt und muß von besonderer Bedeutung gewesen sein, denn eine fast iden-
tische Szene ist ebenfalls in das mittlere Register der 9. Stunde des
Pfortenbuches aufgenommen worden. Die im Wasser Treibenden "teilen das mythische Schicksal des Osiris,der im Wasser dahintrieb, aber von Isis ge-
rettet und als Herrscher der Toten berufen wurde".[3] So auch im Text zur
10. Stunde, unteres Register:

1) Die 3 Kolumnen wurden leer gelassen, obgleich für die letzten Bilder
   des mittleren und unteren Registers der 7. Stunde, das 5. und 6. Register der Wand in Anspruch genommen werden mußte.
2) E. Hornung, Unterweltsbücher, S. 25 und 28.
3) E. Hornung, Pfortenbuch II, S. 218.

"Ihr seid diese, die im NUN sind,

die hinter (meinem) Vater dahintreiben!"[1]

(Rede des Horus zu den Dahintreibenden.)

Dieser Inhalt und die Notwendigkeit, das optisch auffällige, als Wasser ge-
kennzeichnete Register als unteres Register einzusetzten, kann zu dem Aus-
tausch mit den Registern der 9. Stunde geführt haben.

Das Aufsteigen der Stunden im 5. Korridor

In den letzten Stunden der Nachtfahrt des Sonnengottes wird seine Geburt
am Horizont des Osthimmels angekündigt:

11. Std.: "Die geheimnisvolle Höhle der Dat, an welcher dieser große
Gott vorbeizieht, um herauszugehen aus dem Ostberg des Himmels".
"Seine Göttermannschaft rudert ihn zum östlichen Horizont des
Himmels".

10. Std.: "... wenn er sein Oval zu dieser Stätte trägt, um danach herauszugehen zum östlichen Horizont des Himmels".

9. Std.: "Die Götter sind es, die Mannschaft der Sonnenbarke, welche
<<Den im Horizont>> rudern, bis er sich niederläßt im öst-
lichen Torweg des Himmels".[2]

Aus der Tiefe der Unterwelt gelangt die Barke des Sonnengottes zum Osthimmel. Es scheint, daß sich diese Vorstellung in der aufsteigenden Stundenfolge der Seitenwand des 5. Korridors wiederspiegelt.

Der Fortfall der 12. Stunde im 5. Korridor

Der Beginn der rechten Korridorseiten mit der 6. Stunde, anstelle der 7.
Stunde macht deutlich, daß die 12. Stunde des Amduat im 5. Korridor nicht
vorgesehen gewesen ist.

Die Sonnengeburt am Osthimmel wurde im oberen Grabbereich auf die Rückwand
des 1. Pfeilersaales konzentriert.[3] Dort wurden die Schlußbilder des
Pforten- und Höhlenbuches dargestellt, und es beginnt das Buch von der
Nacht. Der 1. Pfeilersaal im oberen Grabbereich entspricht in der Raumart
und -folge der Sarkophaghalle des unteren Grabbereiches. So wird der 5.
Korridor wohl als Stätte der Unterweltsfahrt des Re, nicht jedoch als der
geeignete Raum für die Sonnengeburt angesehen worden sein. Diese Szene
findet sich hingegen parallel zu den Darstellungen der Sonnengeburt im oberen Grabbereich, d.i. an der Rückwand des der Sarkophaghalle folgenden

1) E. Hornung, Unterweltsbücher, S. 170.
2) E. Hornung, Unterweltsbücher, 11. Std. Einleitung, S. 171; mittl. Reg.,
   S. 177; 10. Std., oberes Reg., S. 162; 9. Std., mittl. Reg., S. 157.
3) S. hierzu die Ausführungen zum oberen Grabbereich.

kleinen Raumes. Auch hier, wie im oberen und unteren Register der 12. Stunde des Amduat, begleiten an den Seitenwänden anbetende Götter den Geburtsvorgang. Allerdings sind es in dem kleinen Raum Dekangötter, und das Bild der Sonnengeburt entspricht dem Schlußbild aus dem Pfortenbuch.[1]

Die Änderungen der Stunden und Register im 4. und 5. Korridor haben, auch bedingt durch den geringen verfügbaren Raum, zu einigen Kürzungen im Bildprogramm und den Texten des Amduat geführt. Außer der Barke der 9. Stunde erfolgten Kürzungen durch Verringerung der Anzahl gleichartiger Götter (z. B. 4 der 8 Götter, welche die Barke in der 8. Stunde ziehen), von Teilen der Einleitungstexte, Namen oder kurzen Textabschnitten. Die Kürzungen verändern jedoch nicht den wesentlichen Inhalt des Amduat. Die geschilderten Umstellungen scheinen zu zusätzlichen Fehlern in den Abschriften von der Vorlage geführt zu haben und es zeigen sich auch für ein Königsgrab in der Aufteilung der Figuren ungewohnte Unregelmäßigkeiten.

Die Auslassungen, die Fehlerquote und andere Unregelmäßigkeiten können einerseits mit der ungewohnten und damit ungeübten Aufgabe der neuartigen Aufteilungen erklärt werden. Andererseits zeigt der Vergleich der linken und rechten kurzen Wand vor dem 4. Korridor und den beiden Seitenwänden des 5. Korridors erhebliche qualitative Unterschiede in der Arbeitsausführung.[2] Hieraus eine Arbeitsunterbrechung, evtl. im 4. Korridor oder den Einsatz einer weniger befähigten Arbeitsgruppe im 5. Korridor abzuleiten, bleibt Vermutung.

c) Das Totenbuch im Vorraum der Sarkophaghalle

Der Vorraum zur Sarkopahghalle weist durch seine Textgestaltung eine für ein Königsgrab atypische Gliederung auf. Wie üblich läuft die hieroglyphische Schrift in das Grabinnere und auch die mehrfache Wiedergabe des Königs ist zur Sarkophaghalle ausgerichtet. Die Textlesung ist jedoch auf den linken Wandseiten atypisch zum Grabausgang gerichtet, wie die nachfolgende schematische Zeichnung verdeutlicht.

Demnach beginnt der Text der linken Wandseite am Raumausgang (!) und endet an dessen Eingang. Der Text der rechten Seitenwand beginnt am Raumeingang und setzt sich in dieser Lesung bis zum Ende der Seitenwand fort. Er beginnt dann neu am Durchgang zur Sarkophaghalle und endet an der Ecke zur Seitenwand, so daß die Lesung von TB 127 von zwei Seiten er-

1) S. die nachfolgende Beschreibung des letzten Raumes im Grab (IV/2 e).
2) Der qualitative Unterschied ist auch auf der linken Seite des 5. Korridors zu erkennen.

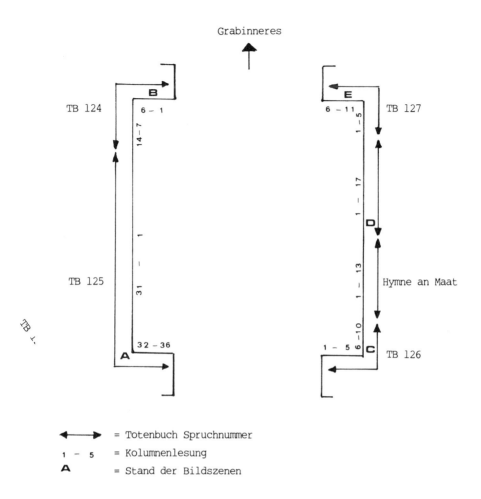

Grabinneres

TB 124

B
6 – 1
14 – 7

TB 125
1
|
31

A
32 – 36

TB 127
E
6 – 11
1 – 5

1 – 17

D

Hymne an Maat
1 – 13

6 –10
1 – 5
C
TB 126

TB 1

◄────► = Totenbuch Spruchnummer

1 – 5 = Kolumnenlesung

A = Stand der Bildszenen

Abbildung Nr. 25

folgt.[1]

Für das Verständnis dieser unüblichen Textanordnung ist kurz auf den Inhalt der Textabschnitte einzugehen.

TB 124 (Ende der linken Raumseiten, Kolumnen 1 - 14):

    Titel: "Spruch, um hinabzusteigen zum Tribunal des Osiris".[2]

    Inhalt: (Auswahl einiger Textstellen)

1) Das Diagramm bei A. Piankoff (T 319) berücksichtigt diese Lesung in der
   hinteren rechten Raumecke nicht.
2) Die folgenden Passagen der Totenbuchtexte werden in der Übersetzung von
   E. Hornung, Totenbuch, gebracht.

"... mein Abscheu ist Kot, ich esse ihn nicht!"

"Denn mein Brot ist aus hellem Weizen, ..."

"Die Nacht- und die Tagesbarke bringen es mir, ..."

"Laß mich das Haupt erheben,

damit der Sonnenglanz mir seine Arme öffnet."

"Schrecken vor mir herrscht in der Urfinsternis ..."

"... denn ich bin dort zusammen mit ISIS,[1]

meine Sitzmatte ist eine Sitzmatte unter den Ältesten".

"<<Komm du wohlversehener Verklärter,

daß du die Maat aufsteigen läßt zu dem, der sie liebt!>>

Osiris König, Herr Beider Länder (T) ist ein wohlver-

sehener Verklärter, wohlversehener (als) alle Verklärten".

Der Spruch wird bis auf wenige Zeilen vollständig wiedergegeben. Der König
lebt demnach als "wohlversehener Verklärter", mit der richtigen Nahrung
versorgt unter den Göttern. Im Gegensatz zum Titel ist er bereits in das
Reich des Osiris aufgenommen.

TB 125 (folgt unmittelbar TB 124, Kolumnen 1 - 36):

Titel: "Was zu sprechen ist, wenn man zu dieser Halle der Vollständigen Wahrheit gelangt", usw. fehlt ebenso, wie der Text mit
dem ersten Negativen Schuldbekenntnis.

Inhalt: Anruf an die 42 Totenrichter (zweites Negatives Schuldbekenntnis) und der Beginn (etwa 1/5 dieses Textes) der durch
den Verstorbenen zu sprechenden Schlußrede.[2] Der König
wird in den 42 Anrufungen stets mit Titel und Namen genannt.

TB 126 (Textbeginn an der rechten Seitenwand, Kolumnen 1 - 10):

Titel: der Spruch nennt keinen Titel.

Inhalt: Bis auf wenige Zeilen wird der Spruch vollständig wiedergegeben. Der durch die Vignette des Feuersees dargestellten
weiteren Möglichkeit der Bestrafung der im Totengericht Ver-
dammten wird das Geschick der seligen Toten gegenübergestellt.

"Tritt nun ein in Rasetjau

und durchschreite die geheimnisvollen Tore des Westens!"

1) Gegenüber dem üblichen Text ist hier "OSIRIS" durch "ISIS" ersetzt.
2) In der Schlußrede wird in die 3.Person gewechselt,z.B."Seine" (anstelle
von "Meine") Verfehlung wird (nicht) vor euch kommen"; die Verneinung
fehlt, sicher ein Fehler des Schreibers.

"... du wirst Tag für Tag innen im Horizont gerufen werden, Osiris König, Herr Beider Länder (T) , Sohn des Re, Herr der Diademe (E) , der selig ist".

Nach E. Hornung[1] wird die Vignette mit dem Feuersee ohne den Spruch 126 auch mit dem Spruch 125 verbunden.

<u>Hymne an die Göttin Maat</u>[2] (Kolumne 1 - 13):

Der Text beginnt mit der Lobpreisung der Göttin Maat und geht in eine hymnische Verehrung des Sonnengottes Re über. Am Ende des Textes bittet Maat Re zum König zu kommen, zu "seinem Sohn, dem Falken" (T 320 f).

<u>TB 129</u> (TB 129 ist eine Variante von TB 100; Kolumnen 1 - 17):

Titel: "Buch, um einen Verstorbenen zu vervollkommnen und ihn hinabsteigen zu lassen zur Barke des RE mit denen, die in seinem Gefolge sind".

Inhalt: Der Verstorbene möchte in die Sonnenbarke einsteigen.[3]

Der Text wird bei Ramses VI. fortgesetzt und endet mit: "Herauskommen und hinabzusteigen zur Barke des Re, während der Leichnam an seiner Stätte verbleibt".

<u>TB 127</u> (Der Spruch ist in der Lesung geteilt: Beginn an der Seitenwand nach TB 129, Kolumne 1 - 5, Fortsetzung am Durchgang zur Sarkophaghalle, Kolumne 6 - 11):

Titel: "Spruch, um hinabzusteigen zum Tribunal des OSIRIS und die Götter anzubeten, welche die Unterwelt lenken".

Der Titel ist bei Ramses VI. abgeändert in:

"Buch, die Götter der Grüfte anzubeten, welche ein Mann spricht, wenn er sie erreicht. Eintreten und sehen diesen Gott im Palast der Unterwelt".

Inhalt: Ramses VI. bringt nur den Beginn des Spruches von "Seid gegrüßt, ihr Götter in den Grüften, ..." bis "... und ihr betet den an, der in seiner Sonnenscheibe ist". Er wird

---

1) E. Hornung, Totenbuch, S. 493.
2) Zur Entwicklung der TB-Sprüche in den Königsgräbern, siehe E. Hornung, R.IV. und R.VII.,Kap. V.   In diesem Zusammenhang geht er ebenfalls auf die Hymne an Maat bei R. VI. ein, welche er als die Maat erkennt, die im Totengericht verwirklicht wird, z.B. auch als "die Waage des Herrn der Beiden Ufer". Der Text bildet mit seinen 42 Versen ein Gegenstück zu den 42 Totenrichtern (beide Texte stehen sich im Vorraum gegenüber) und verwirklicht die Rechtfertigung vor der Götterneunheit.
3) In einem Teil des Textes wird wiederum von der 1. in die 3. Person gewechselt.

fortgesetzt mit: "Geleitet den Osiris König von Ober und Un-
terägypten, Herr Beider Länder (T)(, Sohn des Re, Herr der
Diademe (E)(, der selig ist". Dieser Text endet, ohne die
Kolumne vollständig auszufüllen, mit der rechten Seitenwand.
Der Text beginnt neu am Durchgang zur Sarkopahghalle mit dem
Schluß des Spruches 127 von: "Geöffnet sind mir die Tore von
(Himmel), Erde und Unterwelt. Ich bin der Ba des OSIRIS...",
bis "Ich bin fortgegangen, ohne daß ein Tadel (an) mir gefunden wurde (oder) irgendein Übel anhaftet, an Osiris König,
Herr Beider Länder (T)(, Sohn des Re, sein leiblicher,
sein geliebter, Herr der Diademe (E)(, dem Leben gegeben
wird ewig und unabsehbar wie seinem Vater Re im Himmel, Tag
für Tag".[1)]

Aus der Abfolge der Textanordnung der Totenbuchsprüche ergibt sich folgen-
des:
Der Text beginnt, wie stets nach altägyptischer Zählung links, jedoch unüb-
lich am Raumausgang mit
TB 124: "Spruch, um hinabzusteigen zum Tribunal des Osiris",
TB 125: "Was zu sprechen ist, wenn man zu dieser Halle der Vollständigen
        Wahrheit gelangt",
und setzt sich auf der rechten Seitenwand am Eingang beginnend fort:
TB 126: "Tritt nun ein in Rasetjau...",
Hymne an die Göttin Maat,[2)]
TB 129: "Buch, ... und ihn hinabsteigen zu lassen zur Barke des RE...",
TB 127: "Buch, die Götter der Grüfte anzubeten, ..." Spruchbeginn rechte
        Seitenwand, "Geöffnet sind mir die Tore von (Himmel), Erde und
        Unterwelt. Ich bin der BA des OSIRIS...".

Für die obige Abfolge spricht nicht nur, daß nach ägyptischer Zählung
stets links begonnen wird, sondern auch die bekannte Abfolge: Osiris-Ge-
richt, Eintritt in das Reich des Osiris, Dasein als Verklärter. So ist
auch die Änderung des Titels zu TB 127 und die Teilung des gleichen Spruches verständlich. Der ursprüngliche Titel von TB 127, "Spruch um hinabzusteigen zum Tribunal des OSIRIS..." paßte nach dem obigen Ablauf nicht

1) Ab Titel des Königs handelt es sich um eine Ergänzung des Spruches.
2) J. Černý, The Valley of the Kings, S. 25 u. 32, sieht in dem Turiner
   Papyrus, Cat. 1923 einen Plan des Grabes von Ramses VI. und in dem Vorraum zur Sarkophaghalle den im Payrus "The hall of Truth" bezeichneten
   Raum, "since it is in this room that the king is represented adoring
   the goddess of truth, Ma^c e".

und wurde in "Buch, die Götter der Grüfte anzubeten, ..." entsprechend abgeändert. Die Teilung des Spruches scheint sich aus dem Schlußtext von TB
127 zu ergeben. "Geöffnet sind mir die Tore von (Himmel) Erde und Unterwelt. Ich bin der Ba des OSIRIS ..., " kann sich auf den in der Abfolge unmittelbar danach erfolgenden Eintritt des Königs in die Sarkophaghalle beziehen.[1] Hierfür spricht auch, daß der König mit Blickrichtung zum Durchgang, auf der unteren Hälfte der Ausgangswände und damit unmittelbar unter
dem genannten Spruchtitel "eintretend" dargestellt wird (B 107).

Die unübliche Änderung der Textlesung auf der linken Wandseite, welche zum
Grabeingang läuft, ist durch die dogmatische Stellung des Königs und die
Lage des Raumes im unteren Grabbereich zu erklären. Das Negative Schuldbe-
kenntnis ist bereits in den beiden Königsgräbern von Merneptah und Ramses
III. ebenfalls an der linken Seitenwand des Vorraums zur Sarkophaghalle
wiedergegeben. Im gleichen Raum der Königsgräber von Haremhab - Ramses III.
weisen die Szenenanordnungen und Beischriften darauf hin, daß anders als im
oberen Grabbereich der verstorbene König hier von göttlicher Wesensart ist.
Die Ablegung des Negativen Schuldbekenntnisses ist mit der dogmatischen
Stellung Pharaos nicht zu vereinen,denn er ist als König Beider Länder der
Garant der Maat und "lebt von der Maat". Im Grab Ramses' III. scheint die
Wiedergabe des Negativen Schuldbekenntnisses mit der Vergöttlichung des
verstorbenen Königs und seiner Funktion als Herrscher und Richter in der
Unterwelt zusammenzuhängen. Der regierende König ist der Garant der Maat
und seine, am Ende des oberen Grabbereiches durchgeführte Vergöttlichung
läßt ihn im unteren Grabbereich ebenfalls im Besitz der Maat erscheinen.[2]
Ob im Grab Ramses' VI., mit seinen von den genannten zeitlich vorangegangenen Gräbern abweichenden Dekorationen, ebenfalls auf einen Aspekt seiner
richterlichen Eigenschaft in der Unterwelt, oder auf das mythische Vorbild
des Osiris-Gerichtes[3] angespielt wird, oder ob es ein Zeichen der persön-
lichen Frömmigkeit der ramessidischen Zeit ist, kann offen bleiben. Die
Ambivalenz zwischen Dogma und den aufgeführten Überlegungen kann dazu geführt haben, die Textlesung des Negativen Schuldbekenntnisses gegenläufig
zu stellen und damit aus dem in die Sarkophaghalle gerichteten rituellen
Ablauf herauszunehmen. Offensichtlich ist, daß der Vorraum zur Sarkophaghalle ein weiterer Schritt zur Verklärung des toten Königs Ramses' VI. ist,

1) Eine "Ankündigung" des Geschehens auf den Rückwänden eines Raumes für
   den folgenden Raum ist in den Königsgräbern manchmal zu beobachten.
2) F. Abitz, König und Gott, S. 184 ff.
3) So auch E. Hornung, Totenbuch, S. 491.

denn in seinen Titeln auf der linken Laibung des Durchganges zur Sarkophaghalle lesen wir das Epitheton "Herr der Maat".[1]

Nur eine der Abbildungen im Vorraum zur Sarkophaghalle entspricht der Vignette des Totenbuches.

Linke Eingangswand und Beginn der Seitenwand (A)[2]: Der König mit der Beischrift: "Herr Beider Länder (T) , Herr der Diademe (E) , Schutz und
Leben wie Re in der Ewigkeit", steht vor einem Gott "Magic, the Eldest of
the Kas of RE".[3]

Beginn rechte Seitenwand (C): Der König mit seinen Titeln wie oben (zusätzlich "selig") und "Schutz, Leben, Dauer, Heil, Gesundheit und alle Her-
zensfreude sind um ihn, wie um Re, täglich", steht anbetend vor den beiden
Feuerseen (TB 126).

2. Hälfte der rechten Seitenwand (D): Der König mit den gleichen Titeln
und der Beischrift wie C (außer "der selig ist") steht anbetend vor der Göttin Maat: "Maat, Tochter des Re [residing] [4] in Theben".

Linke und rechte Ausgangswand zur Sarkophaghalle (B+E): Der König, "Herr
Beider Länder (T) , Herr der Diademe (E) , dem Leben in Ewigkeit gegeben wird", steht vor dem Durchgang zur Sarkophaghalle.

d) Das Bildprogramm der Sarkophaghalle

Die Sarkophaghalle des Grabes von Ramses VI. ist nicht fertiggestellt worden. Nur 2 der 8 Pfeiler sind aus dem Fels herausgelöst, die beiden Kolonnaden zwischen den beiden Pfeilerreihen und den Wänden sind unvollendet
geblieben, und auch der Boden des Mittelteils ist nur partiell vertieft
(s. Abb. Nr. 26). Obgleich die Sarkophaghalle einen weitgehend dekorierten
Eindruck macht, ist sicher, daß weder das geplante Bildprogramm vollständig wiedergegeben worden ist, noch alle Dekorationen an der geplanten
Stelle untergebracht werden konnten.

Das Bildprogramm der Sarkophaghalle kann in 3 wesentliche Teile unterschieden werden:

1) "Herr der Maat" wird auf der rechten Laibung nicht wiederholt. Wird
hier gezeigt, daß R. VI. als König im Besitz der Maat das Neg. Schuld-
bek. spricht ? Es ist zu beachten, daß die Laibungen ein Teil des Vorraumes sind (der Verschluß der Sark.-H. liegt nach dem Durchgang) und
daß der Kgs.-Text zum Vorraum gerichtet ist.
2) Die Buchstaben verzeichnen auf der schematischen Zeichnung des Raumes
(Abb. Nr. 25) den Stand der Abbildungen.
3) Der Textanfang ist heute unleserlich; es wird deshalb die Übersetzung
von A. Piankoff gebracht (B 110, T 320).
4) So A. Piankoff, (T 319); an der Wand nicht mehr erkennbar.

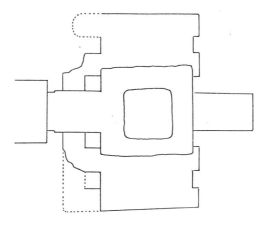

Grundriß

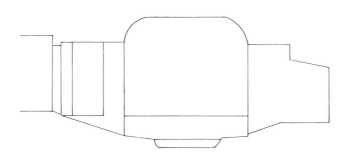

Schnitt der Sarkophaghalle

Abbildung Nr. 26

- die Wände mit dem Buch von der Erde,
- die Pfeilerseiten im Eingangsbereich mit dem König vor
  Gottheiten,
- die Decke mit dem Buch vom Tage und dem Buch von der
  Nacht.

Das Buch von der Erde

Das Buch wurde von A. Piankoff[1] unter dem Namen "La création du disque solaire" veröffentlicht und ist von ihm für das Grab Ramses' VI. in englischer Übersetzung wiedergegeben. Die letzte Bearbeitung erfolgte durch E. Hornung[2] unter dem Namen, "Das Buch von der Erde"; sie wird für diese Arbeit zugrunde gelegt. Hierzu schreibt E. Hornung[3] : "Da bisher keine Paralelle zur ganzen Szenenfolge bekannt ist, muß die Frage offenbleiben, ob diese Komposition überhaupt ein geschlossenes <<Buch>> darstellt. Mir scheint, daß die geschlossene Art der Anbringung in der Sargkammer und die vielen Entsprechungen zwischen einzelnen Wandteilen diese Annahme als Arbeitshypothese rechtfertigen". Und später[4]: "Die vier Wandteile, auf denen das Buch im Grab Ramses' VI. angebracht ist, haben wir als Teil A bis D unterschieden. Da das Grab Ramses' VI. die bisher einzige bekannte Fassung dieses Buches gibt (in anderen Gräbern finden sich nur einzelne Szenen), ist eine Kontrolle der Gliederung und des Textes nicht möglich. In der Übersetzung, die hier in besonderem Maße provisorischen Charakter trägt, sind einige unverständliche Verse und ein Teil der Namen ausgelassen".

Die nachfolgende kurze Analyse kann auf die Fragen, ob es sich um ein Unterweltsbuch handelt und welche Ablaufgliederung für ein solches "Buch" angenommen werden muß, keine Antwort geben. Das Buch von der Erde ist jedoch durch seine Verwendung in der Sarkophaghalle für Ramses VI. von wesentlicher Bedeutung gewesen. Meine Untersuchung bezieht sich deshalb allein auf die "Auswirkungen" der Szenen auf das jenseitige Leben des toten Königs, ein Aspekt des "Buches", der für dieses Grab möglicherweise allein gilt. Nur die beiden Seitenwände, welche den Raum durch ihre Größe beherrschen, können daraufhin verglichen werden, ob Gleichartigkeiten oder Ergänzungen zum jeweils gegenüberliegenden Bildprogramm vorhanden sind. Aus der Gestaltung der Wände ist folgendes abzulesen (Abb. Nr. 27 und 28):

1) A. Piankoff, La création du disque solaire, Kairo, 1953.
2) E. Hornung, Unterweltsbücher, S. 425 ff.
3) A.a.O., S. 23.
4) A.a.O., S. 56.

119

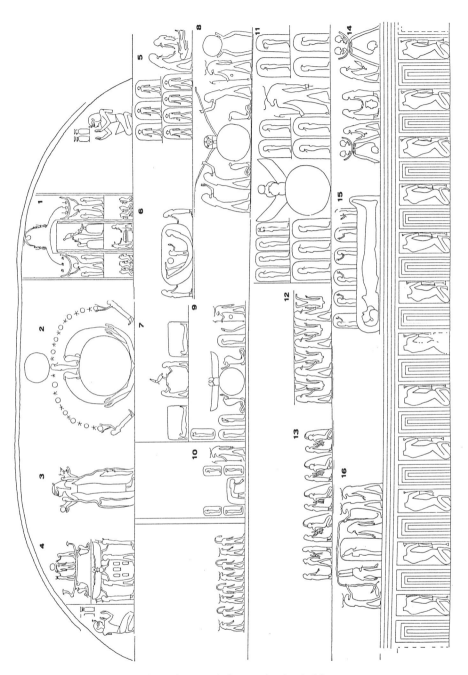

Linke Seitenwand der Sarkophaghalle

Abbildung Nr. 27

120

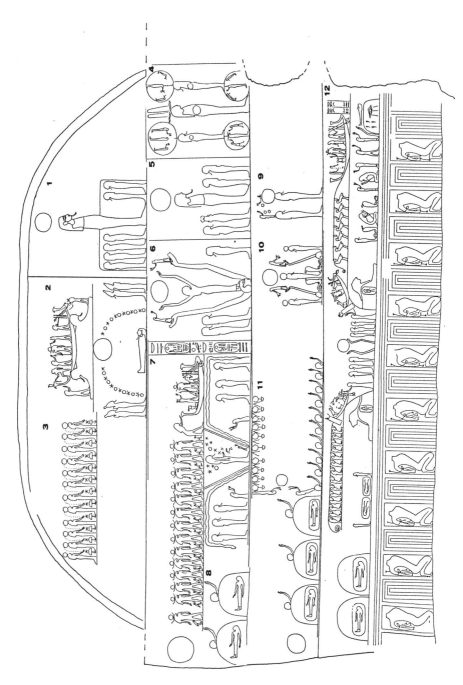

Rechte Seitenwand der Sarkophaghalle
Abbildung Nr. 28

Gleichartigkeiten:

Beide Seiten sind in 4 Register eingeteilt, davon bildet das Tympanum das
1. Register. Jeweils im 2. Register ist teilweise eine weitere Unterteilung vorgenommen worden.

Das Tympanum zeigt jeweils eine zur Mitte gestellte, besonders auffällige
und damit herausgehobene Szene.

Für alle Teile des Buches von der Erde gilt, daß Re sich auf seiner Unterweltsfahrt befindet. Für die meisten der abgebildeten Szenen gibt es im
Text einen Vermerk wie "Passieren der Leichname", "Re zieht an ihren Leichnamen vorbei ...", "Sie preisen den größten Gott, wenn er zwischen ihnen
dahinzieht ...", o.ä.

Unterschiedlichkeiten:

Die Erscheinungsform des Sonnengottes:

links: Die Barke mit Re wird nur einmal im Akerbild des 1. Registers ohne
        Geleit wiedergegeben. Im 2. und 3. Register wird in 4 Szenen Re
        stehend, ohne Barke abgebildet.

rechts: Die 5 Barken mit Re werden stets mit Geleit abgebildet, davon 3 in
        einer Szene des unteren Registers. Re, stehend vor den Szenen,
        gibt es nicht.

        Die Barkenfahrt ist auf der rechten Seite, ohne Ausnahme, gegen
        die Lese- und Bildrichtung gestellt, d.h. stets mit dem Bug zur
        linken Seite:

Die Wiedergabe des Königs:

links: Jeweils anbetend, kniend links und rechts des 1. Registers.

rechts: Keine Abbildung des Königs. Dagegen werden Titel und Namen des Kö-
        nigs so zur Mitte des 2. Registers gesetzt, daß eine Verbindung
        zwischen dem mittleren Bild des 1. Registers und der im 4. Regi-
        ster zur Mitte gesetzten Sonnenscheibe gegeben scheint.

Die linke Seitenwand

Südwand; die Bilder und Texte sind in das Grabinnere, nach Westen gerichtet. (Abb. Nr. 27; die Szenen sind in der Abbildung numeriert, nachfolgend
werden nur die jeweiligen Szenenziffern, ein kurzer Textauszug und ggf.
zusätzliche Erläuterungen gegeben).

1. "Eintreten (in) den Leichnam dessen <<Mit geheimem Wesen>>
   (OSIRIS), der im Verborgenen Raum ist, ..."

   "..., Leichnam dieses Großen, des <<Dunkelherzigen>> (Osiris), ..."

   "O siehe, ich durcheile deinen Schrein,

122

Die geköpften und gefesselten Feinde

1. Szene, linke Seitenwand der Sarkophaghalle

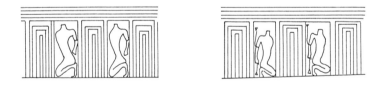

umlaufender Fries am Fuß der Sarkophaghalle

Abbildung Nr. 29

ich füge Schlimmes zu deinen Feinden!"[1]
Auffallend ist die Identität zwischen den geköpften und gefesselten
Feinden, die links und rechts, nach außen gerichtet, zu Füßen des Osi-
risgrabes knien und den geköpften und gefesselten Feinden als unterer
Fries in der Sarkophaghalle (s. Abb. Nr. 29).

2. "Eintreten (in) den Leichnam, der im NUN ist, hinter den beiden Göttinnen,
   durch diesen großen Gott, wenn er den Leichnam passiert
   des <<Dunkelherzigen>>, der im Verborgenen Raum ist".
   Die 1. Szene und die durch seine Größe hervorgehobene 2. Szene in der
   Mitte des 1. Registers behandeln demnach beide den "Leichnam des Osiris". Handelt es sich bei der 1. Szene um das Grab des Osiris, welches
   von Schlangen beschützt und den vernichteten Feinden umgeben ist, so
   zeigt die 2. Szene den "Leichnam des Osiris" zwischen zwei Sonnenscheiben, deren untere aus dem Nun gehoben wird und es umkreisen Osiris die
   Stunden der Nacht (Sterne) und des Tages (Sonnen).

3. "So ist diese Göttin beschaffen.
   Dieser große Gott wandelt dahin auf ihren beiden Händen, ..."
   "Der Kopf der <<Geheimnissvollen>> ist in der oberen Dat,
   ihre beiden Füße (aber) in der unteren Dat
   und der <<Doppelba>>[12] passiert ihren Leichnam".
   Anm. 12 bei E. Hornung: "Anspielung auf den <<vereinigten>> Ba des Osi-
                            ris und des Re?"
   Die Göttin scheint eine Position zwischen den Osirisdarstellungen der
   1. und 2. Szene und der folgenden 4. Szene mit der Barke des Re einzu-
   nehmen, denn ihr Kopf ist zur Re-Darstellung und ihre Füße sind zu den
   Osirisdarstellungen gewendet. So trägt sie auch die Sonnenscheibe in
   der zu Re gewendeten und den Ba des Re in der zu Osiris zeigenden
   Hand.[2]

4. Die Sonnenbarke auf dem Rücken des Aker "fährt" nach Westen, so ist
   auch Isis rechts, d.i. auf der westlichen Seite dargestellt,[3] darunter

1) Textauszüge aus dem Teil D, E. Hornung, Unterweltsbücher, S. 458 ff.
2) Die Göttin in der 3. Szene entspricht dem sogen. Nutbild aus dem Höhlenbuch, V. Abschnitt, auch dort lautet der Text: "Dieser große Gott fährt
   dahin über der Höhle auf den beiden Armen der <<Geheimen>> (Nut)". E.
   Hornung, Unterweltsbücher, S. 374. Das Pendant zu dieser Göttin ist das
   Osirisbild im V. Abschnitt.
3) In den Königsgräbern nimmt Isis üblicherweise die linke Position ein.

wird die Hochhebung des geflügelten Chepri unter Beteiligung des Königs dargestellt. Eine erläuternde Beischrift fehlt.

An der Hochhebung des Chepri sind Isis,Nephthys und 2 Königsfiguren beteiligt. Zwischen den beiden Königsfiguren stehen 5 Kartuschen, links und rechts: "König von Ober- und Unterägypten (〉 , Sohn des Re (〉 ," in der Mitte nur der erste Titel mit der ersten Kartusche, darunter "er betet Re an".

5. "Was RE zu OSIRIS sagt,

   (zum) Gottes-Leichnam, der in der Dat ist: ..."

   Das Bild zeigt den liegenden Gott <<THE WESTERN ONE>>, aus welchem <<HORUS of the Two Arms>> aufsteigt, beschützt von ATUM.[1]

6. "So ist dieser große Gott beschaffen in seinem Oval, das in der Dat ist. HORUS kommt hervor aus dem Leichnam seines Vaters, ..."

   Den Figuren im Oval ist beigeschrieben <<Leichnam des OSIRIS>> und <<Leichnam des HORUS>>.

7. "Ihr hebt den Ba des OSIRIS hoch für ihn, und die, die in der Dat sind, bejubeln den Ba des OSIRIS - du bist ja CHONTAMENTI!"

   Am Schluß des Szenentextes steht: "König von Ober- und Unterägypten, König Osiris (𓄿), Herr Beider Länder (T 〉 , Sohn des Re, Herr der Diademe, Herr der Maat (E 〉 , selig bei den Herren der Maat.

   Du bist dort zusammen mit Isis, deiner Mutter, du bist zusammen mit den Großen, den Herren". (wahrscheinlich "der Maat", der Text bricht hier mit dem Ende der Kolumne ab).[2]

   Die 5.- 7. Szene befaßt sich mit dem Leichnam des Osiris, der Geburt des Horus aus dem Leichnam und dem Ba des Osiris.

   Die 8. und 9. Szene ähnelt der 11. Szene. Die Erläuterungen folgen deshalb an dieser Stelle nicht der Szenenfolge innerhalb des Registers.

8. <<Die Arme des NUN>> heben die Sonnenscheibe empor. Re steht vor der Szene, in welcher aus der Sonnenscheibe eine Schlange und ein Hathorkopf emporsteigen. Ein erläuternder Text fehlt.

9. Re steht vor 4 Schreinen, aus deren Mitte der geflügelte Horus aus der Sonnenscheibe geboren wird.

   "Er (RE) kommt hervor, verwandelt in diesen Leuchtenden (?),

   seine beiden Arme verwandelt in die beiden Kinder des CHEPRI,

1) Angaben nach A. Piankoff, T 363: "Names of the first two figures are obliterated".
2) Anm. 28 von A. Piankoff, T 366: "Corrupt passage taken from ch. 124 of the Book of the Dead". Bemerkenswert ist, daß im TB 124 ebenfalls die "Hochhebung" angesprochen wird.(E.Hornung, Totenbuch, S. 231, ab Textzeile 15).

so daß er zufrieden ist mit seinen beiden Flügeln".

Vorher wird ein Königstext eingeschoben:

"So sind diese Gottheiten beschaffen. Ihre Leichname - König Osiris,
Herr Beider Länder (T)(, ist in ihrem Hügel. Sie befinden sich auf
beiden Seiten der Sonnenscheibe, wenn sie ihr <<Geheimnis>> (den Skarabäus) gebiert".

11. Re steht vor und zwischen Schreinen, zwischen denen die gleiche "Geburt
des Chepri" aus der Sonnenscheibe erfolgt.

"Dieser RE hat sich in den großen CHEPRI verwandelt im Westen".

Innerhalb des Textes zur 12. Szene steht ein königlicher Einschub, der
wohl zur 11. Szene zu rechnen ist:

"König Osiris, Herr Beider Länder (T)(wird diese Verwandlungen machen
wie Re, (denn) er ist der Erste der Dat".

Die drei "Geburtsdarstellungen" in den Szenen 8, 9 und 11 scheinen nicht
die Sonnengeburt des Re und seine Verwandlung in Chepri am Horizont des
Osthimmels aufzuzeigen, denn nach dem Text verbleibt er in der Unterwelt, im Westen. So kann das "Eingangsbild" dieser Szenen mit dem Hathorkopf, der aus der Sonnenscheibe geboren wird (Szene 8) vielleicht
als Geburt der Westgöttin verstanden werden. Um welche Geburt im Westen
es sich handelt, bleibt offen.

10. "So sind diese Gottheiten beschaffen. Sie hüten das Innere des Himmels
und die verborgene Schetit, die in der Dat ist".

"Wächter der (Feinde), deren Kopf in Finsternis ..."

In dem königlichen Einschub wird das Ende des Textes zur 10. Szene teilweise wiederholt: "Heil dem König Osiris (ͦ⅃), Herr Beider Länder
(T)(, selig. Jubel für den Sohn des Re, Herr der Diademe (E)(, selig. Jubel! Siehe ich ziehe an dir vorbei, denn du bist einer, dessen
Leichnam ich erleuchte".

In dieser Szene wird ebenfalls auf die Bestrafung der Feinde angespielt, wie in der 12. und den folgenden Szenen:

10. "... ich passiere euch, ich eile vorbei (an) euch, ihr mit vernichtetem
Ba!"

12. "So sind diese Götter beschaffen.
Sie bewachen die Leichname ihrer <<Geköpften>>, deren Leiber sie umge-
stürzt haben".

13. "So sind diese Gottheiten beschaffen.
Sie fesseln die Leichname der Feinde und setzten sie in Flammen".

14. "So sind diese Gottheiten beschaffen (und?) die Kessel.

Sie werfen die Köpfe in ihre Kessel, die Leiber und Herzen in ihre Öfen".

Im 2. Teil der 10. Szene und in der 12. - 14. Szene wird die Vernichtung der Feinde durchgeführt.

15. "O dieses Bild mit geheimen Erscheinungsformen, das unter den Füßen der Schetit ist - ..."

16. Osiris-Chontamenti steht in seinem Schrein, umgeben vom <<Leichnam des GEB>> und <<Leichnam des TATENEN>>; Apophis wird von widderköpfigen Göttern gefaßt und vernichtet.

"So sind diese Götter beschaffen.

Sie hüten diesen, <<Der in seinem Erdreich ist>>..."

"Dieser große Gott zieht vorbei an der Höhle,

indem er geheim ist für die, die in (ihr) sind".

"Er befiehlt Maat für den König von Ober- und Unterägypten, den Herrn Beider Länder (T)|, selig".

In den letzten 4 Kolumnen der Wand ist ein vielleicht das Bildprogramm abschließender Text angebracht:

"Was RE zu den Göttern des Hügels sagt, welche seine Sonnenscheibe hüten:

Es verweilt, es verweilt die Sonnenscheibe in der Dat,

es verweilt ja die Sonnenscheibe im Westen !

Die Arme der (Göttin?) <<Mit geheimem Gesicht>> erheben (sie)".

Die rechte Seitenwand

Nordwand; die Bilder und Texte sind zum Grabeingang, nach Osten gerichtet. (Abb. Nr. 28, mit eingetragenen Szenen-Nummern).

1. "Wenn <<Der die Leichname hütet>> seinen Kopf der Sonnenscheibe zugewendet hat, zeigt er seinen Leichnam".[1]

"RE wandelt im Westen, und der Gottesleichnam fährt dahin, um die zu erhellen, unter denen er ist".

Ein königlicher Text ist kurz vor Ende des Szenentextes eingesetzt:

"Wenn diese Bau die beiden Ufer passiert haben, der Ba (/////)| passiert dieses große Ufer über dieser Höhle, umhüllt sie Finsternis".

2. + 3. Aker, als Doppelsphinx, trägt die Sonnenbarke. Dahinter[2] stehen 12 Stundengöttinnen mit der Scheibe auf dem Kopf, am Fuß mit einem

1) Textauszüge aus dem Teil A, E. Hornung, Unterweltsbücher, S. 427 ff.
2) Nach der Bildeinteilung der 2. und 3. Szene ziehen die 12 Göttinnen ebenfalls nach Westen und stehen vor der Barke des Re.

Stern sowie dem Zeichen für "Schatten".

Sie sind die, die Re zu ihren Stunden leiten. Die Stundengöttinnen sind entsprechend ihrer Fußstellung genau gegenläufig zum Bildprogramm wie die Barke des Re, d.i. nach Westen, in das Grabinnere gerichtet.

Unter der Sonnenbarke liegt unter einer großen Sonnenscheibe
<<Der Leichnam, in welchem RE ist>>.

"Er erleuchtet den Leichnam des ACHTI, wenn er als Sonnenscheibe eintritt, er erhellt den geheimen Leichnam".

Im Schlußtext, der sich auf den Leichnam des <<Westlichen>> bezieht, ist folgender königlicher Text eingefügt:

"Ich habe diesen <<Westlichen>> geschützt,

diesen, dessen Platz vor denen ist, unter denen er sich befindet.

Ich beschütze den Sohn des Re, seinen leiblichen (E)(, selig.

Ich rufe den Leichnam derer, unter denen er ist, ..."

Das 1. Register zeigt die Unterweltsfahrt des Sonnengottes und die Begegnung mit dem Sonnenleichnam.

Der Aufbau der rechten Seitenwand läßt vermuten, daß eine andere Reihenfolge als die Lesung der Register von rechts nach links möglich ist. Hierfür gibt es folgende Hinweise:

a) Die 7 Grabhügel auf der linken Wandseite sind in 3 Registern angeordnet, gehören jedoch, auch in der Lesung, offensichtlich zusammen.

b) Zu Beginn des 3. Registers ist ein größerer freier Raum gelassen worden, ohne die gesamte Darstellung des Registers entsprechend zur Mitte, d. i. nach rechts zu verschieben.

c) Es gibt eine senkrechte Achse in der Mitte dieser Seitenwand. Sie beginnt mit dem mittleren Bild des 1. Registers, läuft über die große Königskolumne im 2. Register und endet mit der Hochhebung der Sonnenscheibe aus dem Nun im 4. Register.

Die Zentrierung der beiden Aker-Bilder (1. und 4. Register), dazwischen die verbindende Königskolumne, trennt offensichtlich die linke und rechte Hälfte der Wand. Ist das einer der Gründe, die zu der ungewöhnlichen Schreibung der Königskolumne geführt hat? Hiernach ist der obere Teil, einschließlich "Sohn des Re" nach Osten, der untere Teil mit den Eigennamen nach Westen gerichtet.

Geht man von 2 Wandhälften aus, so würden die auch optisch gleich gestalteten 5 Göttergruppen der rechten Wandhälfte ebenso zusammenzufassen sein, wie die 7 Grabhügel der linken

Wandhälfte. Unter Beibehaltung der in den unteren Registern laufenden Szenennummern, werden nachstehend die genannten Gruppen zusammen behandelt.

4. Dem mumiengestaltigen Gott als Hauptfigur in der Mitte der Szene ist beigeschrieben: <<So ist dieser Gott beschaffen, der Hüter der Leichname im (?) Westen>>. Ein die Szene erläuternder Text fehlt.

5. "So sind diese Gottheiten beschaffen.

RE zieht an ihren Leichnamen vorbei,

damit er sie rufe und (ihnen) Weisungen erteile (?).

Die Strahlen dieses großen Gottes treten ein in die Leiber":

Die 4 den mittleren, anonymen Gott umstehenden Mumien sind Schu, Tefnut, Chepri und Nun.

6. Der zwischen den emporgestreckten Armen stehenden Göttin ist beigeschrieben: <<So ist (diese) Göttin beschaffen. Sie kommt hervor aus der Finsternis, (sie) schaut diesen ganzen Gott, wenn die Arme hervorgekommen sind>>. Die auf ihren Händen anbetend stehenden Götter <<Der Osten>> (links) und <<Der Westen>> (rechts) entsprechen den realen Himmelsrichtungen. Eine Szenenerläuterung fehlt.

9. "Passieren des TATENEN-Leichnams durch diesen großen Gott, indem er vorübereilt am Leichnam des NUN".

10. "So sind diese Götter beschaffen.

Sie hüten die beiden vernichtenden Arme,die in der Vernichtungsstätte sind.

Sie sind es, welche ihre Sonnenscheibe hochheben, ihre beiden Arme sind es, die RE hochheben.

Ihre beiden Arme vereinigen sich mit den Leichnamen der Unterweltlichen".

Die 5 Szenen der rechten Wandhälfte (4. - 6., 9. + 10.) sind durch den weitgehenden Mangel an erläuternden Texten schwer zu beurteilen. Gemeinsam scheint allen Szenen zu sein, daß es sich stets um Unterweltliche handelt, die Re auf seiner Unterweltsfahrt passiert.

7. 14 widderköpfige Götter: "Sie empfangen das Licht des RES, wenn sie den <<Großen>> ziehen, der unter ihnen ist", stehen vor der Barke des Re, dessen Fahrt wiederum gegenläufig nach Westen führt.[1] Der Vermerk <<Anpflocken>> und der Text: "Dieser große Gott macht Halt in der Höhle des (Gottes) <<Der die Stunden verbirgt>>, ..." deuten auf ein Ver-

1) Nach der Fußstellung sind die 14 Götter ebenfalls nach Westen ziehend dargestellt, ihr Kopf ist zur Barke gewendet.

weilen der Barke hin. Unter der Darstellung der Barke mit den 14 zie-
henden Göttern steht der Gott <<Der die Stunden verbirgt>>.

8. + 11. (einschließlich der 7 Grabhügel)
Die Texte zu den Grabhügeln und der 11. Szene, mit den aus der Regi-
sterbegrenzung ragenden Köpfen, scheinen verwandt zu sein. Zu den Grabhügeln: "Sie strecken ihren Kopf aus dem Inneren ihres <<Geheimnis-
ses>> hervor, (damit) sie das Licht RES empfangen".
11. Szene: "Sie preisen den Größten Gott, wenn er zwischen ihnen dahinzieht. Sie empfangen seine Sonnenscheibe, mit großem Schatten,..."

12. 2. Akerbild "zentriert" auf das 1. Akerbild des 1. Registers, mit der
dreifachen Wiedergabe der Sonnenbarke[1], welche ebenso wie die ziehen-
den Ba-Vögel oder Uräen gegenläufig, d.i. nach Westen ausgerichtet
sind. In diesem Bild ist die Ankündigung der Geburt Res am Osthorizont
in der Beischrift gegeben:
"Ziehen dieses großen Gottes durch die Göttinnen, welche leiten, die
in den Ufern (?) sind, damit (er) erstrahle im Ostberg. Was die Göttinnen, die in den Ufern (?) sind, zu RE-HARACHTE sagen:
Siehe, RE ist vortrefflich gezogen, vortrefflich gezogen!
Er zieht dahin zur Höhle des NUN!"

Ein Vergleich der linken und rechten Seitenwand zeigt, daß sich folgende
wesentliche Inhalte gegenüberstehen:

linke Seitenwand:

1. + 2.	Leichnam des Osiris.
5. + 7.	Aufsteigen des Horus aus dem Leichnam des Osiris, Hochhebung des Bas des Osiris.
8. - 11.	Geburt aus der Sonnenscheibe.
10., 12. - 14.	Bestrafung der Feinde.
16.	Leichnam des Osiris.

rechte Seitenwand:

1.	Der Gottesleichnam (Re).
2., 7., 12.	Die "Aker - Bilder".
4. - 10., 8. - 11.	Passieren von Gottesmumien, Grabhügel etc.

Auf beiden Seitenwänden handelt es sich um die Unterweltsfahrt des Sonnengottes. Das umfangreiche Bild- und Textprogramm kann auf die komplementäre

---

1) Hinter der rechten Barke befinden sich 2 Kolumnen: "Herr Beider Länder
(T) , Herr der Diademe (E) , der selig ist". Die Schrift ist, wie
die Barke gegenläufig nach Westen ausgerichtet.

Aussage Osiris (links) und Re (rechts) als wesentlicher Inhalt reduziert werden. Die unterschiedliche Widmung der Seitenwände ist auch durch die beiden jeweils durch ihre Größe hervorgehobenen Bilder in der Mitte des 1. Registers gegeben:

links (2.Sz.): "..., wenn er den Leichnam passiert des <<Dunkelherzigen>>, der im Verborgenen Raum ist".

rechts (2.Sz.): "Er erleuchtet den Leichnam des ACHTI, wenn er als Sonnenscheibe eintritt, er erhellt den geheimen Leichnam".

Auch der Abschluß der Szenenfolge im 4. Register der Seitenwände beschäftigt sich mit den gleichen Inhalten, wie die jeweilige zentrale Szene im 1. Register:

links (16.Sz.): Osiris-Chontamenti in seinem Schrein.

rechts (12.Sz.): 2. Akerbild "Was die Göttinnen, die in den Ufern (?) sind, zu RE-HARACHTE sagen: ..."

Die Darstellungen des Buches von der Erde auf der linken und rechten Rückwandseite der Sarkophaghalle[1] (Abb. Nr. 30) sind untereinander nicht in der für die Seitenwände vorgenommenen Form vergleichbar. Die Szenen sind auf die Vor- und Rücksprünge der nur zum Teil herausgeschlagenen Pfeiler und deren Zwischenräume dekoriert worden. Wahrscheinlich waren diese Szenen für die Rückwände des fertiggestellten Raumes, d.h. für die Wände der nicht ausgeführten hinteren Kolonnade bestimmt, während die Pfeiler sicher Königs- und Götterfiguren tragen sollten, wie sie in der ersten unfertigen Pfeilerreihe zu sehen sind. Insoweit ist der Standort des Buches von der Erde an dieser Stelle als "Notdekoration" anzusehen und es bleibt ungewiß, ob es sich hier um die ursprünglich vorgesehene und auch vollständige Wiedergabe von Bild und Text handelt.

Auffällig ist, daß der vor 2 Szenen stehende Re und die Bestrafung der Feinde gleichermaßen auf der linken Rückwand, wie auf der linken Seitenwand erscheinen, während solche Szenen ebenso auf der rechten Rückwandseite, wie auf der rechten Seitenwand fehlen.

Ferner ist zu vermuten, daß 3 weitere Szenen (Abb. Nr. 31, die sich auf der 1. Pfeilerreihe des Raumes befinden, zum Buch von der Erde gehören und möglicherweise einen Teil des nicht ausgeführten Bildprogramms für die beiden Eingangswände, das sind die Wände der nicht fertiggestellten 1. Kolonnade, bilden sollten.

1) Links Teil C, rechts Teil B, bei E. Hornung, Unterweltsbücher, S. 447 ff.

linker Teil

rechter Teil

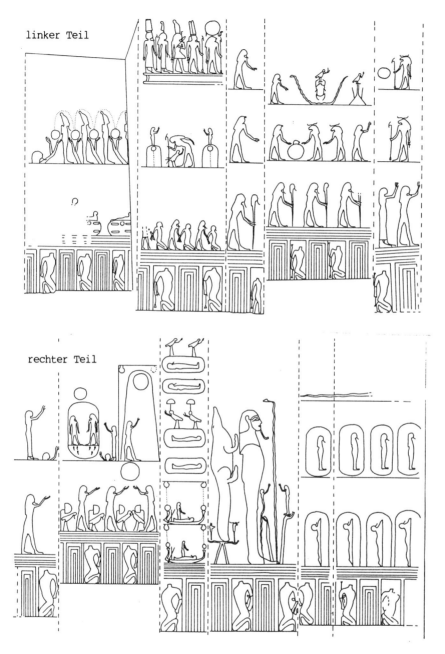

Die Rückwand der Sarkophaghalle mit Teilen des Buches von der Erde

Abbildung Nr. 30

Jeweils 1. Register (oberes Register)   Oberes Register der Pfeilerseite Ba
der Pfeilerseiten Bc und Cc

Abbildung Nr. 31

Die beiden Seitenwände können durch ihre komplementären Inhalte und ihren
Aufbau eine eigene, in sich geschlossene Darstellung über die Unterweltsfahrt des Sonnengottes enthalten. Dem stehen auch die ähnlichen Szenen der
jeweils anliegenden Rückwandseiten des Raumes nicht entgegen, denn eine
"Überleitung" von der linken zur rechten Raumseite ist nicht zu erkennen.
Auch die Textvermerke der rechten Seitenwand:
  3. Sz.: "Er beginnt seine Fahrt in der Dat,..."
  7. Sz.: "Wenn er die Fahrt begonnen hat in der Dat,..."
  12. Sz.: "..., damit (er) erstrahle im Ostberg".
deuten für die rechte Seitenwand eher auf eine in sich abgeschlossene Darstellung, als eine fortlaufende Szenenfolge über beide Raumseiten hin.
Nach dem vorliegenden Material muß offenbleiben, ob es sich um ein abgeschlossenes Buch in unvollständiger oder für Ramses VI. umgearbeiteter
Form handelt und ob es einen "Ablauf" aller Szenen in "Buchform" gegeben
haben könnte; dieses ist aus der Sarkophaghalle Ramses' VI. nicht eindeutig ablesbar.

Die Gestaltung des Bildprogramms in der Sarkophaghalle dient dem jenseiti-
gen Leben des verstorbenen Herrschers. Die Bilder und Texte der linken
Seitenwand sind zum wahren Westen ausgerichtet und zeigen die Begegnung
des Sonnengottes mit dem Leichnam des Osiris, aber auch die mythische Geburt des Horus aus dem Leichnam seines Vaters. Der Leichnam des vergött-
lichten Königs, der inmitten der Sarkophaghalle ruht, wird demnach gleichermaßen von Re erleuchtet und ihn umstehen durch den in der Halle umlau-
fenden unteren Fries die geköpften, gefesselten Feinde ebenso, wie Osiris
in den Szenen der linken Seitenwand, d.h. er ist rituell vor allem Übel

beschützt, seine Feinde sind vernichtet. Mit seinem Tode wurde er vom lebenden Horus auf dem Thron Ägyptens zum Osiris König und legitimiert damit seinen Nachfolger als neuen lebenden Horus auf dem Thron, der seine mythische Herkunft von Osiris ableitet.

Die Bilder und Texte der rechten Seitenwand sind zum wahren Osten ausgerichtet, nur die 5 Barken des Re und sein Geleit ziehen nach Westen, wie dieses für die vielfältig dargestellte Fahrt des Sonnengottes durch die Unterwelt im Grab Ramses' VI. gegeben ist. Es ist der Leichnam des Achti, dem Re auf seiner Unterweltsfahrt nach Westen (!) begegnet, während die Szenen nach Osten, zur Wiedergeburt am Osthorizont führen. So ist auch die zur Mitte ausgerichtete, senkrechte Bildachse der rechten Seitenwand unmittelbar auf den König bezogen:

Über die Sonnenbarke und den Leichnam des Achti (1. Reg.) führt sie zur nach zwei Seiten ausgerichteten Königskolumne (diese ist im oberen Teil nach Westen, im unteren Teil nach Osten gerichtet) und weiter zur Hochhebung der Sonnenscheibe aus den Tiefen des Nun (4. Reg.). Ensprechend nimmt der König durch seinen nach Westen gerichteten Thronnamen an der Westfahrt dessen Sonnengottes ebenso teil, wie als Sohn des Re und seinen Eigennamen an der Hochhebung und Neugeburt der Sonne.

Durch das Buch von der Erde kann sich Ramses VI. mit Osiris (linke Seitenwand) und dem Gottesleichnam des Achti (rechte Seitenwand) identifizieren und nimmt damit an der Identität von Osiris und Re teil.

Die Pfeiler der Sarkophaghalle

Von den ursprünglich geplanten 8 Pfeilern[1] sind nur die 2 mittleren Pfeiler der vorderen Viererreihe vollständig aus dem Fels herausgeschlagen worden. Diese Pfeiler wurden vollständig dekoriert und auch die zum Sarkophag zeigenden zwei Seiten der äußeren Pfeiler wurden mit Dekorationen ausgestattet. Die nicht aus dem Fels gelösten Pfeiler der hinteren Viererreihe sind mit Teilen des Buches von der Erde bedeckt. Lediglich die Vorderseiten der beiden mittleren, unfertigen Pfeiler sind mit jeweils einer Textkolumne bedeckt, welche durch ihre Größe auffallen und nicht zum Buch von der Erde gehören.

Dadurch, daß nur im mittleren Bereich die Sarkophaghalle zwischen den zwei Pfeilerreihen vertieft worden ist[2], sind die 4 mittleren Pfeiler

1) Seit Ramses II. sind in den fertiggestellten Sarkophaghallen 2 Reihen von je 4 Pfeilern vorhanden.
2) In allen seit Ramses II. fertiggestellten Sarkophaghallen ist der Raum zwischen den Pfeilern und den Seitenwänden stets vertieft.

134

größer als die 4 äußeren Pfeiler (s. B 112 und Plan Abb. Nr. 26). Die Kö-
nigs- und Götterfiguren der vorderen Viererreihe sind dementsprechend auf
unterschiedlich hohen Flächen der Pfeilerseiten dekoriert worden, ohne daß
die Figurenhöhe unterschiedlich ist. Die Figuren stehen stets auf dem um-
laufenden Fries der geköpften Feinde, so daß Raum gewonnen wurde, um an
den mittleren Pfeilern oberhalb der Figuren zum Teil weitere Register unterzubringen.

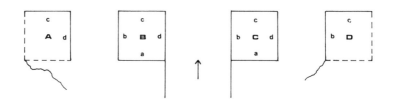

Die Dekoration der Pfeilerseiten in der Sarkophaghalle [1]
Abbildung Nr. 32

Die Einteilung der Gottheiten:

Ac (IV a):	Bc (III a):	Cc (II a):	Dc (I a):
Ptah	Osiris	Anubis	Ptah-Sokar-Osiris
	Bb (III d):	Cd (II d):	
	Ptah-Sokar-	Meresger	
	Osiris		

Die Einteilung des Königs:

1) Es ist die übliche Kennzeichnung der Pfeiler gewählt worden. Die von A.
Piankoff gewählte Bezeichnung (T 25 ff.) wird folgend in Klammern hinzugefügt.

Ad (IV b):	Ba (III c):	Ca (II c):	Db (I b):
opfert Maat	opfert Maat	libiert	opfert Maat
	Bd (III b):	Cb (II b):	
	betet an	betet an	

Die Dekorationsform der vorderen Pfeilerreihe entspricht den zeitlich vorangegangenen Gräbern, d.h. jede Pfeilerseite ist mit einer Figur dekoriert;
der König ist stets in das Grabinnere oder zu den Seitenwänden ausgerichtet und steht jeweils vor einem Gott.[1] Die vordere Pfeilerreihe ist mit
den Gottheiten des Totenreiches dekoriert, wobei Ptah-Sokar-Osiris in zwei
verschiedenen Erscheinungsformen vertreten ist. Auf der Nordseite (Dc) ist
er falkenköpfig und mit der Osiriskrone, in welche die Sonnenscheibe eingearbeitet worden ist, dargestellt und trägt
das Flagellum. Die Beischrift nennt nur ein Epitheton: "inmitten der Schetit". Die zweite Darstellung des Ptah-Sokar-
Osiris ist auf der Südseite (Bb) und wird menschenköpfig mit Stirnband und
⸙ tragend dargestellt. Nach dem Namen und dem obigen Epitheton (wie Dc)
folgt dann zusätzlich: "Der Ba des št3.tj (Ort des Sonnengottes, WB IV/
554), der in seiner Sonne befindliche, der Leichnam ruht in
der Unterwelt des Re, š3š3, der Ba des št3.tj". Der Aspekt
des Sonnengottes ist durch die über dem Text angebrachte geflügelte Sonnenscheibe mit dem Königsnamen verstärkt.[2]

Eine ähnliche Betonung des unterweltlichen Gottes mit den Aspekten des
Sonnengottes ist bei Ptah (Ac) wiederum in der südliche Hälfte der Sarkophaghalle festzustellen, gleichzeitig wird die Schöpferrolle des Gottes
herausgestellt: "Gegrüßt seist du Ptah, der Große, der südlich seiner Mauer ist, Herr des Lebens Beider Länder, der die große Sonne geschaffen hat.
Es leuchtet Chepri, der in der Abendbarke ist. Dieser Atum, der sich über
die Maat freut, Ba des Himmels, der Geliebte, die herrliche Macht (sḫm-
šps), der die Beiden Länder überschwemmt".Dagegen ist die Beischrift zu
Meresger auf der Nordseite und die ähnliche umfangreiche Beischrift zum
ihr gegenüberstehenden König nur auf den unterweltlichen Bereich bezogen:
"... Sie gibt, daß mein Ba an der Spitze der Dat sein wird ..."(Auszug aus

1) Über die Pfeilerecke gesehen, entsprechend der Blickrichtung von Gottheit und König.
2) S. hierzu die Pfeilerseite Bc im 1. Pfeilersaal mit der menschenköpfi-
gen Darstellung des Ptah-Sokar-Osiris. Dort ist ihm "selig" beigeschrieben, ein Epitheton, das zum König gehörig angesehen werden muß. So kann
in beiden Fällen (1. Pfeilersaal und Sarkophaghalle) eine Identifizierung des Königs mit dem Gott angenommen werden.

dem Königstext, der an Meresger gerichtet ist). Meresger erscheint in ihrer Kleidung wie eine Königin und wird als "deine Mutter" bezeichnet.

Osiris (Bc) und Anubis (Cc), die unmittelbar dem Sarkophag in der Mitte des Raumes gegenüberstehen, tragen nur unterweltliche Epitheta. Unmittelbar über[1] den beiden Göttern bringt der kniende König jeweils "Amun-Re, Herr der beiden großen Federn", das Abbild der Maat dar und darüber, im 1. Register, beten zwei Götter die Sonnenscheibe an (s. Abb. Nr. 31). Die letzteren Szenen sind wahrscheinlich ein Teil des Buches von der Erde. Diese Komposition ist bemerkenswert: die beiden Hauptgötter der Unterwelt Osiris und Anubis sind im unteren Bereich der Pfeiler angeordnet, darüber die Erscheinungsform des Sonnengottes Amun-Re, darüber die Anbetung der Sonnenscheibe. Dieses oberste Register geht dann getrennt durch eine Königstextzeile unmittelbar in das Buch vom Tage an der Decke über.

Ein weiteres Teil vom Buch von der Erde scheint mit der Darstellung von 6 unterweltlichen Schreinen (Abb. Nr. 31) auf der Pfeilerseite Ba (oberhalb des Königs angebracht worden zu sein. Diese Darstellung aus dem unterweltlichen Bereich hat entsprechend keine Verbindung zur Decke mit dem Buch vom Tage.

Fa

Ga

Die westliche, hintere, unfertige Pfeilerreihe ist bis auf die Pfeilervorderseiten Fa und Ga mit Teilen des Buches von der Erde bedeckt. Der auffällig groß gehaltene Text der beiden Kolumnen lautet[2]:

Fa: "Du wirst sein der Erste der Dat, Osiris König (T) /////".

Ga: "Du wirst sein an der Spitze des ḏb3.t (des Palastes)[3], Osiris König (E) ⌈ewiglich⌉.

Diese Inschriften stehen - getrennt durch die königliche Textzeile - unter-

1) Der entsprechende größere Dekorationsraum ergibt sich aus dem vorgenannten Unterschied der Pfeilerhöhe.
2) Sie flankieren damit den Zutritt zum letzten kleinen Raum, der der Sarkophaghalle folgt.
3) H. Kees, und , Rec. Trav. XXXVI (1914), S. 1 - 16 weist nach, daß ḏb3.t als "Palast" zu verstehen ist. Es muß offen bleiben, um welche Art Palast es sich hier handelt, z.B. den Grabpalast des Osiris in der Unterwelt ?

halb des Buches von der Nacht. Der König wird damit im westlichen Teil der Sarkophaghalle durch die Gegenüberstellung der obigen Texte mit den Göttern Osiris (Bc) als "der Erste der Dat" und Anubis (Cc) als "an der Spitze des Palastes" identifiziert.

Die Decke der Sarkophaghalle

Über dem durch die Pfeiler begrenzten Innenteil der Sarkophaghalle wölbt sich die Decke, welche die zweifache Darstellung des Nutbildes zeigt. Die Göttin verschluckt die Sonne im Süden (!) und gebiert sie neu im Norden (!).

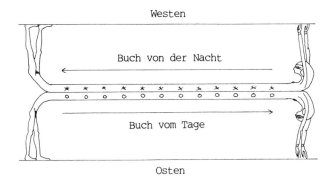

Die Gestaltung der Decke in der Sarkophaghalle

Abbildung Nr. 33

Die Einzelheiten der Darstellungen und die Königseinschübe wurden mit der ähnlichen Darstellung der Decken des oberen Grabbereiches abgehandelt.

Die Anordnung der beiden Deckenbilder orientiert sich einerseits nach der wahren Himmelsrichtung, indem das Buch von der Nacht im Westen liegt und das Buch vom Tage im Osten. Andererseits erfolgt die Sonnengeburt aus dem Schoß der Nut im wahren Norden, welcher gleichzeitig als Westen gilt[1], und damit in der "falschen" Himmelsrichtung. Die gleiche "falsche" Himmelsrichtung ist im Schwergewicht der beiden Seitenwände der Sarkophaghalle gegeben, dort ist die nördliche Szenenfolge dem Sonnenleichnam und die südliche Szenenfolge dem Leichnam des Osiris gewidmet. Obgleich die Himmelsrichtungen uns falsch gewählt scheinen, ziehen durch die vorgenommene Einteilung von Deckenbild und Seitenwänden die Barken und Götter der Stunden

1) Für die Himmelsrichtungen der astronomischen Decken siehe u.a. EAT III, S. 4 und 5 "Orientation".

des Tages "richtig" zur rechten Seitenwand mit den Re-betonten Szenen und umgekehrt die der Nacht zu Osiris.

Wäre das Bildprogramm der Sarkophaghalle spiegelverkehrt angeordnet worden, würden dann die Re-betonten Szenen der rechten Seitenwand auf der linken Seitenwand stehen und nach Westen und nicht wie jetzt nach Osten ausgerichtet sein.

Wie in der Sarkophaghalle wurde auch im oberen Grabbereich eine entsprechende Präferenz der "richtigen" Richtung gegeben, in welcher die Barken und Götter ziehen sollten. So liegt dort die Geburt der Sonne (der Schoß der Nut) im wahren Osten und die Barken und Götter des Buches vom Tage ziehen nach Westen und die vom Buch der Nacht nach Osten, zum Grabeingang. Bei dieser Einteilung war es jedoch unvermeidlich, die beiden Bücher den Himmelsrichtungen "falsch" zuzuordnen, denn nunmehr liegt das Buch vom Tage in der nördlichen und das von der Nacht in der südlichen Hälfte des oberen Grabbereiches.

Unterhalb der beiden Nut-Deckenbilder ist jeweils ein breiter Textstreifen angebracht, welcher das Tonnengewölbe nach unten abschließt. Der Text beginnt jeweils in der Mitte der Zeile mit dem Zeichen ⸙ und läuft nach links und rechts über die volle Länge des Raumes (B 129), er enthält dementsprechend 4 Textteile.

Der Text auf der Ostseite beginnt mit "Leben dem guten Gott" (nt̠r nfr) und fährt fort:

links: "das Abbild des Re, geschaffen von Atum, ihm selbst, göttlicher Sohn, der aus seinem Leibe herausgekommen ist, geliebt von Tatenen, König von Ober- und Unterägypten, Herr Beider Länder (T)(, Sohn des Re (E)(".

rechts: "Sohn des Amun, Erbe des Herrn der Götter, treffliches Ei, Erster seines Harems (h̠ntj ip.t.f Beiname des Amun), erzeugt vom Herrscher Thebens, König von Ober- und Unterägypten, Herr Beider Länder (T)(, Sohn des Re, Herr der Diademe (E)(".

Der Text auf der Westseite beginnt jeweils mit "Leben dem göttlichen König" und fährt fort:

links: "Erbe des Re, der festlich macht die Nahrung (⸗) derer, die zu den Heiligtümern gehören, König von Ober- und Unterägypten, Herr Beider Länder, auf dem Thron seines Vaters (T)(, Sohn des Re, Herr der Diademe, Herrscher der Göttnerneunheit (E)(, (geliebt von) Osiris".

rechts: "glänzend an Sonnenscheibe (Bezeichnung des Königs), einer, für
den verborgen worden ist das Geheimnis der Schetit, einer,der den
König von Ober- und Unterägypten, den Herrn Beider Länder beschützt und einer, der den Osiris-Chontamenti geleitet (T), Sohn
des Re, göttlicher Sohn seines Leibes (E) ".

Die Textzeilen enthalten ausschließlich Attribute des Königs, die ihn in
differenzierter Weise als vergöttlichtes Abbild, Erbe oder Sohn des Sonnengottes charakterisieren, wobei ein Textteil (rechte Ostseite) nur aus
Epitheta besteht, die mit Amun zusammenhängen. Während die Ostseite ihn
noch als ⸗ bezeichnet und im letzten Textteil kein Einschub im Namen und
Titel vorgenommen wird, ist er auf der Westseite "Göttlicher König" und es
wird in die übliche Königstitulatur eingeschoben: "auf dem Thron seines
Vaters, ... Herrscher der Götterneunheit" (links) und "einer, der den Kö-
nig ... beschützt und einer, der den Osiris-Chontamenti geleitet" (rechts).
Die Epitheta der rechten Seite zeigen, daß er als Gott nunmehr den toten
König, d.h. sich selbst beschützt.

Schematische Darstellung des Bildprogramms der Sarkophaghalle
In der Sarkophaghalle sind die einzelnen Elemente des Bildprogramms wie
folgt angeordnet:

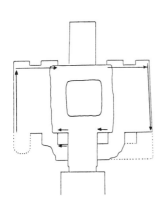

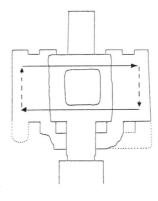

Buch von der Erde   Das Buch von der Nacht
                                 Das Buch vom Tage

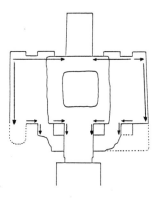

Der unterste, umlaufende Fries mit den
gefesselten und geköpften Feinden

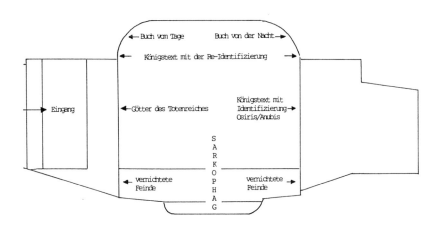

Das Bildprogramm im Schnitt der Sarkophaghalle
Abbildung Nr. 34

Die Einteilung weist eine deutliche vertikale Gliederung auf:
Decke des Tonnengewölbes: Der Nachthimmel, im Osten mit dem Buch vom Tage,
    Im Westen mit dem Buch von der Nacht.
Abschluß der Himmelsdarstellung: Königstexte, welche ihn als Gott und Ab-
    bild, Sohn oder Erbe des Sonnengottes benennen.
Tympanum: "Programmatische" Szenen mit dem Leichnam des Osiris (li.) und

dem Leichnam des Achti (re.).

Außenwände: Das Buch von der Erde = Unterweltsfahrt des Re.

Pfeiler: Die Götter des Totenreiches. Der vergöttlichte König als "Erster der Dat" und "an der Spitze des Palastes".

unterer Fries: Die vernichteten Feinde = die Vernichtung allen Übels.

Durch diese Gestaltung ist der "natürliche" Ablauf eingehalten:
im oberen Bereich die Himmelsdarstellung,
im mittleren Bereich die Unterweltsfahrt des Re und die Götter des Totenreiches,
im unteren Bereich die Vernichtung der Feinde.

Der vergöttlichte König ist in die drei Bereiche entsprechend integriert:
im himmlischen Bereich identifiziert mit Re durch seine
Textbänder,
im Totenreich identifiziert mit Osiris und Anubis durch die
Textkolumnen Fa und Ga,
in der Tiefe der Dat durch seinen im Sarkophag ruhenden
Leib, der wie im Bild des Buches von der Erde (li. Seitenwand, 1. Szene) von allen Übeln durch die Vernichtung
der Feinde befreit ist.

Die horizontale Gliederung (siehe die obigen drei Grundrisse) weist zwei
in sich geschlossene Systeme auf, die in ihrer Kombination schematisch wie
folgt dargestellt werden können:

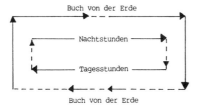

Die Fahrt des Sonnengottes

An der Decke als Nachthimmel ist die Fahrt des Sonnengottes durch die Stunden mit dem ewigen Ablauf von Sterben und Neugeburt der Sonne dargestellt,
während die Außenwände mit dem Buch von der Erde die Verbindung von Osiris
und Re zeigt. Beide Systeme vollziehen in unterschiedlicher Form die Rege-
neration.Verbunden sind sie untereinander durch die gleichartige Ausrichtung

mit der Sonnengeburt aus dem Schoß der Nut und der Re-betonten Seitenwand
im nördlichen Teil der Halle.

Zu den beiden geschlossenen Systemen treten in der horizontalen Gliederung
die Götter des Totenreiches, die dem toten König ihre Zueignungen geben
und die ebenso den Sarkophag umstehenden, wie die als Fries gestalteten,
vernichteten Feinde, die zeigen, daß alles Übel, welches das jenseitige Leben des toten Königs bedrohen könnte, vernichtet ist.

e) Der Raum hinter der Sarkophaghalle
   (B 122 - 126, T 377 - 379)

Der kleine Raum hinter der Sarkophaghalle scheint der Beginn eines in der
Achse des Grabes weiterführenden Korridors zu sein. Der Fußboden steigt im
vorderen Bereich an[1], das vordere Deckenteil ist waagerecht und in der Höhe der 1. Kolonnade der Sarkophaghalle ausgeschlagen worden, somit handelt
es sich hier eindeutig um das Ausgangsteil aus der zweiten hinteren, nicht
fertiggestellten Kolonnade der Sarkophaghalle. Danach senkt sich der Fußboden wieder waagerecht, während die Decke noch nicht vollständig ausgearbeitet und niederer als am Beginn des Korridors ist. Der Raum ist in der
Steinbearbeitung unausgeführt geblieben und wahrscheinlich erst nach dem
Tod des Königs in Eile und flüchtig verputzt sowie mit der vorgefundenen
Dekoration versehen worden.

Die Seitenwände sind in jeweils 2 Register eingeteilt, in denen oben 7 und
unten 8 Götter mit anbetend erhobenen Händen auf die Rückwand des Raumes
zuschreiten. Nach den Beischriften handelt es sich um Götter, die die Dekansterne repräsentieren und im oberen Register der rechten Seitenwand
auch um die Horuskinder, Amset, Hapi, Duamutef und Kebehsenuf. Die Dekane
sind unvollständig, die richtige Folge ist nicht immer eingehalten und es
wimmelt von Schreibfehlern.[2] Die Flüchtigkeit der Arbeit ist in der unterschiedlichen Ausführung und den unregelmäßigen Abständen der Figuren gut
erkennbar, ferner ist nur im oberen linken Register den Göttern ein Stern
über ihr Haupt gesetzt.

Auf der Rückwand des Raumes ist die Hochhebung der Sonnenbarke durch den
Gott Nun dargestellt. Die Komposition des Bildes entspricht dem Schlußbild
des Pfortenbuches[3], jedoch sind wesentliche Veränderungen vorgenommen wor-

---

1) Dieses Ansteigen entspricht der Treppe oder Rampe, die aus dem vertief-
   ten Teil der Sarkopahghalle auf das Niveau der Kolonnade führt.
2) EAT III, S. 149 ff., auch für die Liste der Beischriften.
3) E. Hornung, Pfb. II, S. 289 ff. und Abb. S. 290.

den: die verringerte (unbenannte)Besatzung der Barke ist zur Sonnenscheibe
(der unter der Sonne befindliche Chepri fehlt[1]) ausgerichtet; die zurück-
gekrümmte Figur des Osiris, der die Dat umschließt, fehlt, dafür ist in
gleicher Haltung (ohne Umschließung der Dat) eine weibliche Gottheit, sicher Nut, nach Osten gewendet dargestellt; neben dem nach Westen gewendeten Gott Nun ist mit anbetend erhobenen Händen beidseitig der kniende König mit seinem Namen wiedergegeben; die Wasserfläche ist nicht dargestellt,
der Bilduntergrund bleibt ungestaltet; das Bild wird am unteren Rand durch
eine Schilfmatte (?) abgeschlossen.

Ein über der Barke angeordneter Text, jeweils von der Bildmitte zu lesen,
erläutert den Vorgang:

links: "Homage to AMON-RE, HORUS OF THE HORIZON,
        Great Disk, Flame which gives light, KHEPRI in his Evening Barge,
        this ATUM whose soul makes the sky content, Beloved One, Holy Po-
        wer which overflowes".

rechts: "HOMAGE to AMON-RE, HORUS OF THE HORIZON
        ...[2] who traverses the sky, Great Hawk who makes the days glori-
        ous (?), the One with the powerful breast, with a beautiful face,
        with two great Plumes".

(A. Piankoff, T 379 sieht in Amun-Re und Harachte zwei Gottheiten, während
E. Hornung, Pfb. II, S. 289 eine Gottheit = Amun-Re-Harachte übersetzt).

Im 5. Korridor des Grabes von Ramses VI. endet das Amduat ohne die Wiedergabe der 12. Stunde und damit ohne die Sonnengeburt. Es ist denkbar, daß
diese Sonnengeburt an das Ende des Grabes, wenngleich in der Bildkomposition des Pfortenbuches, verlagert wurde. Der Text zur Sonnengeburt im Amduat lautet:

   "Es ist dies geheime Bild, das SCHU stützt unter NUT,
    damit die <<Große Flut>> (der Sonnengott) herausgehe aus der
    Erde und aus diesem Bild".[3]

Der obige Text findet seine Parallele im Nutbild der Sarkophaghallendecken
des Osireion in Abydos und des Grabes von Ramses IV. Hier trägt der Gott
NUN den Leib der NUT, während die Füße und Hände der Göttin noch das Urge-

---

1) Die Mitte der Sonnenscheibe ist zerkratzt; es ist nicht völlig auszuschließen, daß Chepri in der Sonnenscheibe dargestellt gewesen ist.
2) Von A. Piankoff nicht übersetztes Textteil (B 124); das hier zu vermu-
   tende Adjektiv und die Bestimmung des Gottesnamens (s. Det.) ist nicht
   bekannt.
3) E. Hornung, Unterweltsbücher, S. 193.

wässer berühren[1]. Der das Nutbild umgebende Text behandelt die Bewegungen der Sonne und der Sterne. Die Sonne durchläuft hierbei den Leib der Nut "upwards from the Duat, that is from the other world. With it are supposed to rise the decans knmt and št3. We have in this the first occurrence of the important insight that appearance and disappearance of sun and stars are related phenomena, here expressed by their common wanderings through the Duat".[2]

Die Sonnengeburt, bei Ramses VI. in der Bildform des Pfortenbuches[3], gemeinsam mit den Dekansternen gibt für den toten König die Regeneration in Ewigkeit entsprechend dem Wandel der Gestirne wieder. Wie die Sonne täglich wiedergeboren wird, ist die jährliche Wiedergeburt der Dekane gegeben: 90 Tage verbleibt der Stern im Westen bevor er in die Dat eingeht; zu dieser Zeit verschwindet er unmittelbar nach dem Sonnenuntergang und ist während 70 Tagen[4] unsichtbar. Sein Wiedererscheinen wird "Geburt" genannt, er erscheint im Osten und wandert zurück zum Westen.[5]

f) Die Deckengestaltung

Die Decken des unteren Grabbereiches sind in allen Räumen[6] mit umfangreichen und vielgestaltigen Darstellungen des unterweltlichen Nachthimmels versehen.

Die Decke des Abgangs aus dem 1. Pfeilersaal (B 172)

Wie stets an den Unterseiten der Durchgangsstürze ist auch auf das kurze Deckenstück vor dem 4. Korridor der aus dem Grab herausfliegende Geier gesetzt worden. Die Darstellung erfolgte, wohl durch den größeren verfügbaren Raum zweifach und wurde darunter mit jeweils einer Textzeile versehen, die von der Mitte mit dem Zeichen ˁnḫ ausgehend die Titel und Namen des Königs nennt: "König von Ober- und Unterägypten, Herr Beider Länder (T)(, Sohn des Re (E)(, selig" (links), "ewiglich", oder "dem Leben gegeben wird" (rechts).

Die Decke des 4. Korridors (B 173 - 176, T 433 f.)

Die ungewöhliche Darstellungsform der Barken wurde bereits von H. Grapow und H. Schäfer[7], die gesamten Abbildungen von A. Piankoff und Ch. May-

1) EAT I, Fig. 20 + 21, das Urgewässer ist in Fig. 20 gut zu erkennen.
2) A.a.O., S. 38 ff.
3) Die Anbringung des Nutbildes war in dem kleinen Raum nicht möglich.
4) Diese 70 Tage gelten als die Balsamierungszeit.
5) EAT I, S. 41.
6) Die unvollendete Decke des Raumes nach der Sark.-H. blieb ungeschmückt.
7) H. Grapow u. H. Schäfer. ZÄS 73 (1937), S. 97 ff.

stre[1] beschrieben, jedoch ohne, daß eine Erklärung gegeben wurde, warum hier von der ägyptischen Bildnorm so eklatant abgewichen wurde. Die Decke gibt offensichtlich eine Umgestaltung von wenigen Teilen des Buches vom Tage und umfangreichen Teilen des Buches von der Nacht wieder. Erläuternde Vermerke oder Namen zu den vielen, unterschiedlichen Götterprozessionen fehlen. Die Kartuschen des Königs und zwei Königsinschriften (ohne Wiedergabe der Königsfigur) sind die einzigen zusätzlichen Vermerke.

Die Bilddarstellungen der Decke lassen sich in 5 Bildgruppen einteilen:
Die Götterprozession aus dem Buch vom Tage in einem Register entlang der linken, südlichen Seitenwand.
Die Götterprozession mit dem Ziehen der Sonnenbarke aus dem Buch von der Nacht in drei Registern entlang der rechten, nördlichen Seitenwand.
Das von den äußeren Registern einschlossene Mittelteil, mit den großen Barkendarstellungen und den Erscheinungsformen des Sonnengottes, umschlossen von Götterprozessionen;
mit der großen Mehen-Schlange, umschlossen von Göttern;
mit den Seligen auf den Totenbahren.

Wie im oberen Grabbereich[2] läuft das Buch von der Nacht Richtung Grabeingang, d.h. daß die (nicht dargestellte) Sonnengeburt ordnungsgemäß im Osten erscheint, während das in das Grabinnere gerichtete Buch vom Tage, ohne Darstellung des Sonnenunterganges, im Westen erfolgt. Aus der Himmelsrichtung der beiden Bücher erschließt sich der Ablauf des Mittelteils. Im Osten, d.i. zu Beginn des Korridos, werden die Sonnenbarken, im Westen, zum Ende des Korridors, werden die seligen Toten der Unterwelt auf ihren Bahren abgebildet. In das Zentrum des Mittelteils ist die große Mehen-Schlange gesetzt (Abb. Nr. 35).

Das Besondere der Bildkomposition dieser Decke ist nicht allein die Darstellungsform von Bildteilen im Grundriß, sondern vielmehr die offensichtliche "Zerlegung" der Sonnenbarke in Teilbilder. Hierfür eine kurze Übersicht:
Die erste Barke (vom Korridorbeginn gesehen) wird im Grundriß, in einigen Einzelteilen (z.b. das Schreininnere) im Aufriß dargestellt. Nur hier ist

1) A. Piankoff u. Ch. Maystre, BIFAO XXXVIII (1939), S. 65 ff.
2) Das Buch von der Nacht und das Buch vom Tage erscheinen im oberen Grabbereich innerhalb des Nutbildes im 3. Korridor, Schachtraum und 1. Pfeilersaal.

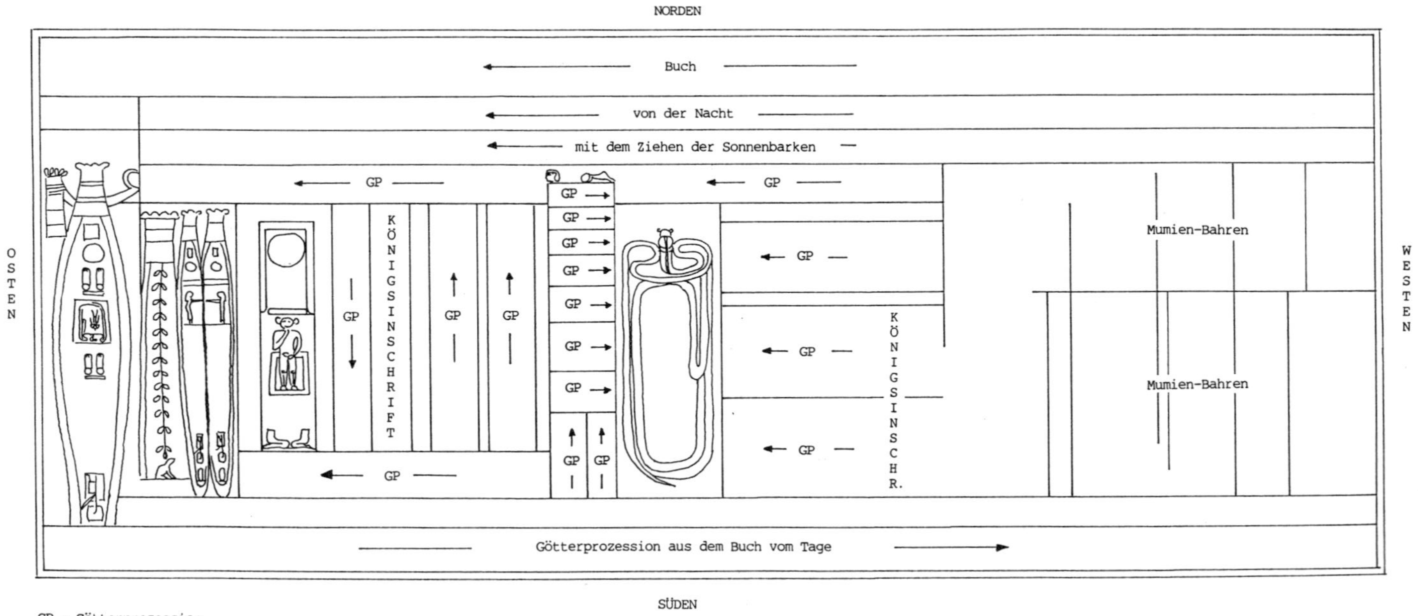

WESTEN

NORDEN

Buch

von der Nacht

mit dem Ziehen der Sonnenbarken

Mumien-Bähren

Mumien-Bähren

K
Ö
N
I
G
S
I
N
S
C
H
R.

GP

GP

GP

GP

GP

GP

GP

GP

GP

GP

GP

GP

GP

GP

GP

GP

K
Ö
N
I
G
S
I
N
S
C
H
R
I
F
T

GP

GP

GP

Götterprozession aus dem Buch vom Tage

SÜDEN

OSTEN

GP = Götterprozession

Schematische Darstellung der Decke des 4. Korridors

Abbildung Nr. 35

zur Verdeutlichung die Barke am Bug in der Seitenansicht wiederholt. Der Grundriß dieser Nachtbarke ist am Heck "abgeschnitten", ebenso wird von der 2. Barke nur ein Teil, die vordere Hälfte[1] abgebildet, in ihr wird eine Blattranke[2] wiedergegeben, die in dem Zeichen ḫḳt (Helferin bei der Geburt)[3] endet. Die folgenden zwei, Seite an Seite liegenden Barken sind im Grundriß, Isis und Nephthys, welche die Sonne "übergeben"[4] in der Seitenansicht dargestellt. Folgend wird die Sonnenscheibe im Schrein, darunter ein Kind im Schrein und die einander zugewendeten Unterkörper von zwei weiblichen Gottheiten abgebildet. Die Schreine sind im Grundriß ausgeführt, wie die Türöffnung an der Unterkante des oberen Schreins eindeutig belegt. Auch die beiden weiblichen Figuren müssen als eine gedachte Grundrißform gelten, da es nicht möglich ist, eine hockende weibliche Form gleichermassen im Grundriß wiederzugeben, wie eine männliche stehende Figur durch die Abbildung der Fußsohlen; diese Form ist in der 1. Barke anschaulich dargestellt. Das Bild enthält folgende Komponenten: Die Erscheinungsform des Re als Sonnenscheibe und als wiedergeborenes Kind, sowie die den Vorgang anbetenden Göttinnen Isis und Nephthys.[5] Es folgt die senkrechte Inschrift: "König von Ober-und Unterägypten, Herr Beider Länder, Herr der Stärke, Herr der Rituale (T)(, Sohn des Re, Herr der Diademe (E)(, dem Leben ewiglich und unabsehbar gegeben wird". Die bisher geschilderten Bilddarstellungen werden so von Götterprozessionen umrahmt, daß sie als gesondertes Bildteil erscheinen.

Die Ausrichtung der die große Mehen-Schlange umrahmenden Götter deutet auf ein eigenes Bildteil hin. Es ist die Schlange, welche im Buch von der Nacht den Schrein des Re in der Sonnenbarke umringelt.[6] Vor dem letzten Bildblock, die seligen Toten auf ihren Bahren, steht folgende senkrechte Inschrift: "Du wirst herausgehen wie Re aus der Erde (der Unterwelt) wie Ptah, König von Ober- und Unterägypten, Herr Beider Länder (T)(, du wirst nicht von der Nachtbarke des Re zurückgehalten, Sohn des Re, Herr der Diademe (E)(.[7] Auf den Totenbahren werden die Seligen in ihren Särgen (am

1) Als Barkenteil ist die Wiedergabe nur am Bug zu erkennen, es fehlt die Schwingung der Seitenlinien.
2) R. Germer hält es für Potamogeton schweinfurthii (mdL. Mitteilung), s. R. Germer, Flora, DAIK 1985, S. 188.
3) Die Froschgöttin Heket als Geburtshelferin scheint mir besser zu passen, als ∬♀ für "Wiedergeburt", so A. Piankoff/Ch. Maystre, BIFAO XXXVIII (1939), S. 67.
4) S. Buch von der Nacht, B 196, unten.
5) S. Buch von der Nacht, B 196, Abbildung unmittelbar am Schoß der Nut.
6) Es ist der Re beschützende Uroboros, der Weltumringler.
7) Bei A. Piankoff, T 434, sind die beiden Satzteile vertauscht.

Ende des Korridors) und in den verschiedenen Phasen der Erweckung und Bewe-
gung nach Lösen der Mumienbinden gezeigt, um dann wieder in die Mumienform
(zu Beginn der Wiedergabe im Korridor) zurückzufallen. Dieser Ablauf und
der Gestus der Anbetung im mittleren Teil zeigt, daß es sich hier um die
Erweckung der Toten handelt, die bei der Fahrt des Sonnengottes durch die
Höhlen und Grüfte der Unterwelt erleuchtet und belebt werden, denn

"Dieser Gott fährt dahin in dieser Stätte,...

in seinem geheimnisvollen Bild der Ringelschlange...

Ihre leiblichen Bilder bleiben über ihren Leichnamen,

und ihre Türen öffnen sich auf die Stimme dieses Gottes

hin, Tag für Tag.

Dann werden sie (wieder) verhüllt, nachdem er an ihnen

vorbeigezogen ist".[1]

um dann wieder in ihrer Mumienform zu erstarren.

Wie die drei Register des Buches von der Nacht entlang der nördlichen
Seitenwand von Westen nach Osten laufen, sind die Abbildungen des Mittelteils der Decke mit den Szenen aus dem gleichen Buch ebenfalls von Westen
nach Osten, d.i. vom Ende zum Beginn der Korridorecke zu "lesen". Der Ablauf ist dann wie folgt:

1. Bildkomplex, Totenbahren: zeitweilige Erweckung der Seligen aus ihrer
   Mumienstarre, wenn der Sonnengott sie passiert (Westen).
   Königsinschrift: Anders als die zurückbleibenden Seligen wird der König
   "herausgehen wie Re aus der Erde (der Unterwelt)" und wird
   "nicht von der Nachtbarke des Re zurückgehalten", deren erstes
   "zerlegtes" Teil, die Mehen-Schlange, im Ablauf folgt.

2. Bildkomplex, die Mehen-Schlange: Das Bild erinnert an den Schlußtext
   aus dem Totenbuch-Spruch 131:
   "Jeder, der einsteigt, (beachte) jene Ringelschlange,
   die Millionen, ja zwei Millionen lang ist
   an Steuerbord und Backbord !
   Millionen sind zurückgehalten, ..."[2]

3. Bildkomplex, der Sonnengott und die Barken:
   Senkrechte Inschrift mit Titeln und Namen des Königs[3];
   die Erscheinungsformen des Sonnengottes im Schrein, angebetet von Isis

1) Amduat, 8. Std., mittl. Reg.; E. Hornung, Unterweltsbücher, S. 146.
2) E. Hornung, Totenbuch, S. 255 f., Spruchtitel: "Spruch, um zur Seite des
   RE zu sein."
3) Diese Inschrift ist nicht, wie zu erwarten, zum Grabeingang, sondern in
   das Grabinnere gerichtet.

und Nephthys; die Übergabe der Sonnenscheibe mit dem zusätzlichen Bild
ḥkt.

Zum Schluß wird die "zerlegte" Darstellung des Vorgangs in einem Bild
zusammengefaßt, das ist die vollständig ausgestattete Barke mit der
Mehen-Schlange, dem Schrein und dem Sonnengott. Damit kein Zweifel verbleibt, fährt die Sonnenbarke, wie die zusätzliche Seitenansicht am Bug
zeigt, zur Stätte der Sonnengeburt wie die im oberen Register darge-
stellen Barken, d.i. nach Osten, zum Grabeingang.

Die Vermerke für den König bestehen, außer den genannten Inschriften, aus
einer Vielzahl seiner Kartuschen, die in den Götterprozessionen eingefügt
oder ihnen nachgestellt worden sind. "König von Ober- und Unterägypten,
Herr Beider Länder (T)(, Sohn des Re, Herr der Diademe (E)(, dem Leben
ewiglich gegeben wird", o.ä. steht zusätzlich am Bug und Heck der großen,
vollständig ausgestatteten Barke. Die Inschriften zeigen, daß der König
mit in der Sonnenbarke fahren wird.

Sowohl die "Zerlegung" eines Gesamtbildes, als auch die vorgefundenen
Grundrißzeichnungen von Barken, Schreinen und Göttern ist ungewöhnlich.
Geht man von dem geschilderten Ablauf als Teil einer für den König eigens
geschaffenen Grabdekoration aus, so bietet sich folgende Erklärung an:
Die Wiedergabe des Nutbildes mit dem Verschlucken der Sonne und ihrer Wiedergeburt aus dem Schoß der Göttin, wie bereits mehrfach im Grab dargestellt[1], war hier nicht beabsichtigt, vielmehr war wesentlich die Sonnengeburt nach der Nachtfahrt durch die Unterwelt (s. Totenbahren) und die
Mitfahrt des Königs in der Barke des Re zu gewährleisten. Von entscheidender Bedeutung ist die Ausrichtung des Geschehens nach Osten, zum Grabeingang an der obersten, räumlich verfügbaren Stelle des unteren Grabbereiches, d.h. zu Beginn der Decke des 4. Korridors.[2] Der Kreislauf der Sonne
wird durch das eine Register mit Teilen des Buches vom Tage lediglich durch
eine Götterprozession angedeutet, die Fahrt des Sonnengottes in seiner Barke ist nicht abgebildet! So handelt es sich bei den "zerlegten" Darstellungen im Grundriß offensichtlich um eine "Momentaufnahme", d.h. ein sta-
tisches Bild, welches nicht durch ein "bewegtes" Bild, wie die Fahrt der
Sonnenbarke in der Seitenansicht vermittelt werden konnte. Ein Grundriß ist
stets statisch, die "Zerlegung" unterstützt die Absicht dieses Denkbildes

1) Im 3. Korr., Schachtraum und 1. Pfeilersaal, sowie der Sark.-Halle.
2) Es ist wahrscheinlich, daß hier das "Herausgehen aus dem Grab" verwirklicht werden soll.

und gibt den klaren Gegensatz zu dem Ziehen der Sonnenbarke, wie sie unmittelbar über dem Mittelteil gezeigt wird.

Die Decke des 5. Korridors (B 178 - 181, T 435 ff.)

Die Decke des 5. Korridors ist in zwei unterschiedlich große Flächen unterteilt. Das zum Grabinneren gelegene, fast quadratische Teil der Decke ist durch die Kollision mit dem Grab KV 12 heruntergezogen worden und ergibt hierdurch auch optisch eine eigene Bildeinheit. Die beiden Register sind quer zum Korridor gestellt, die Darstellungen sind zum Grabeingang gerichtet. Die Szenen des 2. Registers wiederholen sich auf der vorangehenden Korridordecke, wenngleich z.t. nur in ähnlicher Form. Die ursprüngliche, längere Korridordecke ist in 3 Register unterteilt. Die umfangreichen Texte beider Deckenflächen sind in aenigmatischer Schreibung ausgeführt. Für das zweigeteilte Bildprogramm ist mir keine Parallele bekannt, auch sind fast alle dargestellten Gottheiten mit der Vielzahl der im Grab Ramses' VI. vorkommenden Gottheiten nicht identisch. Nachdem nicht nachweisbar ist, ob es unter Ramses V. oder VI. zu der Kollision mit KV 12 gekommen ist, bleibt auch offen, ob die Notwendigkeit der Zweiteilung der Dekoration von Ramses VI. vorgefunden, oder ob von einer einheitlichen Decke bei der Planung ausgegangen wurde, d.h. wir wissen nicht, ob eine Planänderung uns das Verständnis des Bildprogramms erschwert. Die Wiederholung von Szenen auf beiden Deckenteilen könnte auf eine solche Planänderung hinweisen, gibt jedoch keinerlei Sicherheit. Für einige Szenen können ähnliche, bekannte Darstellungen als Parallelen herangezogen werden und auch die Kombination der Bildkomplexe gibt weiteren Aufschluß. Insgesamt müssen die nachfolgenden Ausführungen als ein Versuch gewertet werden, den Inhalten der Deckenbilder näher zu kommen.

Die Barke des Sonnengottes ist wie im Amduat und Pfortenbuch in das mittlere Register gesetzt und fährt in das Grabinnere, nach Westen. Ihr Rumpf ist eine Schlange und ihr Deck wird durch zwei ineinander übergehende Menschenleiber gebildet, deren ausgetreckte Arme Bug und Heck berühren. Auf dem Deck befinden sich: eine sich aufrichtende nach Osten blickende Mumiengestalt, eine nackte, sich nach Westen beugende Figur, in der Mitte der widderköpfige Sonnengott, vor ihm sein Ba. Auf dem Rumpf der Barke sind 12 Sterne angebracht.

Die Schlange als Teil der Sonnenbarke ist aus der 4. und 5. Stunde des Amduat bekannt.[1] In der 4. Stunden heißt es:

1) Ebenfalls in der Abb. zu TB 110 und dem 3. Korr. des Grabes von R. IX., F. Guilmant, R. IX., MIFAO 15 (1907), pl. 63.

151

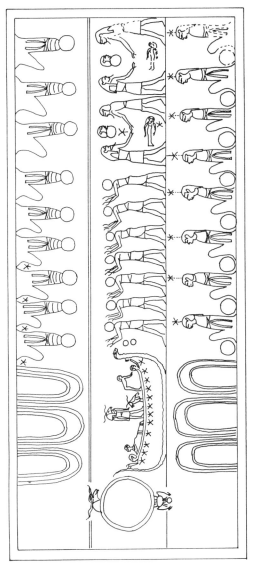

Westen

Süden

Norden

Osten

Schematische Darstellung von Teilen des ersten, längeren Deckenteils im 5. Korridor

Abbildung Nr. 36

"Die Flammen im Maul seiner Barke sind es,

die ihn auf diesen geheimnissvollen Wegen leiten,

ohne daß er ihre Bilder sieht.

Er ruft ihnen zu in ihrer Nähe,

und seine Stimme ist es, die sie hören".[1]

Es scheint, daß die Sterne im Rumpf der Barke für die Stunden der nächtlichen Finsternis stehen. Seitlich der Barke, im oberen und unteren Register, sind es je drei Höhlen oder Hügel[2], welche die Barke offensichtlich während ihrer Fahrt passiert.

In Blickrichtung zur Barke sitzen im oberen und unteren Register Gottheiten und im mittleren Register erheben schreitende Gottheiten anbetend ihre Arme, so als ob sie den Sonnengott empfangen. Diese Gottheiten der 3 Register bilden eine inhaltliche Einheit, wie die vereinfachte Zeichnung in Abb. Nr. 36 belegt.

Die mit Sonnenscheibe und Stern versehenen Gottheiten der Decke des 5. Korridors erinnern an die Stundengötter aus dem Pfortenbuch[3] und dem Buch von der Erde.[4] Für die Bildkomposition beider Deckenteile ist der Text zum Beginn der 12. Stunde des Pfortenbuches aufschlußreich; hier heißt es zu den 4 Göttern, die die Sonnenscheibe in ihrer Hand tragen[5]:

"Sie tragen die Sonnenscheibe des RE.

Sie sind es, welche die Dat mit dem Himmel vereinigen

durch dieses Bild, das in ihrer Hand ist[49].

(Sie sind es), welche die Angelegenheiten hüten beim Tor

des Totenreiches,

bis RE sich niedergelassen hat am Bauch der NUT".[6]

Anm. 49: "Die morgens aufgehende Sonne <<verbindet>> Unterwelt und Himmel. Vgl. zum Wortgebrauch Wb III 446, 8".[7]

1) E. Hornung, Unterweltsbücher, S. 98.
2) Das Wesen der Gottheiten innerhalb der Höhlen und in dem jeweiligen Reg. vor den Höhlen kann von mir nicht geklärt werden, sie sind auch in der Abb. Nr. 36 nicht vermerkt.
3) Pfb. 8. Std. ob. Reg., 11. Std. unt. Reg. 2 Götter: "Er ist es, der zu den Sternen ruft bei der Geburt dieses großen Gottes," 12. Std. ob. Reg., E. Hornung, Unterweltsbücher, S. 259, 291, 293, 295 ff.
4) Das Buch von der Erde, Teil A, 1. Reg., a.a.O., S. 431 f.
5) Es folgen den 4 Göttern, 4 Götter mit Widderkopf und 4 Götter mit Falkenkopf, anschließend 8 Göttinnen mit einem Stern in der vorgestreckten Hand.
6) E. Hornung, Unterweltsbücher, S. 295.
7) A.A.O., S. 508.

Ob es sich an der Decke des 5. Korridors um eine Form von Stundengöttinnen[1] handelt und ob thematisch die Vereinigung von Dat und Himmel durch
die aufgehende Sonne als wesentlicher Inhalt in den Bildkomplexen ausgedrückt werden soll, kann aus weiteren Details der Darstellungen entwickelt
werden.

1. Vor der Barke wird die Nacht- und Geburtserscheinungsform des Sonnengottes dadurch dargestellt, daß aus der Sonnenscheibe oben der Widderkopf und unten Chepri mit einer kleinen Sonnenscheibe herausragend
   dargestellt werden.

2. Der Barkenrumpf enthält 12 Sterne, die sicher für die 12 Nachtstunden
   stehen.

3. Die Götter des oberen und unteren Registers vereinen Sonnenscheibe und
   Sterne in einer Figur, wobei der Unterschied darin besteht, ob sie die
   beiden Gestirne vor oder über sich tragen.

4. Die beiden letzten Götterpaare des mittleren Registers scheiden offensichtlich die Unterwelt (quergestellte Figur) von Stern und Sonnenscheibe (mit menschl. Kopf). Diese Darstellung wiederholt sich zweifach auf

Heruntergezogenes Deckenstück des 5. Korridors

Abbildung Nr. 37

1) Die Zahl der 12 Stundengöttinnen ist in keinem der 3 Register vollständig, möglicherweise weil der Raum nicht ausreichte.

dem kleinen Deckenstück.

5. Auf dem kleinen quergestellten Deckenstück wird das untere Register von einer ähnlich gestalteten Barke des Re in der Mitte eingenommen. Sie ist jedoch nicht in Schlangenform, jedoch ist das Deck ebenfalls durch Menschenleiber gebildet. Hier reichen die Arme und der doppelköpfige Re einander die Sonnenscheiben zu. Geschieden durch die Registerlinie steht darunter eine große Sonnenscheibe mit der Mondsichel, sicher hier diese Vereinigung von Tag und Nacht oder der Dat mit dem Himmel.

Die beiden Deckenbilder zeigen die Unterweltsfahrt des Sonnengottes zur Sonnengeburt, offensichtlich in dem Augenblick, indem das erste Sonnenlicht im Osten erscheint und die Sterne langsam verblassend noch im Westen stehen, ein reales Bild der Vereinigung von Unterwelt und Himmel, oder Nacht und Tag.

Der Name des Königs ist nur zweimal seitlich des aus der Sonnenscheibe herausgekommenen Chepri zu Beginn des mittleren Registers geschrieben.

Die Decke des Schachtraumes (B 183 - 185, T 439 ff.)

Das Deckenbild im Schachtraum ist aus dem Kenotaph Sethos' I. in Abydos und dem Grab Ramses' IX. bekannt; die Gottheiten, welche die Szenen umstehen sind in gleicher Reihenfolge auf Sarkophagen der Königsgräber in Tanis wiedergegeben worden.[1]

Es ist ein zur Grabachse quergestelltes, zweigeteiltes Bild, dessen untere Hälfte die Erweckung des Osiris durch seinen Sohn Horus und getrennt durch eine Wasserfläche in der oberen Hälfte den König mit Re in den beiden Barken zeigt. Bemerkenswert ist die Einhaltung der Himmelsrichtungen. Im Grab Ramses' VI. sind im Bild entsprechende Vermerke gegeben worden und von mir auf die schematische Zeichnung (Abb. Nr. 38) übertragen worden.

Das Bild ist zum Grabeingang gerichtet, d.h. der obere Teil mit dem König in den Barken des Re ist zum Osten, der Sarkophag zur Sarkophaghalle, nach Westen ausgerichtet. Für Ramses VI. ist der Ablauf wie folgt gegeben:

1. Die Erweckung (rs) der Osirisgestalt im Sarkophag durch Horus, der ihr das Zeichen ^{c}nḥ an die Nase hält.[2] Horus ist der Name des Königs mit dem Horustitel beigeschrieben: "Horus: der starke Stier, groß an Kraft, der die beiden Länder belebt, Herr Beider Länder (T)| , Sohn des Re, Herr der Diademe (E)| , dem Leben wie Re gegeben wird", während hinter dem Sarkophag, d.h. dem Sarkophag zugehörig, nur Titel und Namen des Kö-

---

1) S. Einteilung bei F. Abitz, Statuetten, S. 64.
2) Weitgehend zerstört, jedoch aus anderen Vorlagen zu ergänzen.

Schematische Darstellung der Decke des Vorraums zur Sarkophaghalle

Abbildung Nr. 38

nigs ohne den Horustitel gegeben sind. Unter der Totenbahre befinden
sich die königlichen Waffen und Machtinsignien. Die mythische Erweckung
des Osiris durch seinen Sohn Horus ist demnach hier gleichzeitig die Erweckung des toten Königs Ramses'VI. durch seine eigene Erscheinungsform
als Horus. Der Vorgang findet in der Dat und unterhalb eines Gewässers,
des Nun, statt. Die jeweils 4 Reihen von Gottheiten sind an der Erwek-
kung und dem nachfolgenden Himmelsaufstieg beteiligt.[1]

2. Der König steht links in der Tagesbarke vor Re-Harachte[2] und rechts in
der Nachtbarke[3] vor Atum, auch diese Szenen umstehen 4 Reihen von Gottheiten. Zwischen die Barken ist das Zeichen "Vereinigung Beider Länder"
gesetzt, über dem wiederum der Horustitel des Königs und "Herr Beider
Länder (T)" steht. Nach oben wird die Darstellung mit der geflügelten Sonnenscheibe (in anderer Darstellung mit dem Sonnenkind als Zeichen
der Verjüngung) und dem Himmel mit Sonne und Sternen abgeschlossen.

Der Ablauf des Geschehens von West nach Ost und der Sinngehalt der Bilder
- Erweckung und Mitfahrt in der Sonnenbarke - geben damit eine Parallele
zu dem Inhalt der Deckenbilder des 4. Korridors.

Die Decke der Sarkophaghalle

Die Darstellungen wurden im Zusammenhang mit dem Nutbild im oberen Grabbereich bereits behandelt.

Die Decken im unteren Grabbereich sind ähnlich wie im oberen Grabbereich
mit Darstellungen des Sonnengottes in seiner Barke versehen. Im oberen
Grabbereich werden die Bücher vom Tage und von der Nacht übergreifend über
3 Räume wiedergegeben, während im unteren Grabbereich jede Raumdecke eine
eigene, abgeschlossene Gestaltung zeigt.

Die Querstellung zur Grabachse der beiden Nutbilder mit den Büchern vom
Tage und von der Nacht ergibt sich aus der Lage der Sarkophaghalle zur
Grabachse. Anders ist es mit der Querstellung der Deckenbilder im Vorraum
zur Sarkophaghalle und dem heruntergezogenen Deckenteil im 5. Korridor.
Wie in der Sarkophaghalle das Buch von der Nacht im Westen und das Buch
vom Tage im Osten liegt, werden bei den genannten beiden, quergestellten
Deckenbildern eindeutig die "himmlischen"Teile zum Osten, d.i. zum Grabeingang ausgerichtet. Gleiches gilt für die Decke des 4. Korridors, dessen
mittleres Hauptteil von Westen nach Osten, d.i. zum Grabeingang zu "lesen"

1) F. Abitz, Statuetten, S. 62 ff.
2) Diese Seite ist in der oberen Ecke als Osten bezeichnet.
3) In der oberen rechten Ecke als Westen bezeichnet.

ist. Eine Abfolge der Deckenbilder im unteren Grabbereich von Westen nach
Osten ist somit nicht auszuschließen; danach ergebe sich folgendes:
Sarkophaghalle:
Ein in sich geschlossenes System durch die Fahrt des Re durch die Stunden
der Nacht und des Tages, dessen Kreislauf sich in Ewigkeit wiederholt.
Vorraum: Die Erweckung des Osiris = König im Westen und Teilnahme an der
Fahrt in beiden Barken des Re durch den König im Osten.
5. Korridor, heruntergezogenes Deckenteil:
Fahrt des Re durch die Unterwelt im Westen, Sonnenscheibe mit Mondsichel
im Osten.
Vorderes langes Deckenteil:
Die Fahrt des Sonnengottes nach Westen und die nach Osten gerichteten Stun-
dengottheiten, die die Vereinigung von Unterwelt und Himmel zeigen. Der
Name des Königs ist nur den beiden Erscheinungsformen des Re im Osten beigeschrieben.
4. Korridor:
Die Unterwelt im Westen (Totenbahren) und die Barken des Re im Osten, welche zur Mitfahrt für den König bereitstehen.

g) Das Schutzbild an der Kollisionsstelle (B 101, 182, T 437[1])

Aus den Abbildungen 3 - 5 ist der Vorgang der Kollision zwischen KV 12 und
KV 9 zu entnehmen. Durch den erforderlich gewordenen Sicherheitsabstand
zur Kollisionsstelle wurde der Fußboden des 5. Korridors planändernd steil
in die Tiefe geführt und bei Beihaltung der im Grab üblichen Höhe des
Durchganges eine große senkrechte Fläche über dem Sturz des Durchganges in
Korridorbreite geschaffen und dekoriert.
Das Bild ist oben durch das Zeichen pt (Himmel) und unten durch das Zeichen dw (Berg) begrenzt. Eingeschlossen zwischen den beiden großen Zeichen
sind die Erscheinungsform des Sonnengottes und die Vernichtung seiner Feinde. Das Bild steht in keinem Zusammenhang mit den angrenzenden Deckenbildern des 5. Korridors oder Vorraumes, denn in diesen ist die Unterweltsfahrt des Sonnengottes oder auch die Erweckung des Osiris wiedergegeben,
während das Schutzbild weder ein Teil der Decke ist, noch die Unterweltsfahrt des Re darstellt. In der Abbildung B 182 ist recht gut der Umfang
des wieder vermauerten und verputzen Durchbruches zu KV 12 zu erkennen und
zeigt, daß die Kollisionsstelle unmittelbar an die Decke und die linke

1) Das Schutzbild ist bei A. Piankoff unter "The Ceilings of Corridor G"
   aufgeführt.

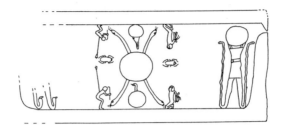

Das Schutzbild an der Kollisionsstelle

Abbildung Nr. 39

Seitenwand anschließt. So sind die beiden Chepri-Darstellungen als Erscheinungsformen des morgendlichen (regenerierten) Sonnengottes von der Kollisionsstelle abgewendet[1] und damit die einzigen Figuren, die nicht auf das
Zentrum des Bildes, die Sonnenscheibe, ausgerichtet sind. Die Sonnenscheibe
wird durch die feuerspeienden Schlangen geschützt, welche gleichzeitig die
bereits gefesselten oder durch Pfeile getroffenen Feinde bedrohen. Ein weiterer Schutz wird durch die beiden personifizierten (?) Sonnenscheiben[2]
mit ihren in Schlangen auslaufenden Beinen am Rande des Bildes und die aus
den kleinen Sonnenscheiben herausragenden Köpfe einer Schlange und eines
Krokodils gewährleistet.

Es ist offensichtlich, daß die durch die Kollision entstandene Fläche für
ein Schutzbild gegen die Bedrohung des Re (= König)[3] angesehen werden muß.
Es schützt nicht nur vor dem Eindringen in das Grab von KV 12 aus, sondern
auch den wichtigsten Raum, die unmittelbar nach dem Vorraum folgende Sarkophaghalle.

3. Die Königstitel und Raumdurchgänge

Die nachfolgende Untersuchung befaßt sich mit denjenigen Teilen des Bild-

1) Diese Ausrichtung scheint auszudrücken, daß ein Gottesfeind, d.i. ein
   Eindringling in das Grab, der Regeneration nach seinem Tod nicht teil-
   haftig wird.
2) Vor ihnen steht ein aenigmatisch geschriebener Text, der auf der linken
   Seite fast vollständig zerstört ist. Der Text wurde von E. Hornung (FS
   H. van Voss, noch nicht erschienen, jedoch mir dankenswerterweise im MS
   z. Vfg. gestellt) bearbeitet und übersetzt. Er bezieht sich eindeutig
   auf den Schutz des Grabes an dieser gefährdeten Stelle.
3) Der Schutz des Sonnengottes entspricht dem des mit ihm identifizierten
   Königs.

programms, die vom oberen auf den unteren Grabbereich übergreifen.

a) Der Osiristitel des Königs

Innerhalb einer Vielzahl von Anrufen zum König, Texteinschüben für seinen Namen und in den Königskolumnen ist der Osiristitel in überraschend geringer Zahl vertreten.

Im oberen Grabbereich findet sich der Osiristitel nur an wenigen Stellen und dann ausschließlich in den Texten des Höhlenbuches[1] und einmal im Buch von der Himmelskuh.

Höhlenbuch

2. Abschnitt: Zu 2 Bildszenen in der Nische des 2. Korridors.

    2. Reg.:   Anrufe an die 12 Mumien in den ovalen Sarkophagen mit dem Refrain in der 2. Zeile "... bekleidet mit der Gestalt des Osiris König, HBL (T)| , SdR, HdD (E)| , selig".

    3. Reg.:   Zu den 4 Göttern, die preisend ihre Arme zum <<Kasten des Osiris>>, in welchem eine Sonnenscheibe ist, erheben. Der Refrain zu jedem der Götter lautet:
"... der seine Hand auf den geheimen Kasten des Osiris König, HBL (T)| , SdR, HdD (E)| , selig, legt".

5. Abschnitt: 5 Osiristitel innerhalb der 36 königlichen Anrufe zu den 3 Litaneien des einleitenden Textes und 1 Osiristitel unmittelbar vor dem Nutbild.

    1. Litanei: "Meine Sonnenscheibe hat die Finsternis betreten, OSIRIS hat mir seine Arme entgegengestreckt! Osiris König (T)| , SdR (E)|, selig hat ihm seine Arme entgegengestreckt".

    2. Litanei: "Ich eile an euch vorbei, ihr Unterweltlichen, nahe meinem Leichnam[2], empfangt den Osiris König, HBL (T)| , SdR, HdD (E)| , selig".
"... TATENEN ist erhoben, wenn ich aus ihm hervorgehe, Osiris König, HBL (T)| , SdR, HdD (E)| selig, ist erhoben".

    3. Litanei: "Du seist gepriesen ACHTI!
Du verjüngst die Mumien mit deiner Sonnenscheibe, Osiris König, HBL (T)| , SdR, HdD (E)| , selig".
"... ANUBIS hält seinen Leichnam zusammen, Osiris König (T)| , SdR

---

1) Offen bleibt der mögliche Osiristitel im 3. Korridor, Textumrandung der Nischen. Der Text ist weitgehend zerstört.
2) S. Anm. 37, E. Hornung, Unterweltsbücher, S. 510: "Ramses VI. hat hier und in den beiden folgenden Versen einen anderen Text".

(E)| , selig, hält seinen Leib zusammen".

Schlußtext zur Einleitung, unmittelbar vor dem Nutbild:

"Ich eile (an) euch vorbei, ich eile fürwahr (an) euch vorbei (in ?)
der Schetit, so daß ich sehen möge König Osiris, HBL (T)| , SDR,
sein leiblicher, sein geliebter, HdD (E)| , selig, im Westen
(jmn.t.t).

6. Abschnitt: Der Osiristitel kommt in der Vielzahl der königlichen Anrufe
nur in den ersten 7 Anrufen zur 4. Litanei "Es wird licht im Westen"
(Osiris König, HBL (T)| , selig)" vor; die vorgenommene Texteintei-
lung steht im Zusammenhang mit dem darüber stehenden Osirisbild.

Im oberen Grabbereich ist der Osiristitel des Königs weder im Pfortenbuch[1],
in der Osirishalle und den Pfeilern des 1. Pfeilersaales noch an den Raumdecken[2] eingeschrieben. Aus der Verwendung des Titels im Höhlenbuch ergibt
sich, daß der König, an diesen Stellen besonders betont, in der Dat als
Osiris König ruht (2. Abschnitt) und die Segnungen des Sonnengottes erhält
(5. Abschnitt), letztlich als Ba hinter Re wandelt (6. Abschnitt)[3].

Nur der Vers 276 des Buches von der Himmelskuh ist einmalig mit dem Osiris-
Titel ausgestattet worden; es handelt sich darum, den König mit den Ba's der
Götter in den Himmel zu versetzen. Sehr wahrscheinlich sind diese Texte,
wie bereits ausgeführt, nach der Dekoration des oberen Grabbereiches eingearbeitet worden und vielleicht kein Teil des ursprünglichen Planungskon-
zeptes.

Im unteren Grabbereich kommt der Osiristitel des Königs in jedem Raum vor.[4]

Amduat:

Einschübe für den König gibt es nur in der 2. und 4. Stunde.

2. Stunde, Schlußtext, innerhalb der Weisungen des Sonnengottes:

"Schärfe sei euren Messern,
damit ihr die Feinde des Osiris König (T)| , selig bezwingt!"

"Ihr lebt für meinen Ba,
ihr atmet für meinen Leichnam, für Osiris König (T)| ".[5]

1) Der von E. Hornung, Pfb II, S. 72 vermutete Osiristitel ist wegen des
   sonst vollständig fehlenden Textes unwahrscheinlich.
2) Soweit noch nach der Zerstörung der Decken erkennbar.
3) S. die Ausführungen im Abschnitt IV/1c.
4) Ausnahme: der kleine Raum hinter der Sarkophaghalle.
5) E. Hornung:"... wo ein wsjr mn von Ramses VI. und nochmals R. IX. als
   "Osiris NN" mißverstanden wurde, daher der Namen eingefügt ..."
   (schriftl. Mitteilung zu dieser Frage).

4. Stunde, 2. Register:

Zu der Osirisfigur <<Der mit der Troddel>>: "So sind sie beschaffen
als Bild ihres Leibes (T)(verborgen /// (E)(, selig in der Dat".
Zu den Göttern am Ende des Registers: "So sind sie beschaffen als Bild
ihres Leibes, Osiris König, HBL (T)(, selig //// HdD (E)(////".
3. Register, zu den 5 Gottheiten der 2. Szene: "... den sie betreten,
der zur Schöpfung in der Erde gehört. Osiris König, HBL (T)(ist wie
dieses, groß wie Re, wenn er in der Dat wandelt".
Zum Schlußbild des 3. Registers: "Licht ist täglich in ihr bis zur Geburt CHEPRIS, der aus den Gesichtern des (Schlangengottes) << Der sich
bewegt>> hervorkommt. Dann entfernt sich CHEPRI. Osiris König,HBL
(T)(".

Nach dem Ende der 4. und 5. Stunde, unmittelbar vor der Kollisionsstelle
mit KV 12, ist eine über die Wandhöhe reichende Kolumne mit den Kartuschen
des Königs. Trotz der Zerstörungen ist im oberen Bereich "Osiris" zu erkennen; es wird ein Teil des königlichen Titels sein.

<u>Die Totenbuchsprüche:</u>

TB 124: "Spruch, um hinabzusteigen zum Tribunal des Osiris" beginnt mit
"Es spricht der König von Ober- und Unterägypten (T)(SdR, HdD, (E)(",
ohne Osiristitel und "selig" und endet "Osiris König HBL, (T)(ist ein
wohlversehener Verklärter, wohlversehener (als) alle Verklärten".

TB 125: In den Anrufen an die 42 Totenrichter wird jeweils der Name des Königs genannt, und zwar abwechselnd der Eigenname (stets HdL, zusätzlich
auch SdR vorangestellt) und der Thronname (stets HBL vorangestellt).
"Osiris König" ist vor dem Thronnamen zum 2., 26., 28., 30., 32., 40.
Anruf gesetzt, ohne daß eine Regel hierfür erkennbar ist.Bei dem 4.Anruf
folgt dem Thronnamen der Eigenname. In den königlichen Einschüben zur
Schlußrede wird der Osiristitel nur in 2 Fällen verwendet: "Seid gegrüßt, ihr Götter! Osiris König, HBL (T)(kennt euch, kennt eure Namen,
nicht soll einem Gemetzel verfallen SdR, HdD (E)(, ..."
"Osiris König, HBL (T)(hat getan, was die Menschen raten und womit die
Götter zufrieden sind".

TB 126:   (Ausschließliche Verwendung
Hymne an Maat: (des Osiristitels
TB 129 (TB 100):   (auf der gesamten
TB 127:   (rechten Raumwand.

Bemerkenswert ist, daß am Schluß von TB 127, d.i. vor Eintritt in die Sar-

kophaghalle ein zweiter auf Re bezogener Zusatz erfolgt:
"Ich bin fortgegangen, ohne daß ein Tadel (an) mir gefunden wurde (oder)
irgendein Übel anhaftet, an Osiris König,HBL (T 〗 , SdR, sein leiblicher,
sein geliebter, HdD (E 〗 , dem Leben gegeben wird ewig und unabsehbar wie
seinem Vater Re im Himmel, Tag für Tag".

Das Buch von der Erde:
Linke Seitenwand:
2. Reg., Hochhebung des Ba des Osiris:
    "König von Ober- und Unterägypten, Osiris König ([Hieroglyphe]) HBL (T 〗 , SdR,
    HdD, Herr der Maat (E 〗 , selig bei den Herren der Maat.
    Siehe, du bist einer der zusammen ist, mit Isis deiner Mutter, zwischen
    den Großen, den Herren (der Maat ?)".
    Zur 9. Szene: "So sind diese Gottheiten beschaffen. Ihre Leichname - Kö-
    nig Osiris ([Hieroglyphe]), HBL (T 〗 - sind in ihren Hügeln".
    Der Sonnengott vor den Verdammten, Schlußsatz:
    "Heil dir! Ich ziehe (an) dir vorbei! Du bist es , die das verhüllt,
    was in ihr ist, deren Leichnam groß ist, die Schetit!
    Heil zu Osiris König ([Hieroglyphe]) , HBL (T 〗 , selig! Lobpreis dem SdR, HdD
    (E 〗 , selig! Lobpreis. Siehe ich ziehe an dir vorbei, denn du bist
    der eine, dessen Leichnam ich erleuchte!"
3. Reg., zu den 4 Göttern, die die geköpften und umgedrehten Feinde halten:
    "Osiris König ([Hieroglyphe]), HBL (T 〗 macht die Gestalten wie Re, er ist der
    Erste der Dat (?)".
4. Reg., zu OSIRIS-CHONTAMENTI im Schrein, kein Osiris-Titel!;
    "Dieser große Gott zieht vorbei an der Höhle, indem er geheim ist für
    die, die in (ihr) sind, er befiehlt Maat für den König von Ober- und
    Unterägypten, HBL (T 〗 , selig".

Rechte Seitenwand:
    Ansprache des Re zu den Göttern der 1. Szene:
    "Wenn diese Bau die beiden Ufer passiert haben, der Ba König, HBL
    (///〗 passiert die beiden Ufer über dieser Höhle, umhüllt sie Fin-
    sternis".
    Schlußtext zum Akerbild:
    "Ich habe diesen <<Westlichen>> geschützt, diesen, dessen Platz vor
    denen ist, unter denen er sich befindet. Ich habe den Sohn des Re,
    seinen leiblichen (E 〗 , selig geschützt. Ich rufe den Leichnam de-
    rer, unter denen er ist, ohne daß diese Gottheiten das Licht RES
    sehen".

Der Osiristitel auf den Pfeilerseiten

Sarkophaghalle:

Ca: "Ich habe dir die Ewigkeit deiner Mutter Meresger gegeben, Gebieterin
des Westens. Sie gibt, daß dein Ba der Erste der Dat und an der Spitze
des ḏb3.t (des Palastes) sein wird, daß alle Lebenden (dich) geleiten
mögen, daß du herein- und herausgehst und dich niederläßt unabsehbar
wie die Götterneunheit,in welcher du bist, Osiris König, HBL (T)
selig".

Fa: "Du wirst sein der Erste der Dat Osiris König (T)[unabsehbar]".

Ga: "Du wirst sein an der Spitze des ḏb3.t (des Palastes) Osiris König
(E) , [ewiglich]".

Im Gegensatz zum oberen Grabbereich kommt der Osiristitel des Königs in
allen drei "Büchern", dem Amduat, dem Totenbuch, und dem Buch von der Erde
vor. Wie im oberen Bereich bleibt die "himmlische Region", das sind die
Decken der Räume, ohne den Osiris-Titel. In der 2. Stunde des Amduat wird
der König mit Osiris und Re, in der 4. Stunde mit Re und Chepri identifiziert.

Im Vorraum zur Sarkophaghalle sind die Einschübe zum König innerhalb des
Totenreiches fast stets mit dem Osiristitel versehen. Er tritt ein ohne
den Osiristitel und geht heraus "Ich bin fortgegangen, ohne daß ein Tadel
(an) mir gefunden wurde ... Osiristitel,HdL (T) SdR, sein leiblicher,
sein geliebter, HdD, (E) ..." Nach der Textlesung ist der Eingang von
der Sarkophaghalle aus; das Textende führt wiederum in die Sarkophaghalle.
Im Buch von der Erde ist der Osiristitel an der linken Seitenwand, bis
auf eine Ausnahme, für die Königseinschübe stets verwendet worden. Nur in
der letzten Szene im untersten Register mit Osiris-Chontamenti fehlt der
Osiristitel. Dieses kann darauf beruhen, daß die beiden letzten Szenen der
Wand nicht für die Seitenwand, sondern für die nicht ausgeführte linke
Eingangswand vorgesehen waren, denn sie folgen unüblich hinter den Szenen
mit der Bestrafung und Vernichtung der Feinde, welche sonst das unterste
Register bilden.

Die Szenen der rechten Seitenwand haben beim Königseinschub keinen Osiristitel. Im 2. Einschub wird, absolut singulär, der König nur "Sohn des Re,
sein leiblicher (E) , selig" genannt. Die Verteilung: Osiristitel auf
der linken, Sohn des Re-Titel auf der rechten Seitenwand, bestätigt die
aus der Szenenart bereits gewonnene Erkenntnis, daß die linke Seite Osiris
und die rechte Seite Re gewidmet ist. Auffällig ist, daß der Osiristitel
im Amduat und im Buch von der Erde nur auf den linken Wandseiten erscheint.

Für die Verwendung des Osiristitels auf den Pfeilerseiten scheint die Aussage der Seiten Fa und Ga bestimmend gewesen zu sein. Der Osiristitel wird nur noch auf der Pfeilerreihe Ca zum König, welcher vor Meresger steht, wiederholt.

b) Die große Titulatur des Königs

Die große Titulatur des Königs[1] oder Teile derselben findet sich bis auf eine Ausnahme (Decke des Vorraumes zur Sarkophaghalle) nur im oberen Grabbereich und wird dort in differenzierter Weise eingesetzt. Nur die senkrechten Königskolumnen an der Fassade des Grabes und die ersten drei Laibungen der Raumdurchgänge, d.i. einschließlich des Endes des 2. Korridors tragen den Horustitel, die folgenden Laibungen der Durchgänge beginnen stets mit ⸗. Für diese Zäsur können zwei Gründe bestimmend gewesen sein. Einerseits waren die ersten zwei Korridore seit Sethos I. einheitlich mit der Sonnenlitanei dekoriert, andererseits sind im Grabe Ramses' VI. die Decken der ersten beiden Korridore mit den astronomischen Darstellungen, u.a. der ramessidischen Sternenuhr und den stern-beobachtenden Priestern versehen, während die folgenden Räume des oberen Grabbereiches das Nutbild mit dem Buch vom Tage und von der Nacht zeigen. So entspricht die Zäsur in der Deckengestaltung der der königlichen Titelverteilung[2]. Nur das "Eingangsbild" auf der linken Wandseite und damit die 1. Szene im Grab, enthält die vollständige, große Titulatur des Königs, d.i. Horus-, Herrinnen-, Gold-, Thron- und Eigenname, während das vergleichbare "Eingangsbild" der rechten Wandseite - ebenfalls der König vor Re-Harachte und Osiris - nur die Titel "König von Ober- und Unterägypten, Herr Beider Länder (T ⟩ , Sohn des Re, Herr der Diademe (E ⟩ enthält. Die Königszeilen über (li.) und unter (re.) den Nischen im 2. Korridor tragen ebenfalls die große Titulatur mit den 5 Namen des Königs, während die Kolumnen seitlich des Nutbildes an der Decke des Schachtraumes 4 Namen des Königs (ohne Goldname) enthalten. Die letzte Wiedergabe der großen Titulatur des Königs ist mit dem Horustitel auf den Pfosten beidseitig der Osirishalle über dem Abgang zum unteren Grabbereich, d.h. an der Rückwand des 1. Pfeilersaales gegeben. Der Balken, welcher das Schreindach trägt, ist bereits mit ⸗ ausgestattet. Weiterhin wird auf der linken Wandseite des obe-

1) D.h. die zusätzliche Verwendung des Horus-, Herrinnen- oder Gold-Namens des Königs.
2) Die gleiche Zäsur ist durch die Doppelflügeltüren gegeben, die den 1. und 2. Korridor verschlossen. Ein weiterer Verschluß ist durch gleiche Türen nur noch für die Sarkopahghalle gegeben.

ren Grabbereiches die Titulatur des Königs vor den Pforten der Stunden des
Pfortenbuches differenziert eingesetzt. Nach der Textkolumne für das Eintreten des Re in die Pforte folgt ab 2. Pforte eine Textkolumne für den
König.Vor der ersten Textkolumne (2. Pforte) ist nach dem Text für Re,
fast wie eine "programmatische Erklärung" eingeschrieben: "König R.VI ist
auf dem Thron des Re, wenn er eintritt in seine Gruft (qrrt)". Die folgenden Königskolumnen zeigen vor der 2. - 8. und der 11. Pforte die große
Titulatur ohne den Goldnamen und vor der 12. Pforte diese mit Goldnamen.
So stehen alle fünf königlichen Namen vor dem Tor zur Sonnengeburt.
Bemerkenswert ist, daß die Textkolumnen für den König zur 9. und 10. Pforte stark abweichend gestaltet sind. Einerseits sind verkürzte Titel ein-
geschrieben: "König von Ober- und Unterägypten, Herr beider Länder (T)| ,
Sohn des Re, Herr der Diademe (E)| ", andererseits folgen unübliche Zusät-
ze: zur 9.Pforte "der die Maat liebt auf Erden, es gibt keine Lüge in seinem Bauch", zur 10. Pforte "///// wie Re im Himmel".
Der Schachtraum hat innerhalb der Königsgräber stets eine besondere Bedeutung eingenommen. So ist er auch im Grab Ramses' VI. in seiner Dekoration
von den anderen Räumen abgehoben. Auf der rechten Seitenwand befindet sich
das Nut/Osirisbild des Höhlenbuches, welches zusammen mit der seitlich des
Durchganges stehenden Textkolumne zu Re-Harachte eine besondere Bedeutung
für das jenseitige Leben des Königs besitzt [1]. Die Textkolumnen seitlich
des Durchgangs sind einmalig im Grab mit zu Re-Harachte gehörenden Texten
dekoriert, die offensichtlich auch auf den folgenden Raum, den 1. Pfeilersaal hinweisen [2]. Das Fehlen des Horus- und Herrinnentitels am Ende
des Schachtraums vor der 9. und 10. Pforte steht damit sicher im Zusammenhang mit dem Schachtraum und dem folgenden 1. Pfeilersaal, in welchem
nicht nur die Sonnengeburt erfolgt, sondern auch die Metamorphose des Königs in Re und Osiris innerhalb der Osirishalle stattfindet. Diese eigens
seit Sethos I. für den König an der Rückwand des 1.Pfeilersaales geschaf-
fene Szene ist aus der Gerichtshalle des Osiris (Pfortenbuch 5. Stunde)
entwickelt worden [3]. Auf diese alte Gerichtsszene bezieht sich offensichtlich der zusätzliche Text zum König vor der 9. Pforte "... der die
Maat liebt auf Erden, es gibt keine Lüge in seinem Bauch". So tritt der

1) S. hierzu IV/1c.
2) Der Text "...der auf seinem Bauch ist, ist einer, der nicht nahe
   kommt" (li.) bezieht sich demnach auf die Apophis betreffenden Texte
   des Pfortenbuches der 10. und 11. Stunde, die an der linken Seite des
   Pfeilersaales stehen.
3) F. Abitz, König und Gott, S. 17ff.

König hinter Re nicht mit seiner großen Titulatur, sondern nur als König von Ober- und Unterägypten in den 1. Pfeilersaal.

Im unteren Grabbereich ist der Horustitel des Königs, mit Ausnahme der Decke im Vorraum zur Sarkophaghalle nicht vorhanden. Die Decke dieses Raumes zeigt das aus dem Osireion und dem Grab Ramses' IX. gut bekannte, zweigeteilte Bild mit der Erweckung des Osiris[1]. In der Mitte des oberen, himmlischen Teils ist unterhalb der geflügelten Sonne eine Kolumne mit den Königsnamen untergebracht: "Horusname, HBL (T)(" und im unteren, unterweltlichen Teil ist vor dem, seinen Vater Osiris erweckenden Horus der gleiche Text, jedoch zusätzlich "SdR, HdD (E)(, dem Leben wie Re gegeben wird" geschrieben. In diesem Bild wird der König mit Horus, der seinen Vater erweckt, gleichgesetzt und trägt deshalb als Horus entsprechend seinen Horusnamen. Demnach scheint die ausnahmsweise Verwendung des Titels allein auf der Identifizierung mit Horus zu beruhen, ohne daß der König im unteren Grabbereich noch als Träger seiner großen Titulatur anzusehen ist.

Durch die vorgenannte Verwendung der Titulaturen ergibt sich:

Der verstorbene Herrscher, Ramses VI. tritt in sein Grab mit der vollständigen großen Titulatur ein, sie wird im 2. Korridor (!) wiederholt und vor dem Schlußbild des Pfortenbuches, vor der Sonnengeburt, trägt der König diese Titulatur zum letzten Mal.

An der Außenfassade und an den Pfosten der Osirishalle im 1. Pfeilersaal trägt der König nur den Horustitel[2], d.h. zu Beginn und Ende des oberen Grabbereiches und offensichtlich in Verbindung mit einem Gebäude als "Horus des Palastes".

Der Horus- und Herrinnen-Name (ohne den Goldtitel) wird im Schachtraum und an den Pforten des Pfortenbuches verwendet. Das Fehlen des Goldtitels kann anzeigen, daß die Titelverwendung hier von dem Einsatz der vollständigen großen Titulatur abgesetzt werden sollte.

c) Die Raumdurchgänge

Im Grab Ramses' VI. sind die Raumdurchgänge mit den königlichen Titeln, Namen und Epitheta versehen. Bei den sich wandelnden Texten entsteht der Eindruck, als ob es sich um einen Ablauf, z.B. des Weges des toten Königs innerhalb seines Grabes handeln könnte. Die nachfolgende Zusammenstellung

1) S. Abb. Nr. 38.
2) D.h. daß der Herrinnen- und Goldtitel fehlen. Der einmalig an der Decke des Vorraumes zur Sarkophaghalle verwendete Horustitel ist mit der Verwendung des Titels im oberen Grabbereich nicht vergleichbar; dort hängt er mit der Identifizierung des Königs mit dem Gott Horus zusammen.

versucht dieser Frage nachzugehen.

Zu unterscheiden sind die Inschriften auf den Flächen der Raumdurchgänge und die Textleisten, welche links und rechts vor dem Durchgang stehen.[1] Die Hieroglyphen im Durchgang sind zum Grabeingang, die vorangehenden seitlichen Textleisten sind zum Durchgang und damit in das Grabinnere gerichtet. Es handelt sich stets um eine senkrechte Textkolumne. Hieraus ergibt sich, daß in den breiten Flächen der Raumdurchgänge der Text kürzer ist und in den schmalen Textleisten vor den Durchgängen durch die entsprechend kleineren Hieroglyphen länger sein konnte.

Die Inschriften in den Raumdurchgängen[2]

Für die königlichen Titel gibt es folgende Zäsuren:

"Horustitel, König von Ober- und Unterägypten, Herr Beider Länder (T 〉 , Sohn des Re, Herr der Diademe (E 〉| , der selig ist", erscheint an den Pfosten der Außenfassade, Durchgang A/B - C/D (B 3,4,11,41,19,49).

Durchgänge D/E - G/H: der Horustitel entfällt, dafür beginnt der Text mit "Leben dem guten Gott" (𓋹 𓊽), setzt mit den nachfolgend benannten Epitheta fort, um dann die Titel und Namen des Königs wie vor (ohne Horustitel) zu bringen, (B 23,53,28,57,73,78).

Durchgänge H/I und I/J: Der Text beginnt mit "König von Ober- und Unterägypten" (Titel sonst wie oben). Bei I/J ist links zusätzlich "Herr der Maat" beigeschrieben[3] (B 103 + 108).

Die Durchgänge D/E bis G/H sind zwischen "Leben dem guten Gott" und den Titeln und Namen des Königs mit folgenden Epitheta ausgestattet:

D/E, li.: "der ein Denkmal macht für seinen Vater Amun".

    re.: "der ein Denkmal macht für die großen Herren des Westens".

E/F, li.: "der ein Denkmal macht wie sein Vater Amun".

    re.: "der von den Göttern geboren ist".

F/G, li.: "der Ka Ägyptens".

    re.: "der Sohn des Amun, Herrscher des geliebten Landes".

G/H, li.: "der Erbe des Re, der Schützer dessen, der im Horizont befindlich ist".[4]

    re.: "der Sohn des Amun, Ei des Tatenen".

1) Für die Benennung der Raumdurchgänge, siehe Abb. Nr. 10.
2) Nach den deutlich erkennbaren Spuren hat Ramses V. die Durchgänge, Aussenfassade bis G/H, ebenfalls mit seinen Titeln und Namen versehen, ohne daß über Epitheta, die nach dem Stand der Kartuschen wohl vorhanden gewesen sind, etwas ausgesagt werden kann.
3) T 20, A. Piankoff gibt fälschlich für beide Seiten "Herr der Maat" an.
4) Hier fehlt "der selig ist" wie sonst in allen Texten der Raumdurchgänge.

Die Inschriften vor den Raumdurchgängen

Mit Ausnahme der Texte vor dem Durchgang E/F[1] sind alle Inschriften außer
den Titeln und Namen des Königs mit umfangreichen Epitheta versehen worden. Für einen vorgestellten Ablauf innerhalb des Grabes ist der unterschiedliche Textbeginn zu prüfen:

vor B/C: "Göttlicher König", die rechte Inschrift ist zerstört (B 5).

vor C/D + D/E: "Leben dem guten Gott" (B 18).

vor E/F: beginnt der Text mit "Re-Harachte" und auch die folgenden Epitheta gehören zu diesem Gott (B 29).

vor F/G - H/I: "Leben dem guten Gott" (B 73,78,102), gleichzeitig ändert
sich der Nachsatz nach dem Eigennamen des Königs von "der selig
ist" in "dem Leben gegeben wird" u.ä.[2].

Die Textleisten vor den Durchgängen sind vor "König von Ober- und Unterägypten, Herr Beider Länder (T) , Sohn des Re, Herr der Diademe (E) "
mit folgenden Epitheta versehen worden:

vor B/C, li.: "Herr des Unabsehbaren, Schützer dessen, der in der Dat befindlich ist, ////".

re.: zerstört.

vor C/D, li.: "König des Unabsehbaren, Herrscher der Ewigkeit, Herr der
Furcht, der dessen Ansehen groß ist im Herzen der Menschen
und Götter".

re.: "Der Theben festlich macht, der die beiden Herrinnen (Kro-
nengöttinnen) mit Nahrung versorgt ////".

vor D/E, li.: "Stier des Westens, der festlich macht die Herren von Busiris, göttlicher König, Herr der Ewigkeit, der durchwandert
/////".

re.: "der Älteste des Geb, der Erste aus dem Leibe der Nut, göttlicher Jüngling, Erbe des Unabsehbaren".

vor F/G, li.: "König der Unterwelt, Herrscher der Ewigkeit, großer Leichnam, der in der Unterwelt (jgr.t) ruht".

re.: "Sohn des Atum, seine Königsherrschaft ist wie die des Horus-Sohn-der-Isis".

vor G/H, li.: "Sohn des Re, Kind des Herrn von Karnak[3], der das ganze

1) Der Text ist auf den Gott Re-Harachte bezogen, es folgt nach diesem
Text Titel und Namen des Königs.
2) Lediglich bei E/F, s. Anm. 1, ist auch der Nachsatz in "ewiglich" geändert (li. zerstört); vor dem Durchgang I/J sind keine entsprechenden
senkrechten Textleisten.
3) Beiname für den Gott Amun.

Land geschaffen hat, geboren von dem im Horizont, Horus von
Karnak (?)".

re.: "Sohn des Osiris, König (und) Herrscher der Herrscher, der
das geheime Abbild von Re-Harachte ist, seine Königsherrschaft ist wie die des Re im Himmel".

vor H/I, li.: "Sohn des Sokar, Samen des Onnophris, lebender Ba des Chontamenti, geboren von Nut".

re.: zerstört.

Die Textleisten vor dem Durchgang E/F[1], d.i. vor dem 1. Pfeilersaal beginnen mit dem Namen eines Gottes und seinen Epitheta:

vor E/F, li.: "Re-Harachte, unter dessen Leitung die Ewigkeit ist, wenn
er die Dat betritt. <<Der auf seinem Bauch>>[2] ist einer,
der nicht nahe kommt".

re.: "Re-Harachte Atum, Herr Beider Länder und Heliopolis, der Ba,
der bis in die Ewigkeit Besitz ergreift ////".

Ein Vergleich des Textbeginns vor und in den Raumdurchgängen zeigt, daß
die durch die Titel des Königs vermuteten Zäsuren vor und im Durchgang unterschiedlich sind. Auch ist ein "Ablauf" in der Art, daß sich die aufeinander folgenden Inschriften aufeinander beziehen oder eine erkennbare Folge besitzen nicht festzustellen. Die Epitheta können jedoch in Gruppen
eingeteilt werden, innerhalb dieser scheint eine Gleichartigkeit des In-
halts und in der Folge der Gruppen eine abgestufte Entwicklung vorzuliegen.

1. Gruppe: Epitheta, die "Tätigkeiten" des Königs enthalten.
"der das ganze Land mit Denkmälern füllt", (Text unter dem Eingangsbild, li.)
"Er macht dieses Denkmal für seine Väter, die Götter, die Herren der
Unterwelt", (Text unter dem Eingangsbild, li.)
"der die Denkmäler seines Vaters baut" (Text zum König im Eingangsbild,
li.)
"der ein Denkmal macht für seinen Vater Amun" (D/E, li.)
"der ein Denkmal macht für die großen Herren des Westens" (D/E, re.)
"der ein Denkmal macht wie sein Vater Amun" (E/F, li.)
"Schützer dessen, der in der Dat befindlich ist" (vor B/C, li.)
"der Theben festlich macht, der die beiden Herrinnen mit Nahrung versorgt /////", (vor C/D, re.)

1) Der Durchgang E/F wurde bereits unter IV/1g abgehandelt.
3) Das ist Apophis.

170

"der festlich macht die Herren von Busiris", (vor D/E, li.)
2. Gruppe: Der Bereich des 1. Pfeilersaals.
Vor dem Durchgang E/F zum 1. Pfeilersaal befindet sich die "Ankündigung" zu diesem Saal, d.i. der Text für Re-Harachte.
Dachbalken der Osirishalle = Ende des oberen Grabbereiches: "der älteste des Re, Schützer derer, die im Horizont sind; lebendiges Udjat-Auge,
das (in) der Unterwelt ruht, mit dem die Götter anlangen, göttlicher
König, Herrscher der Ewigkeit, der Millionen Jahre in seiner Lebenszeit
durchwandert, selig (bei dem ?) großen Gott" (li.).
"dem Ältesten des Geb, dem Erst(-geborenen) aus dem Leibe der Nut,
göttlicher Jüngling, göttlicher Erbe der Ewigkeit, Sohn dessen, der
in seiner Scheibe ist, selig" (re.).
3. Gruppe: Der König als Sohn der Götter und Herrscher in der Unterwelt.
"Sohn des Amun" (F/G, re., G/H, re.)
"Sohn des Atum" (vor F/G, re.)
"Sohn des Re" (vor G/H, li.)
"Sohn des Osiris" (vor G/H, re.)
"Sohn des Sokar, Samen des Onnophris" (vor G/H, re.)
"Erbe des Re" (G/H, re.)
"Ei des Tatenen" (G/H, re.)
"Kind des Herrn von Karnak, der das ganze Land geschaffen hat"
(vor G/H, li.)
"geboren von dem im Horizont" (vor G/H, li.)
"Herrscher des geliebten Landes" (F/G, li.)
"König der Unterwelt" (vor F/G, li.)
"Seine Königsherrschaft ist wie die des Horus-Sohn-der-Isis" (vor F/G,
re.)
"Seine Königsherrschaft ist wie die des Re im Himmel" (vor G/H, re.)
"lebender Ba des Chontamenti (vor H/I, li.).

Bei dieser Gruppierung, die sowohl Teile der Texte zum Eingangsbild als
auch der Osirishalle enthalten, kann eingewendet werden, daß auch außerhalb der jeweiligen Gruppe gruppenzugehörige Epitheta erscheinen, so "Erbe
des Unabsehbaren" (vor D/E, re.), "der von den Göttern geboren ist" (E/F,
re.) und Teilen der Epitheta im Schreinbalken der Osirishalle. Bei den genannten Ausnahmen handelt es sich jedoch stets um die "Nahtstelle" zwischen
den Gruppen. Die vorgelegte Massierung von inhaltlich ähnlichen Epitheta
je Gruppe läßt sich auch bei Berücksichtigung weniger Ausnahmen nicht über-
sehen, so daß folgende Entwicklung abgeleitet werden kann:

1. Der König tritt in sein Grab mit seiner großen Titulatur, die er zu Lebzeiten trug (der letzte entsprechende Horustitel erscheint auf den Pfosten der Osirishalle, am Ende des oberen Grabbereiches). Er wird als
   der bezeichnet, der Denkmäler für die Götter baut und ihnen opfert
   ("festlich macht" und mit "Nahrung versorgt").
2. Vor dem 1. Pfeilersaal "geleitet" ihn Re-Harachte zur Osirishalle, dort
   ändern sich seine Epitheta, er wird zum Sohn des Re und Osiris (Schreinbalken). Hier ist gleichzeitig die Zäsur zwischen dem oberen und unteren Grabbereich.
3. Im unteren Grabbereich wird er zum Sohn der Götter und der Herrscher
   in der Unterwelt.

Eine ähnliche, wenngleich in den Zäsuren nicht deckungsgleiche Entwicklung
ist aus den Titelabänderungen abzulesen: Horustitel = Titel zu Lebzeiten,
𓎛𓏏 = verstorbener Herrscher. Vor der Sarkophaghalle ist der König nur
noch mit dem Epitheton "Herr der Maat" ausgestattet, während die großen
Schriftbänder in der Sarkophaghalle seine Göttlichkeit durch entsprechende
Epitheta erkennen lassen.

V. DER BRUCH MIT DER TRADITION

Die Erläuterungen zum Bildprogramm im Abschnitt IV haben eine Fülle von
Einzelinformationen gegeben, ohne auf die Abweichungen einzugehen, die
das Grab Ramses' VI. so wesentlich von seinen zeitlichen Vorgängern unterscheidet. Mit der vollständigen Dekoration aller Räume im Königsgrab
durch Sethos I. wurde ein Dekorationskanon für das Königsgrab im Tal
der Könige ausgearbeitet, welcher, abgesehen von Weiterentwicklungen,
Zusätzen und einigen Änderungen, ein in sich geschlossenes Konzept enthält und einschließlich des Grabes Ramses' III., d.h. für 7 Königsgräber und eine Bauzeit von etwa 140 Jahren, offensichtlich als verbindlich
angesehen wurde. Wenngleich bereits Ramses IV. in Teilen seiner Architektur und Grabdekoration von diesem Konzept abweicht, ist der Bruch
mit der traditionellen Form der Text- und Bildgestaltung der Grabwände
erst im Grab Ramse' VI. in vollem Umfang gegeben. Das Verständnis für
den Umfang der Abweichungen und Änderungen von Inhalten des neuen Bildprogramms, wie es in KV 9 vorliegt, erschließt sich durch einen Vergleich mit den Dekorationen der Gräber Sethos' I. bis Ramses' III.[1]
Auf geringfügige Abweichungen, Zusätze oder Änderungen wird nachfolgend
nicht eingegangen, um den zusammenfassenden Überblick übersichtlicher
zu gestalten.[2] Für die zum Vergleich herangezogenen Gräber ist folgendes zu beachten:

KV 17 - Sethos I.: noch keine Gestaltung der Grabfassade; die Raumdurchgänge wurden z.T. noch vermauert.

KV 7 - Ramses II.: Fast alle Wände sind noch mit einer Schutt- oder
Schlammschicht bedeckt, so daß nur Teile der Dekorationen über-
prüfbar sind; Änderung der Sarkophaghalle von einem Langschiff
mit 6 Pfeilern (KV 17) in eine quergestellte Halle mit 8 Pfeilern; Verschluß von Räumen wahrscheinlich durch Doppelflügeltüren.

KV 8 - Merneptah: Das Grab hat im unteren Bereich durch Wasserschäden
schwer gelitten; der Putz ist beginnend mit dem 4. Korridor
fast vollständig abgefallen; die Angaben zu Dekorationen beruhen auf den eindeutig festgestellten Spuren; der Raum I liegt

1) Das Bildprogramm des Grabes Ramses' IV. wird nicht in den Vergleich ein-
bezogen, um der Bearbeitung von E. Hornung nicht vorzugreifen. Das Grab
KV 14, Tausert, usurpiert von Sethnacht, steht in Teilen seiner Dekorationen in der Tradition dieser Zeit, ist jedoch kein Königsgrab und
wird deshalb nicht herangezogen.
2) Für Einzelheiten siehe jeweils die angegebenen Quellen.

zwischen dem 4. und 5. Korridor.

KV 15 - Sethos II.: Das Grab blieb unvollendet; der 4. Korridor wurde zur Sargkammer;diese und der Schachtraum erhielten eine Notdekoration (Statuetten in Schreinen[1]).

KV 10 - Amenmesse: Das Grab ist ab 5. Korridor noch verschüttet (oder nicht fertiggestellt) und auch im oberen Bereich noch nicht geräumt; der Schachtraum wurde für die Königsmutter T3ḥ^{c}t, der 1. Pfeilersaal für die königliche Gemahlin B3kt-wrl dekoriert.[2]

KV 47 - Siptah: Die groben Steinarbeiten wurden bis in die Sarkophaghalle vorgetrieben; die Dekorationen scheinen nur bis in den 3. Korridor nachgezogen zu sein.

KV 11 - Ramses III.: Änderung des Baukonzeptes durch die Kollision mit KV 10; der hierdurch entstandene Raum nach dem 2. Korridor und die Seitenräume der vorangehenden Korridore werden nicht zum Vergleich herangezogen[3]; der untere Grabbereich ist stark zerstört; es gibt zwei Räume vor der Sarkophaghalle.

Es folgt der Vergleich der Dekorationen:

Aussenfassade:
Über dem Eingang: Die beiden Erscheinungsformen des Sonnengottes (Chepri/ widderköpfiger Gott) angebetet von Isis und Nephthys.
Pfosten: Königstitulatur und Namen.
Vorhanden: KV 7, 8, 15, 10, 47, 11.
KV 9: vorhanden[4].

1. und 2. Korridor:
Eingangsbild und Korridorwände: Der König vor Re-Harachte, Sonnenlitanei.
Vorhanden: KV 17, 7, 8, 15, 10, 47, 11.[5]
Szenen zum Spruch 151 des Totenbuches am Ende des 2. Korridors.
Vorhanden: KV 17, 7, 8, 47, 11.[6]
KV 9: Das Eingangsbild des Königs vor Re-Harachte ist links und rechts zu

1) F. Abitz, Statuetten in Schreinen, S. 14 ff.
2) F. Abitz, König und Gott, S. 10 f. u. 71 f.
3) Auch die Nebenräume, die von den ersten beiden Korridoren abgehen, sind offensichtlich durch die Planänderung bedingt, denn sie wurden später ausgehauen, nachdem die Korridore mit der Sonnenlitanei bereits dekoriert waren.
4) Vergl. Merneptah, KV 8 bei E. Hornung, Tal der Könige, Abb. 85, mit R. VI., T, Fig. 3.
5) Vergl. Merneptah, KV 8 bei E. Hornung, Tal der Könige, Abb. 76/77, mit R. VI., B 36/37 und 6/7 und E. Hornung, Das Buch der Anbetung des Re im Westen, II, S. 11 ff.
6. F. Abitz, König und Gott, S. 172 f. und Abb. Nr. 52.

Beginn des 1. Korridors vorhanden, jedoch folgt links (mit gelösten Gliedern) und rechts (in Mumienform) der Gott Osiris. Links beginnt dann das
Pfortenbuch und rechts das Höhlenbuch.

3. Korridor:

4. und 5. Stunde des Amduat, jeweils auf einer Seite.
Vorhanden: KV 17, 7, 8, 15, 47, 11.[1]
KV 9: Pfortenbuch links, Höhlenbuch rechts.
Nischen: Ende der 4. Stunde Amduat.
Vorhanden KV 17, 8, 11.[2]
KV 9: links Buch von der Himmelskuh, rechts Höhlenbuch.

Schachtraum:

Schacht: KV 17, 7 (mit der 12. Stunde Amduat), 8, 11.[3]
Obere Wände: der König vor Göttern oder der Königsname im Zusammenhang mit
Göttern in KV 17, 7, 8, 11.[4]
KV 9: kein Schacht; links Pfortenbuch, rechts Höhlenbuch.

1. Pfeilersaal:

Wände: 5. und 6. Stunde des Pfortenbuches, über dem Abgang zum 4. Korridor
der König vor der Osirishalle, in KV 17, 7, 8, 15, 11.[5]
Pfeiler: Der König vor Göttern, in KV 17, 8, 15, 11.[6]
KV 9: Wände, die letzten Teile des Pforten- und Höhlenbuches; über dem Abgang zum 4. Korridor, die Osirishalle; Pfeiler, der König vor Göttern, jedoch Pfeiler Da, c+d mit Teilen des Höhlenbuches.

Abgang in den 4. Korridor:

Verbreiternde Seitenwände der Rampe: Schlangen Nechbet und Buto sowie Anubis auf dem Schrein in KV 11.[7]
KV 9: Schlangen Meresger und Nechbet.

4. und 5. Korridor:

Szenen und Texte des Mundöffnungsrituals, in KV 17, 7, 8, 11.[8]
KV 9: 1. - 11. Stunde Amduat.

1) F. Abitz, Grabräuberschächte, S. 91 ff.
2) A.a.O., S. 70 ff.
3) A.a.O., S. 24 ff. und S. 99 f.
4) F. Abitz, König und Gott, s. Übersichten S. 38 u. 40.
5) Zusammenstellung bei F. Abitz, König und Gott, S. 4 ff.
6) A.a.O., S. 175 und U. Rössler-Köhler, Bibl. Orient. XLIII, No. 3/4
   (1986), S. 284 ff.
7) A.a.O., S. 130.
8) A.a.O., S. 182 f.

Vorraum:

Der König vor Göttern in KV 17, 7; re. Wandseite vor Göttern, li. Wandseite das Negative Schuldbekenntnis in KV 8 und 11.[1]

KV 9: linke Wandseite Negatives Schuldbekenntnis zusätzlich im Raum Teile TB 124, 126, 129, 127 und Hymne an Maat.

Sarkophaghalle:

Wände der vorderen Raumhälfte: Pfortenbuch in KV 17, 7, 8, 11.[2]

Wände der hinteren Raumhälfte: Amduat in KV 17, 7.[3]

Seitenwände seit Merneptah: raumbeherrschende Darstellungen in jeweils 3 Registern, li. Buch von der Erde; re. Höhlenbuch, widderk. Geier, Buch von der Erde in KV 8 und 11.[4]

Pfeiler: Der König vor Göttern in KV 17, 8, 11.[5]

KV 9: Alle Wände und teilweise im oberen Register der Pfeiler: Das Buch von der Erde.

Pfeiler: Der König vor Göttern.

Deckengestaltung:

Sterndecken in allen Räumen, außer

1. und 2. Korridor mit aus dem Grab herausfliegenden Geiern[6] und Teilen der Sonnenlitanei (z.T. mit Sonnenscheibe, Falke, Isis, Nephthys[7]) in KV 17, 8, 15, 10, 47, 11.[8]

Sarkophaghalle mit Dekanlisten, nördl. Sternbild, Göttern in KV 17, 8, 11.[9]

KV 9: Alle Raumdecken mit sogenannten astronomischen Darstellungen, außer dem Raum nach der Sarkophaghalle (nicht fertiggestellt).

1) F. Abitz, König und Gott, Zusammenstellungen, S. 39 u. 41; in KV 11 befindet sich ein 2. Vorraum, s. hierzu gleiche Quelle, S. 80 ff.
2) E. Hornung, Pfortenbuch II, S. 11 ff.
3) P&M I, Part 2, S. 542 f. und S. 506.
4) KV 8 und 11 sind heute stark zerstört, während die gleichen Darstellungen in KV 14 (Tausert/Sethnacht) wohl erhalten sind. Vom Buch von der Erde werden in etwas abgewandelter Form folgende Szenen gebracht: li. die rechten Szenen 2 + 7 von R. VI.; re. die rechte Szene Nr. 2 (siehe hierzu Abbildung Nr. 28); beim Höhlenbuch handelt es sich um das Schlußbild.
5) F. Abitz, König und Gott, S. 189 ff. und U. Rössler-Köhler, Bibl. Orient. XLIII, N. 3/4 (1986), S. 284 ff.
6) S. Abb. Nr. 9 bei E. Hornung, Tal der Könige.
7) A.a.O., S. 115.
8) Verteilung von Texten und Szenen der Sonnenlitanei, E. Hornung, Das Buch von der Anbetung des Re im Westen II, S. 11 ff.
9) O. Neugebauer und R.A. Parker, EAT I u. III. (Ebenfalls in den Sarkophaghallen von Tausert und Sethnacht in KV 14 vorhanden). Die Decke in KV 15, der behelfsmäßigen Sargkammer, ist mit geflügelten Wesen, eine davon Nut, ausgestattet.

176

Raumdurchgänge:

Laibungen: Häufig Darstellungen von Göttinnen wie Maat, Hathor, Isis, seltener nur Königstitel und Namen in KV 17, 8, 15, 10, 47, 11.[1]

KV 9: Nur Königstitel und -namen, teilweise weitere Epitheta, zusätzlich und fast stets vor dem jeweiligen Durchgang Texte zum König mit Titel und Namen.[2]

Die vergleichende Auflistung der unterschiedlichen Bildprogramme der einzelnen Räume ergibt:

Dekorationselemente, welche in KV 9 an dem gleichen Standort verblieben sind, wie zur Zeit Sethos' I. - Ramses' III.:

Die Aussenfassade;

das Eingangsbild zu Beginn des 1. Korridors (li.), jedoch durch Hinzufügung von Osiris verändert;[3]

die Pfeiler und die Osirishalle im 1. Pfeilersaal;

die Schlangen an den Seitenwänden der Rampe im 1. Pfeilersaal;

das Negative Schuldbekenntnis auf der linken Seite des Vorraums;

die fertiggestellten Pfeilerseiten der Sarkophaghalle.

An anderem Ort und in anderer Form wurden die nachfolgenden Teile des Bildprogramms eingesetzt:

Das bisher in verschiedenen Räumen untergebrachte Amduat, nunmehr durchgehend als 1. - 11. Stunde im 4. und 5. Korridor;

das gleichermaßen bisher "zerstückelte" Pfortenbuch nunmehr vollständig von der 1. - 12. Stunde an den linken Wandseiten des oberen Grabbereiches;

Dekanlisten und nördl. Sternbild bisher in der Sarkophaghalle, jetzt im 1. und 2. Korridor sowie in dem 1. Pfeilersaal;

das Buch von der Himmelskuh bisher in einem Seitenraum zur Sarkophaghalle (S. I. u. R. III.) nunmehr Teile des Buches in der linken Nische am Ende des 3. Korridors.

Nicht verwendet wurden in KV 9 folgende Teile des bisherigen Bildprogramms: Die Anbetung des Re im Westen (Sonnenlitanei) aus dem 1. und 2. Korridor;

die Szenen zum TB 151 am Ende des 2. Korridors;

der König vor den Göttern, Wandszenen im Schacht- und Vorraum;

die Szene der Mundöffnung aus dem 4. und 5. Korridor;

1) S. Angaben bei Porter & Moss I, Part 2, zu den genannten Gräbern, einzelne Texte bei F. Abitz, König und Gott, S. 259, 261, 276, 296.
2) Ausnahme: Vor Durchgang Schachtraum/1. Pfeilersaal, der Text beginnt mit Re-Harachte.
3) Das Eingangsbild mit Osiris wird auf der rechten Seite wiederholt.

die Darstellung von Göttinnen in den Raumdurchgängen.

Neu wurden in das Bildprogramm aufgenommen:
Das Höhlenbuch auf den rechten Wandseiten im oberen Grabbereich[1];
einige neue TB-Sprüche im Vorraum;
das Buch von der Erde in der Sarkophaghalle[2];
die Abbildung von Dekangöttern außerhalb der Dekanlisten im Raum nach der
Sarkophaghalle;
das Nutbild mit dem Buch vom Tage und von der Nacht im 3. Korridor,
Schachtraum, 1. Pfeilersaal sowie in der Sarkophaghalle;
die bisher ohne Parallele gebliebene Gestaltung der Decken im 4. und 5.
Korridor;
das Deckenbild im Vorraum mit der Erweckung des Osiris.

Das Bildprogramm in KV 9 wurde demnach völlig neu gestaltet. Auffällig ist,
daß auch im Aufbau der Dekorationselemente neue Wege gegangen wurden. So
erhält der obere Grabbereich, unbeschadet der Raumgliederung, eine einheitliche Ausstattung (Pforten-, Höhlenbuch, Nutbild mit dem Buch vom Tage und von der Nacht), in welcher die Bücher raumübergreifend vollständig
dargestellt werden und zusammen mit der Osirishalle am Ende des oberen
Grabbereiches ein in sich geschlossenes System bilden. Allein durch diese
neue Struktur ist offensichtlich der Schacht, der ein eigenes religiöses
Element zusammen mit den Dekorationen des 3. Korridors und Schachtraumes
als "Gottesgrab" bildete, in Fortfall gekommen.[3] Durch den Aufbau des
Bildprogramms wird weiterhin die Trennung in den oberen und unteren Grabbereich noch deutlicher betont. Auch im unteren Grabbereich setzt sich die
Konzentration in abgeschlossenen Einheiten fort. Das gilt für den 4. und
5. Korridor mit dem Amduat (1. - 11. Std.), die nunmehr einheitliche Ausstattung des Vorraums mit TB-Sprüchen[4] und die Ausstattung der Sarkophaghalle mit nur einem Buch an allen Wänden.[5] Die Dekoration der Sarkophaghalle veranschaulicht besonders gut das Bestreben nach einem in sich geschlossenen System.
Ohne auf die Veränderung der Inhalte, die im Abschnitt VI behandelt werden,
einzugehen, ist festzustellen, daß das Bildprogramm sich auf die Fahrt des

1) Seit Merneptah wird das Schlußbild des Höhlenbuches an der Seitenwand
   der Sarkophaghalle abgebildet.
2) Seit Merneptah werden auf den Seitenwänden der Sarkophaghalle die Szenen Nr. 2 und 7 (Numerierung auf Abb. Nr. 28) des Buches von der Erde
   abgebildet.
3) Der Fortfall des Schachtes hat auch inhaltliche Gründe, S. Abschnitt VI.
2) die Textlesung gegen den Uhrzeigersinn, beginnend und endend am Durchgang
   zur Sarkophaghalle weist ebenfalls auf ein abgeschlossenes Element hin.

Re durch die Dat und den unterweltlichen Himmel konzentriert. Kein Raum
oder Raumfolge bleibt ohne die Darstellung der Unterweltsfahrt des Sonnengottes; selbst dem Vorraum mit den TB-Sprüchen an den Wänden wurde durch
die Deckengestaltung mit den beiden Barken ein entsprechendes Bild mitge-
geben.[1]

Der Bruch mit der Tradition innerhalb der königlichen Grabdekoration erfolgte erst mit Ramses VI., jedoch ist eine Tendenz zu entsprechenden Veränderungen bereits in der Regierungszeit des Königs Merneptah festzustellen. In seinem Grab (KV 8) erscheint erstmalig das Negative Schuldbekenntnis auf der linken Seitenwand des Vorraums, ein Teil des Höhlenbuches
(Schlußszene) und Szenen aus dem Buch von der Erde, demnach Elemente, die
im Grab Ramses' VI. weiterentwickelt werden. Merneptah hat weiterhin im
Zugangskorridor des Osireions in Abydos an den Seitenwänden je eine vollständige Fassung des Höhlenbuches (li.) und des Pfortenbuches (re.) anbringen lassen; die Gegenüberstellung der beiden Bücher entspricht damit der
des oberen Grabbereiches von KV 9[2]. Im Osireion befindet sich ebenfalls
ein, wenngleich unvollständiges Exemplar des Buches von der Nacht und das
mit einer Dekantabelle versehene Nutbild[3] (beides die ältesten bekannten
Ausführungen) sowie das Bild der Erweckung des Osiris[4], wiederum Elemente,
die neu Eingang in das Bildprogramm des Grabes KV 9 gefunden haben.

1) S. Abbildung Nr. 38.
2) In KV 9 steht das Pfortenbuch links und das Höhlenbuch rechts; dieses
   scheint nicht mit den unterschiedlichen Himmelsrichtungen der Achsen
   beider Bauwerke zusammenzuhängen.
3) S. hierzu die Dekoration des Raumes nach der Sarkophaghalle.
4) In KV 9 das Deckenbild des Vorraums.

VI. DIE BEDEUTUNG DER ÄNDERUNGEN IM BILDPROGRAMM

Der Vergleich des Bildprogramms im Grab KV 9 mit den zeitlich vorausgegangenen Königsgräbern zeigt, daß für Ramses VI.ein von der traditionellen Form völlig abweichendes Dekorationskonzept verwirklicht worden ist. Beginnend mit dem Grab KV 8 (Merneptah) weisen einige wenige Neugestaltungen auf die Tendenz einer Änderung des Bildprogramms hin, ohne jedoch die seit Sethos I. übernommenen Abläufe aufzugeben. Nach den im oberen Grabbereich aus der Zeit Ramses' V. vorgefundenen Spuren unterhalb des neueren Putzes war auch das für diesen König begonnene Bildprogramm in der traditionellen Form ausgeführt.
Die im Grab Ramses' VI. fast alle Wände und Decken umfassenden Änderungen des bisherigen Bildprogramms zeigen auch in Einzelheiten eine neue planmäßige Darstellungsart, d.h. eine neue Systematik. Bisher nicht verwendete Bild- und Textelemente ersetzen die üblichen Ausführungen. Der König erscheint, außer auf den Eingangsbildern, der Osirishalle und den Pfeilern, nicht mehr vor den Göttern; der obere Grabbereich wird, ohne Rücksicht auf die einzelnen Räume, durchgehend mit einer einheitlichen Dekoration versehen und das unterweltliche Gottesgrab, der Schacht, wird aufgegeben. Alle Änderungen weisen darauf hin, daß der Bruch mit der traditionellen königlichen Grabausstattung durch eine inhaltliche, d.h. religiöse Neuorientierung veranlaßt worden ist. Die vorausgegangenen Untersuchungen haben abschnittsweise die einzelnen Teile der Grabdekoration behandelt. Die nachfolgende kurze Zusammenführung der Einzelerkenntnisse zeigt, welche neuen religiösen Inhalte zu der umfassenden Änderung des Bildprogramms geführt haben.

Im Abschnitt IV/1e (s. auch Abb. Nr. 18) ist der obere Grabbereich als ein in sich geschlossenes System vorgestellt worden. Der König "der auf dem Thron des lebenden Horus ist"[1] tritt in sein Grab, "Er (Re) erhellt die Finsternis für den König R., wenn er dahingeht zur Dat".[2] So passiert Ramses VI. hinter Re die 12 Tore der Unterwelt und die 5 Räume des oberen Grabbereiches bis zur Sonnengeburt (linke Wandseiten). Er empfängt nach den Texten des Höhlenbuches in der Dat ruhend die Segnungen des Re, um mit dem Eintritt in den 1. Pfeilersaal als Ba hinter

1) Textteil im Schreinunterbau des linken Eingangsbildes.
2) Königlicher Einschub, Pfortenbuch, 3. Pforte.

Re zu wandeln[1] bis zur Sonnengeburt (rechte Wandseiten). Das Nutbild mit
dem Buch vom Tage und von der Nacht an der Decke der 3 letzten Räume des
oberen Grabbereiches schließt sich an die Osirishalle an, so daß diese erneut vom Sonnenlauf eingeschlossen wird, wobei hier an der Decke die Sonnengeburt nach Osten, zum Grabeingang ausgerichtet ist. Durch die beiden
über den zwei Osirisfiguren schwebenden Sonnenscheiben und die Sonnenboote
in den Pektoralen des Gottes ist die Osirishalle verändert worden.[2] Aus
der, den oberen Grabbereich abschließenden Szene ist zusätzlich zur Metamorphose des toten Königs zu Osiris und Re - die Epitheta im Dachbalken
gegen seine Verklärung und Vergöttlichung gleichermaßen wieder - durch den
Sonnenkreislauf die Regeneration gegeben.

Die neben Osiris vorgefundene neue Komponente Re spiegelt sich ebenfalls
auf den Pfeilerseiten des 1. Saals wieder, indem den Göttern Amun-Re (!)[3]
und Re-Harachte die Götter des Totenreiches gegenüberstehen, von denen jedoch Ptah-Sokar-Osiris-Chontamenti (Bc) mit gelösten Gliedern und über ihm
ebenfalls eine Sonnenscheibe schwebend dargestellt wird.

Zum Vergleich die Grabdekoration im oberen Grabbereich der Zeit von Sethos
I. bis Ramses III.; die 5 Räume können thematisch in 3 Gruppen eingeteilt
werden:

- Das Buch der Anbetung des Re im Westen[4] (1. u. 2. Korr.) mit der Identifizierung des Königs mit Re und Osiris, sowie der Vereinigung der Ba's
  beider Götter.

- Die 4. und 5. Stunde des Amduat (3. Korr. einschl. Nischen), welche auf
  den räumlich folgenden Schacht bezogen sind, sowie die Dekorationen der
  Schachtraumwände mit dem König vor den Göttern oder den 7 Verklärten,
  die von Anubis zum Schutz des Osirisgrabes bestimmt wurden (ab Merneptah).

- Die 5. und 6. Stunde des Pfortenbuches (1. Pfeilersaal) mit der einge-

1) S. hierzu das Osirisbild im Höhlenbuch, die Titelveränderung des Königs,
   der Textbeginn mit Re-Harachte in den Schriftkolumnen vor dem Durchgang
   E/F. Der Ba wird im 1. Pfeilersaal nochmals genannt: "Deine Seele (Ba)
   gehört dem Himmel wie Re, dein Leib gehört der Erde wie Osiris" (z. König Ab) und gibt einen guten Hinweis auf die vertikale Gliederung des
   Grabes (s. nachfolgende Erläuterungen in diesem Abschnitt).
2) Vergl. hierzu B 35 und Abb. Nr. 9 bei F. Abitz, König und Gott. Bei
   Merneptah waren die Pektorale von Osiris mit den Namen des Königs ausgestattet, a.a.O., Abb. Nr. 3.
3) In den zeitlich vorangegangenen Gräbern ist Amun-Re auf den Pfeilern
   nicht abgebildet worden.
4) Es folgt ein Teil der Szenen aus TB 151 am Ende des 2. Korridors.

schobenen Gerichtshalle des Osiris, die für das Königsgrab (seit S. I.)
für die Wandlung des Königs zu Osiris umgestaltet wurde.

Inhaltlich sind die Komponenten Re und Osiris, die Identifizierung des Königs mit ihnen sowie die Unterweltsfahrten des Re in dem oberen Grabbereich der Gräber von Sethos I. bis Ramses III. gleichermaßen wie in KV 9
vorhanden. Im Grab Ramses' VI. fehlt jedoch das osirianische Gottesgrab
(Schacht), die Begegnung mit Osiris an den Wänden des Schachtraumes oder
die das Osirisgrab schützenden Verklärten und zusätzlich erhält die Osirishalle bei Ramses VI. Attribute des Sonnengottes. So tritt Osiris in
seiner Bedeutung im oberen Grabbereich von KV 9 zugunsten des Gottes Re
zurück und der Schacht, der von Thutmosis III. bis Ramses III. eine bedeu-
tende religiöse Funktion besaß, war nicht mehr erforderlich.[1] Im Grab
Ramses' VI. ist Osiris im oberen Grabbereich außerhalb der "Bücher" nur
noch in den Eingangsszenen hinter (!) Re-Harachte, auf der Pfeilerseite Bc
und in der Osirishalle, in den beiden letzten Fällen jedoch stets mit der
Sonnenscheibe über ihm, dargestellt worden.

Die Hinwendung zu Re zeigt sich im Grab Ramses' VI. auch durch die die
Wände und Decken des oberen Grabbereiches fast vollständig bedeckenden 4
Formen der Unterweltsfahrt des Sonnengottes[2]. Hier wurde durch die neue
Gestaltung gleichzeitig eine neue Variante entwickelt. Anders als bisher
führen nicht alle Darstellungen der Unterweltsfahrt in das Grabinnere. Das
Buch von der Nacht ist durch die neue Gestaltung zwangsläufig zum Grabeingang ausgerichtet, so erfolgt die Sonnengeburt aus dem Schoß der Nut in
diese Richtung, nach Osten. Entsprechend sind die Inschriften zum König in
den Raumdurchgängen mit den auf Amun und Re bezogenen Epitheta zum Grabeingang, die mit dem Bezug auf die unterweltlichen Götter zum Grabinneren
gerichtet.

Das in seiner horizontalen und vertikalen Gliederung geschlossene System
der Sarkophaghalle ist unter IV/2d ausführlich behandelt worden. Auch hier
ist der Vorrang der Unterweltsfahrt des Sonnengottes durch das Buch von
der Erde, dem Buch vom Tage und von der Nacht und der verkürzten Variante

1) Das Fehlen des Schachtes hängt demnach bei R. VI. nicht damit zusammen,
   daß das Grab unfertig geblieben ist, s. Steinarbeiten in der Sarkophaghalle.
2) Pfortenbuch, Höhlenbuch, Buch vom Tage und von der Nacht. Er ist zu vermuten, daß das Buch der Anbetung des Re im Westen weder räumlich untergebracht werden konnte, noch Verwendung fand, weil es die Unterweltsfahrt nicht zeigte.

des Nutbildes in dem der Sarkophaghalle folgenden Raum gegeben. Wie im 1.
Pfeilersaal, in welchem 3 Pfeilerseiten für das Höhlenbuch in Anspruch genommen wurden, sind die in der Sarkophaghalle vorspringenden Pfeilerseiten
der unfertigen 2. Pfeilerreihe nicht für die Darstellung von Göttern wie
bisher verwendet worden, vielmehr wurden sie u.a. für das Buch von der Erde , d.h. für die Unterweltsfahrt des Re genutzt. Viel deutlicher noch als
im oberen Grabbereich wird das so offensichtlich zentrale Anliegen, Tod
und Wiedergeburt, die Regeneration durch den Sonnenlauf, d.i. die Fahrt
des Re, darzustellen, mit der unterschiedlichen Ausrichtung der Wand- und
Deckenbilder ausgedrückt. Die Wände mit dem Amduat (4. u. 5. Korr., Ausrichtung in das Grabinnere), das Negative Schuldbekenntnis mit den TB-Sprüchen (Vorraum, gegen den Uhrzeigersinn, rückführend z. Sarkophaghalle) und
das Buch von der Erde (Sarkophaghalle, i. Uhrzeigersinn, geschlossener
Kreislauf) weisen nicht nach Osten, zum Grabeingang hin, während die Dek-
kenbilder des Vorraumes und des 4. Korridors eindeutig zum östlichen Grabeingang weisen[1]. Es zeigt sich, daß es sich bei den erstmalig alle Decken
des Grabes umfassenden neuen Dekorationen nicht um "astronomische Bilder"
handelt, sondern vielmehr durch die Fahrt des Re ein "himmlischer" Bereich
geschaffen wurde, welcher in seiner Gliederung und Gestaltung ein neues
Konzept der Regeneration für den toten König enthält. Hierzu gehören auch
die großen unmittelbar unter der Decke der Sarkophaghalle angebrachten
Textbänder innerhalb welcher der vergöttlichte König als Sohn des Amun,
Erbe des Re oder der bezeichnet wird, der den Osiris-Chontamenti geleitet.

Durch die neu entwickelte Systematik war die in der Zeit von Sethos I. bis
Ramses III. durchgeführte Dekoration mit dem Mundöffnungsritual (4. u. 5.
Korr.) und den Göttern der Unterwelt (Vorraum) nicht mehr erforderlich.
Dagegen blieb das Negative Schuldbekenntnis im Vorraum bestehen. Unter Fort-
fall der unterweltlichen Götter wurden nunmehr zusätzliche TB-Sprüche und
die Hymne an Maat aufgenommen, die den König als "wohlversehenen Verklär-
ten" ausweisen.
Der gleiche Sachverhalt mit der Betonung von Amun und Re ist durch die
nach Standort und Größe innerhalb des Grabes besonders herausgestellten
Königstexte gegeben.
Raumdurchgänge (IV/3c):
In den Raumdurchgängen D/E - G/H wird in 4 Fällen Amun als der Vater des
Königs und einmalig dieser als der Erbe des Re genannt, während nur in ei-

1) Dieses gilt wahrscheinlich auch für die Deckenbilder des 5. Korridors,
   s. IV/2f.

nem Fall die Götter des unterweltlichen Bereiches angesprochen werden (D/E,
re.). Die Texte sind zum Grabeingang (!) gerichtet. Hingegen herrschen bei
den in das Grabinnere (!) gerichteten Inschriften vor den Raumdurchgängen
B/C - H/I[1] unterweltliche Epitheta vor, wie "Herrscher der Ewigkeit, König der Unterwelt, Sohn des Osiris", o.ä., nur im unteren Grabbereich werden jeweils "König der Unterwelt - Sohn des Atum" (F/G) und "Sohn des Re -
Sohn des Osiris" (G/H) einander gegenübergestellt.
Osirishalle, Dachbalken (IV/1d):
"der Älteste des Re, Schützer derer, die im Horizont sind; lebendiges Ud-
ja-Auge, das (in) der Unterwelt ruht, mit dem die Götter anlangen; göttlicher König, Herrscher der Ewigkeit, der Millionen Jahre in seiner Lebenszeit durchwandert, selig, (bei dem ?) großen Gott" (li.).
"dem Ältesten des Geb, dem Erst-(geborenen) aus dem Leib der Nut, gött-
licher Jüngling, göttlicher Erbe der Ewigkeit, Sohn dessen der in seiner
Scheibe ist, selig" (re.).
Sarkophaghalle, Textstreifen am unteren Rand der Deckenbilder (IV/2d):
Osten: "das Abbild des Re, geschaffen von Atum, ihm selbst, göttlicher
Sohn, der aus seinem Leibe herausgekommen ist, geliebt von Tatenen" (li.).
"Sohn des Amun, Erbe des Herrn der Götter, treffliches Ei, Erster seines
Harems, erzeugt vom Herrscher Thebens" (re.).
Westen: "Erbe des Re, der festlich macht die Nahrung derer, die zu den
Heiligtümern gehören ... auf dem Thron seines Vaters" (li.).
"glänzend an Sonnenscheibe, einer, für den verborgen worden ist das Geheim-
nis der Schetit, einer, der den König von Ober- und Unterägypten beschützt,
der den Osiris-Chontamenti geleitet ... Sohn des Re, göttlicher Sohn seines Leibes" (re.).

Bemerkenswert ist die Auswahl der königlichen Epitheta im linken Eingangsbild (IV/1a, im schreinförmigen Unterbau):
"Er machte (dieses) als ein Denkmal für seine Väter, die Götter, die Herren der Unterwelt, ... Er, der auf dem Thron des lebenden Horus ist, ...
Titel-Namen, wie Amun-Re, König der Götter, dem Leben gegeben ist ... wie
seinem Vater Osiris-Chontamenti".
In der obigen Zusammenstellung fällt auf, daß offensichtlich die Auswahl
der Epitheta mit dem Standort der Inschriften zusammenhängt. So sind die
zum Grabeingang gerichteten Texte der Raumdurchgänge auf den König als
Sohn des Amun oder Re, die in das Grabinnere gerichteten Epitheta jedoch

1) Ausnahme: vor E/F ist der Text auf Re-Harachte bezogen und hängt mit
   dem Eintritt des Königs in den l. Pfeilersaal zusammen.

184

wesentlich auf den unterweltlichen Bereich bezogen. Die großen Schriftbänder unterhalb der Decke der Sarkophaghalle, d.h. im "himmlischen" Bereich,
enthalten Epitheta, welche die Stellung des Königs zu Amun und Re charakterisieren. In den Dachbalken der Osirishalle sind links[1] die königlichen
Epitheta auf Re und rechts[2] auf Osiris bezogen[3].

Die Identifizierung des Königs mit den Göttern innerhalb der königlichen
Grabanlagen, so auch die Bezeichnung als Sohn der Götter, wie des Re oder
Osiris, ist keineswegs neu, sondern stets ein Teil seiner Verklärung gewesen. Auch die Vereinigung von Re und Osiris ist thematisch aus den Gräbern gut bekannt. Die Epitheta zeigen jedoch zwei wesentliche inhaltliche
Verschiebungen, d.i. die vielfache Nennung des Gottes Amun und die stärke-
re Präsenz des Sonnengottes Re. Die obige Einteilung der Epitheta nach
Standorten der Inschriften läßt neben einer abweichenden religiösen Tendenz, überdies eine andere planmäßige Darstellungsart, d.h. eine neue Systematik erkennen.

Die kurze Zusammenfassung des Ablaufes innerhalb des Grabes zeigt eindeutig die alle Räume umfassende Neuorientierung zu Re und Amun, bei gleich-
zeitigem Zurücktreten des Gottes Osiris, d.h. den Vorrang den der Nachvoll-
zug des Osiris-Mythos für den König so lange gehabt hat, erhält nunmehr
die Sonnenreligion. Durch diese im Grab Ramses' VI. neugestaltete religiöse Auffassung wird damit auch die Auswahl der Texte und Bilder verständlich, die gegenüber der traditionellen Form so revolutionär erscheinen.
Das beherrschende Thema innerhalb des neu geschaffenen Bildprogramms ist
die Darstellung der Fahrt des Sonnengottes mit einer systematischen Unterscheidung des unterweltlichen und himmlischen Bereiches.
Die Wände mit der Fahrt des Re durch die Tiefen der Dat:
Pfortenbuch: mit der Neuerung, daß der König nach Re die Pforten der Un-
             terwelt passiert; fortlaufende Darstellung aller Stunden des
             Buches.
Höhlenbuch : erstmalige Aufnahme aller 6 Abschnitte des Buches in einem
             Königsgrab in fortlaufender Wiedergabe.
Amduat   : die ersten 11 Stunden des Buches in fortlaufender Darstel-
             lung mit veränderter Einteilung ab 7. Stunde.

1) Links endet das Pfortenbuch, in welchem der König hinter Re die Pforten
   durchschreitet.
2) Ein Teil: "Sohn dessen, der in seiner Scheibe ist" bezieht sich auf Re.
3) Rechts endet das Höhlenbuch, in welchem der König als in der Dat ruhend
   und im letzten Abschnitt sein Ba Re folgend vorgestellt wird.

Buch von der Erde: eine bisher allein im Grab KV 9 aufgefundene Ausführung.

Die Fahrt des Re an den Decken über den "himmlischen" Bereich:

Buch vom Tage,

Buch von der Nacht : erstmalig vollständig in einem Königsgrab dargestellt; im oberen und unteren Grabbereich je eine
Ausführung; veränderte Teildarstellung zusätzlich
im 4. Korridor.

Tages- und Nachtbarke: im Königsgrab die erste Wiedergabe des mit der Erweckung des Osiris verbundenen, zweigeteilten Bil-
des im Vorraum zur Sarkophaghalle.

Fahrt des Re zwischen den Sonnen- und Sternengottheiten:
singuläre Darstellung, welche sich auf den beiden
Deckenteilen des 5. Korridors findet.

Eine die beiden Komponenten, unterweltlicher und himmlischer Bereich, verbindende Darstellung findet sich bezeichnenderweise im Raum nach der Sarkophaghalle, d.h. in den letzten Bildern des Grabes. Hier ist an den Wänden sowohl die Wiedergeburt aus dem unterweltlichen Bereich durch die Hochhebung der Sonnenbarke aus dem Urgewässer dargestellt, als auch der himmlische Bereich durch die den Vorgang anbetenden Dekangötter.

Der gestirnte Nachthimmel, der solange für viele Räume des Königsgrabes
die übliche Dekoration gewesen ist, wird vollständig aufgegeben. Die neue,
besonders gut im Bildprogramm der Sarkophaghalle abzulesende horizontale
und vertikale Gliederung der Dekoration ergibt einen unterweltlichen Bereich, der in das Grab hineinführt und einen himmlischen Bereich, der
durch die Sonnengeburt zum wahren Osten, d.i. Richtung Grabeingang, aus
dem Grab herausführt und dem Ba des Königs mit der Barke des Re erlaubt
"Herauszugehen am Tage". Die in ihrer Einheitlichkeit neu eingeführten
Königstexte an den Raumdurchgängen bestätigen die Verschiebung zur Sonnenreligion; soweit sie in das Grabinnere gerichtet sind, herrschen unterweltliche, soweit sie zum Grabausgang gerichtet sind, herrschen Epitheta
mit den Götternamen Amun und Re vor.

Die vorgefundene Neuorientierung der Königstheologie im Grab Ramses' VI.
ist zwar nicht unmittelbar aus den Quellen seiner Regierungszeit zu belegen, entspricht jedoch offensichtlich der bekannten religiösen und politischen Entwicklung Ägyptens. Einerseits ist das Vordringen der Sonnenreligion, wie J. Assmann aus seiner Untersuchung der Privatgräber nachgewiesen
hat, ein seit langem anhaltender Prozess:

186

"Am Kriterium der Produktivität der Gattung gemessen, war kein Bereich der ägyptischen Religion im Neuen Reich auch nur annähernd so "populär", d.h. in so vielen individuellen Texten in Gräbern verschiedener Nekropolen und von Angehörigen verschiedener sozialer Schichten verbreitet, wie die Sonnenreligion (im weiteren, auch Amun-Re umfassenden Sinne). Erst in weitem Abstand folgt Osiris, in dessen Verehrung die reproduktive Überlieferung eine ungleich grössere Rolle spielt". J. Assmann unterscheidet eine "Frühphase" (Zeit: Hatschepsut bis Amenophis II.) und eine "ramessidische Phase" der thebanischen Amun-Theologie.[1]

Andererseits wurde der Entwurf der königlichen Grabdekoration jeweils von der hohen Priesterschaft formuliert oder fortgeschrieben. Politische Einflüsse durch die wachsende Macht der thebanischen Amun-Priesterschaft bei gleichzeitiger Schwächung des Königtums, die später zur Übernahme der Herrschaft über Ägypten durch die thebanischen Hohepriester des Amun geführt haben, scheinen sich im Grab Ramses' VI. wiederzuspiegeln.

1) J. Assmann, Re und Amun, S. 12 u. 18.

VII. ANHANG

2. Statische Berechnungen einer Schwergewichtsmauer vor dem Grabeingang

   Dr. ing. Jochen Scheuermann, Braunschweig

Situation und Annahmen

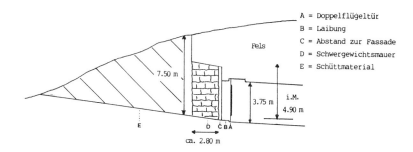

a) Tür wird als nichttragend angenommen.

b) Vor der Tür auf einer Tiefe von 2.80 m - dies entspricht der Tiefe des überhängenden Felsmassivs - wird eine Schwergewichtsmauer ange-nommen. Diese besteht aus dem Abhieb des Kalksteins aus dem Grab (Form flach bis scherbig, Länge max. 60 - 70 cm). Damit kann diese Wand in etwa einem Trockenmauerwerk nach DIN 1053 zugeordnet werden. Diese besitzt selbst nach heutigem Sicherheitsdenken Tragfähig-keiten bei vertikaler und horizontaler Beanspruchung.

c) Vor dieser Mauer wird eine Anschüttung berücksichtigt. Zum Nachweis für einen möglichst großen horizontalen Druck auf die Mauer wird als Anschüttungsmaterial Sand, mitteldicht, eckig angenommen.

Materialkenndaten

Kalkstein	γ = 26 kN/m³	(spez. Gewicht)
	Zul.σ_D = 400 kN/m²	(zul. Druckspannung)
Sand	γ = 19 kN/m³	ϱ = 35°
	λ_a = 0.27	

Rechenmodell

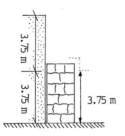

obere horizontale Lagerung
wird vernachlässigt

damit Nachweis ungünstiger

Baugrund

System und Belastung

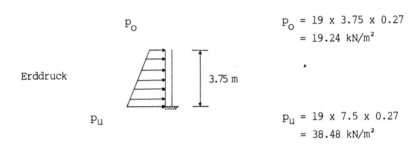

Erddruck

p_o = 19 x 3.75 x 0.27
= 19.24 kN/m²

p_u = 19 x 7.5 x 0.27
= 38.48 kN/m²

Spannungsnachweise

Normalspannung infolge Eigengewicht

$\tilde{\sigma}_{Ng}$ = -26 x 4.9 = -127.4 kN/m²

Biegespannung infolge Horizontalschub

$$M = -\frac{3.75^2}{6} (2 \times 19.24 + 38.48) = -180.4 \text{ kNm/m}$$

$$W = 2.8^2/6 = 1.31 \text{ m}^3/\text{m}$$

$$\tilde{\sigma}_{Mp} = \pm \frac{180.4}{1.31} = 138.1 \text{ kN/m}^2$$

Spannungsverteilung

10.7 kN/m²

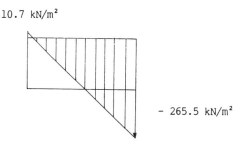

- 265.5 kN/m²

vorh. Druckspannung $\tilde{\sigma}_D$ = -265.5 kN/m² < zul. $\tilde{\sigma}_D$

Geringe Zugspannung $\tilde{\sigma}_Z$ = 10.7 kN/m² kann

vernachlässigt werden, zumal alle Annahmen
sehr ungünstig angenommen wurden.

Tragfähigkeit der Wand ist mit ausreichender
Sicherheit gegeben!

Frage der Gleitung auf der schiefen Ebene

Zur Berücksichtigung der Schmiermittelwirkung aus Regen wird ein Reibungswiderstand Stein auf Stein von μ = 0.5 angenommen. Dies entspricht
den Verhältnissen von Ziegel auf Ziegel mit frischem Mörtel als Zwi-
schenschicht (ungünstig, da hier glatte Flächen beidseitig).

Reibungswiderstand $R_W = \mu \times \tilde{\sigma}_D$

Wegen schiefer Ebene (Erhöhung/Reduzierung) des Winkels der inneren
Reibung ϱ um 10° C ϱ = 25°

Erddruckbeiwert λ_a = 0.41

Horizontalkraft $H = \lambda_a \times \tilde{\sigma}_D$

Da λ_a < n ist Gleitung nicht möglich.

Reibungswiderstand ist größer als Horizontalschub!

3. Quellenverzeichnis

Friedrich Abitz: Die religiöse Bedeutung der sogenannten Grabräuberschächte in den ägyptischen Königsgräbern der 18. - 20. Dynastie,
Ägyptologische Abhandlungen, Band 26, Wiesbaden, 1974.

Friedrich Abitz: Statuetten in Schreinen als Grabbeigaben in den
ägyptischen Königsgräbern der 18. und 19. Dynastie, Ägyptologische
Abhandlungen, Band 35, Wiesbaden, 1979.

Friedrich Abitz: König und Gott. Die Götterszenen in den ägyptischen
Königsgräbern von Thutmosis IV. bis Ramses III., Ägyptologische
Abhandlungen, Band 40, Wiesbaden, 1984.

Friedrich Abitz: Ramses III. in den Gräbern seiner Söhne, Orbis Biblicus et Orientalis, Band 72, Freiburg/Schweiz, 1986.

Hartwig Altenmüller: Zur Überlieferung des Amduat, Jaarbericht ex
oriente lux, No. 20 (1967 - 1968), Leiden 1968.

Amin A. M.A. Amer: Reflections on the reign of Ramesses VI, The Journal
of Egyptian Archeology, Volume 71, 1985.

Jan Assmann: Re und Amun, Die Krise des polytheistischen Weltbilds im
Ägypten der 18. - 20. Dynastie, Orbis Biblicus et Orientalis, Band 51,
Freiburg/Schweiz, 1983.

Jürgen von Beckerath: Ein Denkmal zur Genealogie der XX. Dynastie,
Zeitschrift für ägyptische Sprache und Altertumskunde, 97. Band,
Berlin, 1971.

Jürgen von Beckerath: Bemerkungen zum Problem der Thronfolge in der
Mitte der XX. Dynastie, Mitteilungen des Deutschen Archäologischen
Instituts, Abteilung Kairo, Bd. 40, 1984.

Jürgen von Beckerath: Handbuch der ägyptischen Königsnamen, Münchner
Ägyptologische Studien, Heft 20, 1984.

Urban Bouriant: Une Stèle du Tombeau d'Anna, Recueil de Travaux XII,1892.

James Burton: British Museum, MSS.No. ADD 25642, Folio 8.

Howard Carter: The Tomb of Tutankhamen, Great Britain, 1972.

Jaroslav Černý: Queen Ēse of the twentieth Dynasty and her Mother, The
Journal of Egyptian Archeology, Volume 44, Oxford, 1958.

Jaroslav Černý: The Valley of the Kings, Fragments d'un Manuscrit Ina-
chevé, Institut Français d'Archéologie Orientale du Caire, Bibliothèque
d'Étude, T. LXI, 1973.

Jean-François Champollion: Monuments de l'Egypte et de la Nubie, Noti-
ces Descriptives, Vol. II, Paris 1835 - 72, Reprint Genf 1973/74.

G. Daressy: Fouilles de la Vallée des Rois (1898-1899), Catalogue Général des Antiquités Égyptiennes du Musée de Caire, 1902.

Étienne Drioton: Recueil de Cryptographie Monumentale, Annales du Ser-
vice des Antiquités de l'Égypte, Tome XL, Kairo 1940.

Étienne Drioton: Les Protokoles Ornementaux d'Abydos , Revue d'Égypto-
logie, Tome 2, Kairo 1936.

G.A. Gaballa und K.A. Kitchen: Ramesside Varia IV. The Prophet Amene-
mope, his Tomb and Family,Mitteilungen des Deutschen Archäologischen
Instituts, Abteilung Kairo, Band 37, 1981.

Renate Germer: Die Pflanzen des alten Ägypten, Verlag Botanisches
Museum, Berlin-Dahlem, 1986.

Renate Germer: Flora des pharaonischen Ägypten, Mitteilungen des
Deutschen Archäologischen Instituts,Mainz, 1985.

Hermann Grapow und Heinrich Schäfer: Eine ungewöhnliche ägyptische
Darstellung der Sonnenbarken, Zeitschrift für Ägyptische Sprache und
Altertumskunde, 73. Band, Neudruck Osnabrück, 1967.

Félix Guilmant: Le Tombeau de Ramsès IX, Mémoires publiés par les
Membres de l'Institut Français d'Archéologie Orientale du Caire, 1907.

James E. Harris and Edward F. Wente: An X-Ray Atlas of the Royal
Mummies, The University of Chicago Press, Chicago, 1980.

F. Hassanein et M. Nelson: La Tombe d'Amon-(ḥer)khepchef, Centre d'Etude et Documentation sur l'ancienne Égypte, Collection Scientifique:
Vallée des Reines, Le Caire, 1976.

Erik Hornung: Die Grabkammer des Vezirs User, Nachrichten der Akad. der
Wiss. in Göttingen, I. Philol.-histor. Klasse, 1961.

Erik Hornung: Zur Bedeutung der ägyptischen Dekangestirne, Göttinger
Miszellen, Heft 17, Göttingen 1975.

Erik Hornung: Ägyptische Unterweltsbücher, Die Bibliothek der Alten
Welt, Zürich, 1972.

Erik Hornung: Das Buch der Anbetung des Re im Westen (Sonnenlitanei),
Teil II, Aegyptiaca Helvetica, 3/1976.

Erik Hornung: Struktur und Entwicklung der Gräber im Tal der Könige,
Zeitschrift für ägyptische Sprache und Altertumskunde, Heft 1, Band 105,
Berlin, 1978.

Erik Hornung: Das Totenbuch der Ägypter, Die Bibliothek der Alten Welt,
Zürich, 1979.

Erik Hornung: Das Buch von den Pforten des Jenseits, Teil I und II,
Aegyptiaca Helvetica, Genf 1979 und 1980.

Erik Hornung: Der ägyptische Mythos von der Himmelskuh, Orbis Biblicus
et Orientalis, Band 46, Freiburg/Schweiz, 1982.

Erik Hornung: Tal der Könige, Artemis Verlag, Zürich/München, 1982.

Erik Hornung: Zum Turiner Grabplan, Festschrift Edwards.

Erik Hornung: Zwei ramessidische Königsgräber: Ramses IV. und
Ramses VII. (noch nicht erschienen).

Hermann Kees: ⌐𓏜⌐ und ��⌐, Recueil des Travaux XXXVI, 1914.

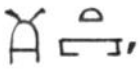

K.A. Kitchen: Ramesses VII and the twentieth Dynasty, The Journal of
Egyptian Archeology, Volume 58, Oxford, 1972.

K.A. Kitchen: The twentieth Dynasty revisited, The Journal of Egyptian Archeology, Volume 68, Oxford, 1982.

Eugen Lefébure: Les Hypogées Royaux de Thèbes, Memoires de la Mission
française au Caire, II, 1890.

Victor Loret: Le Tombeau d'Aménophis II et la Cachette Royale de Biban-
el - Molouk, Bulletin de l'Institut égyptienne 9,(Ser. 3, 1899).

Janine Monnet: Remarques sur la famille et les successeurs de
Ramsès III, Bulletin de l'Institut français d'archéologie orientale du
Caire, Tome 63, 1965.

William J. Murname, Jr.: The "King Ramesses" of the Medinet Habu Procession of Princes,Journal of the American Research Center in Egypt,
Vol. 9, 1971 - 1972.

O. Neugebauer and Richard A. Parker: Egyptian Astronomical Texts,
I. - III., London, 1960 - 1969.

Charles F. Nims: Boekbesprekingen - Egyptologie, Bibliotheca Orientalis, XIV, N° 3/4, 1957.

T. Eric Peet: The Great Tomb Robberies of the Twentieth Egyptian Dynasty, Oxford, 1930.

T. Eric Peet: The Mayer Papyri A&B, The Egypt Exploration Society,
London, 1920.

T. Eric Peet: The chronological problems of the twentieth Dynasty, The Journal of Egyptian Archeology, Volume 14, Oxford, 1928.

Alexandre Piankoff: La création du disque solaire, Institut Français d'Archéologie Orientale, Caire, 1953.

Alexandre Piankoff et Charles Maystre: Deux plafonds dans les Tombs Royales,Bulletin de l'Institut français d'archéologie orientale du Caire, Tome 38, 1939.

Alexandre Piankoff, ed. N. Rambova: The Tomb of Ramesses VI., Bollingen Series XL. 1, New York, 1954.

Bertha Porter and Rosalind L. B. Moss: Topographical Bibliography of ancient egyptian hieroglyphic texts,reliefs and paintings, I. The Theban Necropolis, Part 2. Royal tombs and smaller Cemeteries, Oxford 1964.

Ursula Rössler-Köhler: Einige Beobachtungen an Dekorationsteilen der Königsgräber des NR, Bibliotheca Orientalis XLIII N° 3/4 Mei-Juli, 1986.

Keith C. Seele: Some Remarks on the Family of Ramesses III, Ägyptologische Studien, H. Grapow zum 70. Geburtstag gewidmet, 1955.

Keith C. Seele: Ramesses VI and the Medinet Habu Procession of the princes, Journal of Near Eastern Studies, Vol. 19, 1960.

G. Elliot Smith: Royal Mummies, Catalogue général des antquités égyptiennes du Musée du Caire, Nos. 61051 - 61100, le Caire, 1912.

Elizabeth Thomas: The Royal Necropoleis of Thebes, Princeton, 1966.

Edward F. Wente: A letter of complaint to the Vizier To, Journal of Near Eastern Studies, Vol. 20., 1961.

Edward F. Wente: A Prince's tomb in the Valley of the Kings, Journal of Near Eastern Studies, Vol. 32, 1973.

ORBIS BIBLICUS ET ORIENTALIS

Bd. 19   MASSÉO CALOZ: *Etude sur la LXX origénienne du Psautier.* Les relations entre les leçons des Psaumes du Manuscrit Coislin 44, les Fragments des Hexaples et le texte du Psautier Gallican. 480 pages. 1978.

Bd. 20   RAPHAEL GIVEON: *The Impact of Egypt on Canaan.* Iconographical and Related Studies. 156 Seiten, 73 Abbildungen. 1978.

Bd. 21   DOMINIQUE BARTHÉLEMY: *Etudes d'histoire du texte de l'Ancien Testament.* XXV–419 pages. 1978. Vergriffen.

Bd. 22/1 CESLAS SPICQ: *Notes de Lexicographie néo-testamentaire.* Tome I: p. 1–524. 1978. Epuisé.

Bd. 22/2 CESLAS SPICQ: *Notes de Lexicographie néo-testamentaire.* Tome II: p. 525–980. 1978. Epuisé.

Bd. 22/3 CESLAS SPICQ: *Notes de Lexicographie néo-testamentaire.* Supplément. 698 pages. 1982.

Bd. 23   BRIAN M. NOLAN: *The Royal Son of God.* The Christology of Matthew 1–2 in the Setting of the Gospel. 282 Seiten. 1979.

Bd. 24   KLAUS KIESOW: *Exodustexte im Jesajabuch.* Literarkritische und motivgeschichtliche Analysen. 221 Seiten. 1979. Vergriffen.

Bd. 25/1 MICHAEL LATTKE: *Die Oden Salomos in ihrer Bedeutung für Neues Testament und Gnosis.* Band I. Ausführliche Handschriftenbeschreibung. Edition mit deutscher Parallel-Übersetzung. Hermeneutischer Anhang zur gnostischen Interpretation der Oden Salomos in der Pistis Sophia. XI–237 Seiten. 1979.

Bd. 25/1a MICHAEL LATTKE: *Die Oden Salomos in ihrer Bedeutung für Neues Testament und Gnosis.* Band Ia. Der syrische Text der Edition in Estrangela Faksimile des griechischen Papyrus Bodmer XI. 68 Seiten. 1980.

Bd. 25/2 MICHAEL LATTKE: *Die Oden Salomos in ihrer Bedeutung für Neues Testament und Gnosis.* Band II. Vollständige Wortkonkordanz zur handschriftlichen, griechischen, koptischen, lateinischen und syrischen Überlieferung der Oden Salomos. Mit einem Faksimile des Kodex N. XVI–201 Seiten. 1979.

Bd. 25/3 MICHAEL LATTKE: *Die Oden Salomos in ihrer Bedeutung für Neues Testament und Gnosis.* Band III. XXXIV–478 Seiten. 1986.

Bd. 26   MAX KÜCHLER: *Frühjüdische Weisheitstraditionen.* Zum Fortgang weisheitlichen Denkens im Bereich des frühjüdischen Jahweglaubens. 703 Seiten. 1979. Vergriffen.

Bd. 27   JOSEF M. OESCH: *Petucha und Setuma.* Untersuchungen zu einer überlieferten Gliederung im hebräischen Text des Alten Testaments. XX–392–37* Seiten. 1979.

Bd. 28   ERIK HORNUNG/OTHMAR KEEL (Herausgeber): *Studien zu altägyptischen Lebenslehren.* 394 Seiten. 1979.

Bd. 29   HERMANN ALEXANDER SCHLÖGL: *Der Gott Tatenen.* Nach Texten und Bildern des Neuen Reiches. 216 Seiten, 14 Abbildungen. 1980.

Bd. 30   JOHANN JAKOB STAMM: *Beiträge zur Hebräischen und Altorientalischen Namenkunde.* XVI–264 Seiten. 1980.

Bd. 31   HELMUT UTZSCHNEIDER: *Hosea - Prophet vor dem Ende.* Zum Verhältnis von Geschichte und Institution in der alttestamentlichen Prophetie. 260 Seiten. 1980.

Bd. 32   PETER WEIMAR: *Die Berufung des Mose.* Literaturwissenschaftliche Analyse von Exodus 2, 23–5, 5. 402 Seiten. 1980.

Bd. 33   OTHMAR KEEL: *Das Böcklein in der Milch seiner Mutter und Verwandtes.* Im Lichte eines altorientalischen Bildmotivs. 163 Seiten, 141 Abbildungen. 1980.

Bd. 34   PIERRE AUFFRET: *Hymnes d'Egypte et d'Israël.* Etudes de structures littéraires. 316 pages, 1 illustration. 1981.

Bd. 35   ARIE VAN DER KOOIJ: *Die alten Textzeugen des Jesajabuches.* Ein Beitrag zur Textgeschichte des Alten Testaments. 388 Seiten. 1981.

Bd. 36   CARMEL McCARTHY: *The Tiqqune Sopherim and Other Theological Corrections in the Masoretic Text of the Old Testament.* 280 Seiten. 1981.

Bd. 37   BARBARA L. BEGELSBACHER-FISCHER: *Untersuchungen zur Götterwelt des Alten Reiches im Spiegel der Privatgräber der IV. und V. Dynastie.* 336 Seiten. 1981.

Bd. 38   MÉLANGES DOMINIQUE BARTHÉLEMY. *Etudes bibliques offertes à l'occasion de son 60ᵉ anniversaire.* Edités par Pierre Casetti, Othmar Keel et Adrian Schenker. 724 pages, 31 illustrations. 1981.

Bd. 39   ANDRÉ LEMAIRE: *Les écoles et la formation de la Bible dans l'ancien Israël.* 142 pages, 14 illustrations. 1981.

Bd. 40   JOSEPH HENNINGER: *Arabica Sacra.* Aufsätze zur Religionsgeschichte Arabiens und seiner Randgebiete. Contributions à l'histoire religieuse de l'Arabie et de ses régions limitrophes. 347 Seiten. 1981.

Bd. 41   DANIEL VON ALLMEN: *La famille de Dieu.* La symbolique familiale dans le paulinisme. LXVII–330 pages, 27 planches. 1981.

Bd. 42   ADRIAN SCHENKER: *Der Mächtige im Schmelzofen des Mitleids.* Eine Interpretation von 2 Sam 24. 92 Seiten. 1982.

Bd. 43   PAUL DESELAERS: *Das Buch Tobit.* Studien zu seiner Entstehung, Komposition und Theologie. 532 Seiten + Übersetzung 16 Seiten. 1982.

Bd. 44   PIERRE CASETTI: *Gibt es ein Leben vor dem Tod?* Eine Auslegung von Psalm 49. 315 Seiten. 1982.

Bd. 45   FRANK-LOTHAR HOSSFELD: *Der Dekalog.* Seine späten Fassungen, die originale Komposition und seine Vorstufen. 308 Seiten. 1982. Vergriffen.

Bd. 46   ERIK HORNUNG: *Der ägyptische Mythos von der Himmelskuh.* Eine Ätiologie des Unvollkommenen. Unter Mitarbeit von Andreas Brodbeck, Hermann Schlögl und Elisabeth Staehelin und mit einem Beitrag von Gerhard Fecht. XII–129 Seiten, 10 Abbildungen. 1982.

Bd. 47   PIERRE CHERIX: *Le Concept de Notre Grande Puissance (CG VI, 4).* Texte, remarques philologiques, traduction et notes. XIV–95 pages. 1982.

Bd. 48   JAN ASSMANN/WALTER BURKERT/FRITZ STOLZ: *Funktionen und Leistungen des Mythos.* Drei altorientalische Beispiele. 118 Seiten, 17 Abbildungen. 1982. Vergriffen.

Bd. 49   PIERRE AUFFRET: *La sagesse a bâti sa maison.* Etudes de structures littéraires dans l'Ancien Testament et spécialement dans les psaumes. 580 pages. 1982.

Bd. 50/1 DOMINIQUE BARTHÉLEMY: *Critique textuelle de l'Ancien Testament.* 1. Josué, Juges, Ruth, Samuel, Rois, Chroniques, Esdras, Néhémie, Esther. Rapport final du Comité pour l'analyse textuelle de l'Ancien Testament hébreu institué par l'Alliance Biblique Universelle, établi en coopération avec Alexander R. Hulst †, Norbert Lohfink, William D. McHardy, H. Peter Rüger, coéditeur, James A. Sanders, coéditeur. 812 pages. 1982.

Bd. 50/2   DOMINIQUE BARTHÉLEMY: *Critique textuelle de l'Ancien Testament*. 2. Isaïe, Jérémie, Lamentations. Rapport final du Comité pour l'analyse textuelle de l'Ancien Testament hébreu institué par l'Alliance Biblique Universelle, établi en coopération avec Alexander R. Hulst †, Norbert Lohfink, William D. McHardy, H. Peter Rüger, coéditeur, James A. Sanders, coéditeur. 1112 pages. 1986.

Bd. 51   JAN ASSMANN: *Re und Amun*. Die Krise des polytheistischen Weltbilds im Ägypten der 18.–20. Dynastie. XII–309 Seiten. 1983.

Bd. 52   MIRIAM LICHTHEIM: *Late Egyptian Wisdom Literature in the International Context*. A Study of Demotic Instructions. X–240 Seiten. 1983.

Bd. 53   URS WINTER: *Frau und Göttin*. Exegetische und ikonographische Studien zum weiblichen Gottesbild im Alten Israel und in dessen Umwelt. XVIII–928 Seiten, 520 Abbildungen. 1987. 2. Auflage. Mit einem Nachwort zur 2. Auflage.

Bd. 54   PAUL MAIBERGER: *Topographische und historische Untersuchungen zum Sinaiproblem*. Worauf beruht die Identifizierung des Ǧabal Mūsā mit dem Sinai? 189 Seiten, 13 Tafeln. 1984.

Bd. 55   PETER FREI/KLAUS KOCH: *Reichsidee und Reichsorganisation im Perserreich*. 119 Seiten, 17 Abbildungen. 1984. Vergriffen.

Bd. 56   HANS-PETER MÜLLER: *Vergleich und Metapher im Hohenlied*. 59 Seiten. 1984.

Bd. 57   STEPHEN PISANO: *Additions or Omissions in the Books of Samuel*. The Significant Pluses and Minuses in the Massoretic, LXX and Qumran Texts. XIV–295 Seiten. 1984.

Bd. 58   ODO CAMPONOVO: *Königtum, Königsherrschaft und Reich Gottes in den Frühjüdischen Schriften*. XVI–492 Seiten. 1984.

Bd. 59   JAMES KARL HOFFMEIER: *Sacred in the Vocabulary of Ancient Egypt*. The Term *DSR*, with Special Reference to Dynasties I–XX. XXIV–281 Seiten, 24 Figures. 1985.

Bd. 60   CHRISTIAN HERRMANN: *Formen für ägyptische Fayencen*. Katalog der Sammlung des Biblischen Instituts der Universität Freiburg Schweiz und einer Privatsammlung. XXVIII-199 Seiten. 1985.

Bd. 61   HELMUT ENGEL: *Die Susanna-Erzählung*. Einleitung, Übersetzung und Kommentar zum Septuaginta-Text und zur Theodition-Bearbeitung. 205 Seiten + Anhang 11 Seiten. 1985.

Bd. 62   ERNST KUTSCH: *Die chronologischen Daten des Ezechielbuches*. 82 Seiten. 1985.

Bd. 63   MANFRED HUTTER: *Altorientalische Vorstellungen von der Unterwelt*. Literar- und religionsgeschichtliche Überlegungen zu «Nergal und Ereškigal». VIII–187 Seiten. 1985.

Bd. 64   HELGA WEIPPERT/KLAUS SEYBOLD/MANFRED WEIPPERT: *Beiträge zur prophetischen Bildsprache in Israel und Assyrien*. IX–93 Seiten. 1985.

Bd. 65   ABDEL-AZIZ FAHMY SADEK: *Contribution à l'étude de l'Amdouat*. Les variantes tardives du Livre de l'Amdouat dans les papyrus du Musée du Caire. XVI–400 pages, 175 illustrations. 1985.

Bd. 66   HANS-PETER STÄHLI: *Solare Elemente im Jahweglauben des Alten Testamentes*. X–60 Seiten. 1985.

Bd. 67   OTHMAR KEEL / SILVIA SCHROER: *Studien zu den Stempelsiegeln aus Palästina/Israel*. Band I. 115 Seiten, 103 Abbildungen. 1985.

Bd. 68   WALTER BEYERLIN: *Weisheitliche Vergewisserung mit Bezug auf den Zionskult*. Studien zum 125. Psalm. 96 Seiten. 1985.

Bd. 69   RAPHAEL VENTURA: *Living in a City of the Dead*. A Selection of Topographical and Administrative Terms in the Documents of the Theban Necropolis. XII–232 Seiten. 1986.

Bd. 70   CLEMENS LOCHER: *Die Ehre einer Frau in Israel*. Exegetische und rechtsvergleichende Studien zu Dtn 22, 13–21. XVIII–464 Seiten. 1986.

Bd. 71   HANS-PETER MATHYS: *Liebe deinen Nächsten wie dich selbst*. Untersuchungen zum alttestamentlichen Gebot der Nächstenliebe (Lev 19, 18). XIV–196 Seiten. 1986.

Bd. 72   FRIEDRICH ABITZ: *Ramses III. in den Gräbern seiner Söhne*. 156 Seiten, 31 Abbildungen. 1986.

Bd. 73   DOMINIQUE BARTHÉLEMY/DAVID W. GOODING/JOHAN LUST/EMANUEL TOV: *The Story of David and Goliath*. 160 Seiten. 1986.

Bd. 74   SILVIA SCHROER: *In Israel gab es Bilder*. Nachrichten von darstellender Kunst im Alten Testament. XVI–553 Seiten, 146 Abbildungen. 1987.

Bd. 75   ALAN R. SCHULMAN: *Ceremonial Execution and Public Rewards*. Some Historical Scenes on New Kingdom Private Stelae. 296 Seiten. 41 Abbildungen. 1987.

Bd. 76   JOŽE KRAŠOVEC: *La justice (Ṣdq) de Dieu dans la Bible hébraïque et l'interprétation juive et chrétienne*. 456 pages. 1988.

Bd. 77   HELMUT UTZSCHNEIDER: *Das Heiligtum und das Gesetz*. Studien zur Bedeutung der sinaitischen Heiligtumstexte (Ez 25–40; Lev 8–9). XIV–326 Seiten. 1988.

Bd. 78   BERNARD GOSSE: *Isaïe 13,1-14,23*. Dans la tradition littéraire du livre d'Isaïe et dans la tradition des oracles contre les nations. 308 pages. 1988.

Bd. 79   INKE W. SCHUMACHER: *Der Gott Sopdu – Der Herr der Fremdländer*. XVI–364 Seiten, 6 Abbildungen. 1988.

Bd. 80   HELLMUT BRUNNER: *Das hörende Herz*. Kleine Schriften zur Religions- und Geistesgeschichte Ägyptens. Herausgegeben von Wolfgang Röllig. 449 Seiten, 55 Abbildungen. 1988.

Bd. 81   WALTER BEYERLIN: *Bleilot, Brecheisen oder was sonst?* Revision einer Amos-Vision. 68 Seiten. 1988.

Bd. 82   MANFRED HUTTER: *Behexung, Entsühnung und Heilung*. Das Ritual der Tunnawiya für ein Königspaar aus mittelhethitischer Zeit (KBo XXI 1 – KUB IX 34 – KBo XXI 6). 186 Seiten. 1988.

Bd. 83   RAPHAEL GIVEON: *Scarabs from Recent Excavations in Israel*. 114 Seiten, 9 Tafeln. 1988.

Bd. 84   MIRIAM LICHTHEIM: *Ancient Egyptian Autobiographies chiefly of the Middle Kingdom*. A Study and an Anthology. 200 Seiten, 10 Seiten Abbildungen. 1988.

Bd. 85   ECKART OTTO: *Rechtsgeschichte der Redaktionen im Kodex Ešnunna und im «Bundesbuch»*. Eine redaktionsgeschichtliche und rechtsvergleichende Studie zu altbabylonischen und altisraelitischen Rechtsüberlieferungen. 220 Seiten. 1989.

Bd. 86   ANDRZEJ NIWIŃSKI: *Studies on the Illustrated Theban Funerary Papyri of the 11th and 10th Centuries B.C.* 488 Seiten, 80 Seiten Tafeln. 1989.

Bd. 87   URSULA SEIDL: *Die babylonischen Kudurru-Reliefs*. Symbole mesopotamischer Gottheiten. 236 Seiten, 33 Tafeln und 2 Tabellen. 1989.

Bd. 88   OTHMAR KEEL/HILDI KEEL-LEU/SILVIA SCHROER: *Studien zu den Stempelsiegeln aus Palästina/Israel*. Band II. 364 Seiten, 652 Abbildungen. 1989.

Bd. 89   FRIEDRICH ABITZ: *Baugeschichte und Dekoration des Grabes Ramses' VI*. 202 Seiten. 1989.

UNIVERSITÄTSVERLAG FREIBURG SCHWEIZ

DATE DUE

HIGHSMITH   # 45220